普通高等学校通识教育教材

新时代大学生劳动教育理论与实践

主　编　蔡　弘　杨文娟　张广斌
副主编　丁　超　周　宇　张李杨
编　委（按姓氏笔画排序）
　　　　王　艳　朱　迪　朱永甜　刘鑫鑫　苏　筱
　　　　李　君　杨雨生　连瑞瑞　辛梦琪　陈松林
　　　　金俊熹　赵晶丽　赵斌斌　查志蕙　贺小桐
　　　　贺雅婷　徐成功　程家泰　焦　艳　戴汉武

中国科学技术大学出版社

内容简介

本书紧扣劳动教育一体化要求，围绕劳动教育理论基础、劳动教育的历史渊源、国内外劳动育人模式和典型做法、未来劳动和劳动者展开讨论，深挖地方文化涵育劳动教育和劳动建校的典型做法，旨在通过理论与实践相结合的方式，全面深入地探讨劳动教育的内涵与价值，结合国内外劳动育人的经验和典型做法，唤起新时代学生的劳动意识，培养其劳动精神和劳动习惯，以期提高其综合素质，增强其社会责任感。本书是一本兼具综合性和地方性特色的劳动教育教材。

本书可作为高等院校特别是以土建类专业为特色专业的高等院校本科生劳动教育课程的配套教材，也可供相关劳动教育工作者和研究人员参考。

图书在版编目(CIP)数据

新时代大学生劳动教育理论与实践/蔡弘，杨文娟，张广斌主编.--合肥：中国科学技术大学出版社，2024.7

ISBN 978-7-312-05987-2

Ⅰ.新… Ⅱ.①蔡… ②杨… ③张… Ⅲ.大学生—劳动教育—高等学校—教材 Ⅳ.G40-015

中国国家版本馆 CIP 数据核字(2024)第 098987 号

新时代大学生劳动教育理论与实践

XINSHIDAI DAXUESHENG LAODONG JIAOYU LILUN YU SHIJIAN

出版	中国科学技术大学出版社
	安徽省合肥市金寨路96号，230026
	http://press.ustc.edu.cn
	https://zgkxjsdxcbs.tmall.com
印刷	合肥市宏基印刷有限公司
发行	中国科学技术大学出版社
开本	787 mm×1092 mm 1/16
印张	11
字数	281 千
版次	2024 年 8 月第 1 版
印次	2024 年 8 月第 1 次印刷
定价	40.00 元

前　言

劳动可以树德、增智、强体、育美，具有综合育人价值。劳动教育，可以让中华民族勤俭、奋斗、创造、奉献的劳动精神在一代又一代青少年身上发扬光大。加强新时代劳动教育，是回答如何避免成为"单向度的人"的有效答案，是构建劳动幸福观的首要条件，是融合工具取向和人本取向的有效方式，是回归真实劳动世界的"传送门"，对于培养全面发展的人才具有重要意义。全面贯彻党的教育方针，抓好新时代劳动教育，是当前和今后一个时期教育工作的重要任务。

1. 全面加强新时代劳动教育是工业4.0时代的劳动价值导向

工业4.0时代的到来，从属劳动关系的变革，灵活就业的兴起，从属性认定的挑战，劳动法律保护的需求变化，技能需求的转变，使得劳动的价值诉求与以往时代有所不同，而变得更加强调个性化、高效率、高质量、创新、灵活性等。工业4.0时代对劳动以及劳动教育所带来的影响是辩证的：一方面，带来了劳动从属关系的削弱，使得社会关系呈现更为灵活的形态。在工业4.0时代，一个从业者可能为多个没有交集的雇主提供劳务，这种从属性的多元分散突破了传统的平行模式和三角模式，劳动关系的界限变得更加模糊和复杂，兼职、多职以及受雇和自雇之间的身份转换可能会成为一种常态。另一方面，给劳动教育带来了新的挑战，对教育工作者提出了新的要求。随着自动化和智能化的推进，简单的重复性劳动被机器取代，劳动的价值不再仅仅是完成任务，而是转变为解决问题和创造价值。劳动的价值实现更多地依赖于智力劳动和专业技能，更注重创新和创造性工作，并且增加了对持续学习、自我提升、跨领域沟通与合作的要求。这些方面促使劳动教育的形式与内核也发生转变。

新时代全面加强劳动教育是工业4.0时代契合劳动价值导向的立足点，不仅要让劳动教育的对象学会一种劳动技能或者一种劳动方法，还要引导劳动教育的对象从更深层次的角度去理解人类的劳动价值。基于此所产生的劳动教育应当是更加基础化、综合化、个性化、实践化的，能够培养出既能够熟练运用各种工具从事日常工作，又能够在精神上享受独立自主的幸福劳动者。

2. 全面加强新时代劳动教育是劳动回归人本属性的崭新起点

劳动的本质应当是具有人本属性的，具有塑造人、培养人、完善人的伟大功能。随着我国社会经济的快速发展，人们的生活水平和物质需求不断提高，劳动观念也发生了显著变化。当前社会上主要的畸形劳动观念体现为以下几个方面：① 劳动价值观分化是劳动观念畸形的表现之一。在现代社会，人们对劳动的价值观呈现出多样化趋势。一部分人坚守劳动美德，认为劳动是实现自我价值、贡献社会的重要途径；也有一些人过分追求物质享受,将劳动视为谋生手段,甚至对劳动产生歧视心理。许多人不知劳动的艰辛,缺乏对劳动者的尊重,这在一定程度上加剧了社会不公现象。② 劳动意识的减弱通常体现在个人的工作态度上。人们可能会变得被动,不再主动寻求或承担工作任务,对新的挑战或责任表现出逃避或回避的态度;工作热情较低,工作效率下降,不再追求高质量的工作成果,敷衍了事或拖延时间;频繁抱怨工作环境或同事,对加班或额外工作表现出反感,甚至可能通过频繁请假或迟到早退的方式来逃避工作责任。

若我们的社会过度追求劳动所带来的物质回报,那么劳动本身的人本属性就会被人们忽略。当今社会更多人愿意把自己所从事职业内的事情作为一种工作,而非劳动。因为工作常常带有强制性、时效性等一系列限定条件,而我们提起劳动则常常认为这种行为展现着人类的美德,并对之不吝赞美。现代化社会的快节奏常常让工作变得紧张、繁重,竞争格局的催化也使得人们对于工作任务过于神经敏感;同时,各种工作之间本身存在着很大的差异,因此基于生存本能和生活需要所追寻或者开展的工作,常常难以使人们实现更有效的价值提升和自我成长。

当我们系统化地去看待劳动的人本属性,经常会发现从社会环境和体制的角度很难让劳动回归到人本属性的价值起点,但是劳动教育能够赋予个体通过劳动实现自我成长的意识与信心。当具有启发性的劳动教育触动一颗心灵,当个体开始追寻自我的劳动价值,那么接下来他们所进行的选择将会是基于自我发展和自我兴趣的职业抉择。当具有基础性的劳动教育赋予个体相应的劳动技能和劳动能力时,那么接下来他们所进行的选择将会是基于自我劳动技能和能力资本的选择。基于劳动教育所进行的人本属性回归是一种由内而外的价值弘扬,而我们对于社会环境所进行的有益改变,应当是塑造一种尊重劳动、爱惜劳动、赞扬劳动的社会氛围,由外而内地增强人们的职业使命感和劳动获得感。因此,全面加强新时代劳动教育是劳动回归人本属性的崭新起点。

3. 全面加强新时代劳动教育是服务国家战略的应有之义

"当今时代,我国正处于近代以来最好的发展时期,世界处于百年未有之变局,两者同步交织,相互激荡",习近平总书记对于我国当今所处的时代背景进行的精准研判,明确地展现了我国当前所处的竞争格局。如何破除当前我国所遇到的改革和发展难题以及激烈的国际竞争格局已成为我们的时代之问。而一个竞争的时代离不开杰出的人才,杰出人才的培养则离不开教育。劳动教育对于国际竞争和民族发展所具有的重要战略意义在于能够通过劳动教育培养创新能力、职业素养和跨文化交流能力,为国家在国际竞争中取得优势,提升国家的竞争力;通过培养劳动精神、传承民族文化和培养人力资源,劳动教育能够为民族的发展和繁荣奠定基础。为了实现这一目标,国家应制定相关的劳动教育政策和法规,明确劳动教育的目标、内容和实施方式,为劳动教育提供政策支持和法律保障;加大对劳动教育师资队伍的培训和支持力度,提高教师的专业水平和教育能力,确保劳动教育的质量和效果;学校应积极与企业合作,为学生提供实践机会和职业指导,使劳动教育与实际工作紧密结合,增强学生的职业素养和就业竞争力;同时劳动教育应注重培养学生的综合能力,包括实践能力、创新能力、跨文化交流能力等,推动劳动教育的多元化发展,满足不同学生的需求。

从更长远的角度出发,劳动教育是人才强国建设的重要一步。人才强国建设是一项需要持之以恒、久久为功的历史性工程,需要遵循人才成长规律,坚定走好人才自主培养之路,不断优化人才队伍结构,重点抓好战略科学家、顶尖人才、"卡脖子"技术攻关人才、基础研究人才的培养,培养造就大批哲学家、社会科学家、文学艺术家等各方面的人才,为全面建成社会主义现代化强国凝聚强大动力、提供强大支撑。让各类人才的创造活力竞相迸发、聪明才智充分涌流,为实现中华民族伟大复兴的中国梦汇聚磅礴力量。

4. 全面加强新时代劳动教育是五育融合背景的现实需求

2018年9月召开的全国教育大会首次提出德、智、体、美、劳"五育并举"的教育要求。2019年,中共中央、国务院出台《关于深化教育教学改革全面提高义务教育质量的意见》(以下简称《意见》),提出了"坚持五育并举",强调"突出德育实效""提升智育水平""强化体育锻炼""增强美育熏陶""加强劳动教育",以此"全面发展素质教育"。《意见》提出了"五育"要全面发展,并对德、智、体、美、劳每一方面都提出了更为具体的要求。各自的社会价值、教育价值、满足人发展需要的价值都是通过各自不同的作用体现出来的。2019年,《中国教育现代化2035》提出"更加注重学生全面发展,大力发展素质教育,推进德育、智育、体育、美育和劳动教育的有机融合"。德、智、体、美、劳全面发展的教育思想逐步实现了从"五育并举"到"五育融合"的新转向。"五育融合"是对"五育并举"概念的升华,是对德、智、体、美、劳在教育教学实践中相互分离的现状进行深入反思的产物。"融合"并不是简单的相加或并列,而是"五育"之间的相互渗透和相互贯通,进而把德、智、体、美、劳"五育"融为有机整体的过程,全面促进人的德、智、体、美、劳全面和谐发展。

劳动教育在"五育"中具有独特的育人价值。一方面,劳动教育可以锻炼学生的身体素质,提高学生的实践能力;另一方面,劳动教育可以培养学生良好的道德品质、创新精神和审美情趣。同时,劳动教育还有助于培养学生独立自主、团结协作、艰苦奋斗的精神风貌,增强学生的社会责任感,使学生在劳动实践中成长,实现个体价值和社会价值的双重提升。劳动教育对于"五育"拥有着强大的承载力与解释力,劳动教育实践课程所具有的创造性和集成性本身就是对于其他"四育"的一种综合和集成。劳动教育课程给学生带来的提升是综合性的,学生的身体参与自然而然地连接起学生主体与客观世界,促使劳动知识的积累、劳动情感的熏染、劳动价值观的塑造跳脱线性预设的桎梏,实现一种水到渠成的结果。唯有将劳动教育放在"五育"中的突出位置,才能充分发挥劳动教育塑造人、培养人、完善人的功能,也只有将劳动教育放在"五育融合"的现实背景中才能培养出更具有健全人格和坚韧品格的新时代劳动者。

基于以上思考,在安徽省高等学校质量工程教材建设项目"新时代大学生劳动教育理论与实践"(2023jcjs074)和中国建设教育协会教育教学科研项目(202305)的支持下,我们组建了教材编写课题组,共同编写了本书。本书具有如下特点:第一,突出的本土化特性。一是从中国传统劳动思想出发,挖掘优秀劳动思想和劳育形式;二是多维度梳理和呈现新时代高校劳动教育理论和典型实践做法;三是结合特色地方文化和校史文化,挖掘本土化、校本化劳动育人形式和资源,构建"一地一品""一校一品"项目化劳育模式。第二,借鉴他国育人视角和经验,从国际化视野展示劳动教育作为教育模块中一环节的重要性和意义，并通过国外劳动育人内涵的呈现，延伸至当下劳动教育的场域和视域。第三，可读性强，书中穿插介绍大量我国新时代劳动教育的典型案例，展示了诸多新时代劳模和大国工匠，用身边事重述劳育的当代实践。

本书的具体编写分工如下：前言、第一章、第二章、第四章由蔡弘、周宇牵头负责编写；第三章、第六章及全书的案例、知识卡片、人物卡片等由杨文娟、张李杨牵头负责编写；第五章、第七章由张广斌、丁超牵头负责编写。王艳、朱迪、朱永甜、刘鑫鑫、李君、苏筱、辛梦琪、杨雨生、连瑞瑞、陈松林、金俊熹、查志蕙、赵晶丽、赵斌斌、贺小桐、贺雅婷、徐成功、焦艳、程家泰、戴汉武等参与了书稿编写大纲的讨论、编写资料的收集整理等。感谢所有编者对本书编写付出的努力。

本书可作为普通高等学校劳动教育教材，也可供相关劳动教育工作者和研究人员参考。本书在编写过程中广泛借鉴了众多劳动教育相关的各类教材、学术论文和学术著作，鉴于参考文献数量庞大，无法逐一列举，对于这些教材、论文和著作的作者及学术同仁们，在此表达深切的感激之情！

课题组

目　　录

前言 ……………………………………………………………………………………（ⅰ）

第一章　劳动与劳动观 …………………………………………………………（1）
　第一节　劳动 ………………………………………………………………………（1）
　　一、劳动的概念 ……………………………………………………………………（1）
　　二、劳动的分类 ……………………………………………………………………（3）
　　三、劳动的属性 ……………………………………………………………………（6）
　　四、劳动的价值 ……………………………………………………………………（8）
　第二节　劳动观 ……………………………………………………………………（9）
　　一、中国传统劳动观 ………………………………………………………………（10）
　　二、马克思主义劳动观 ……………………………………………………………（16）
　　三、人工智能时代的劳动观 ………………………………………………………（17）
　第三节　新时代劳动观 ……………………………………………………………（21）
　　一、劳动历史观 ……………………………………………………………………（21）
　　二、劳动价值观 ……………………………………………………………………（21）
　　三、劳动正义观 ……………………………………………………………………（22）
　　四、劳动幸福观 ……………………………………………………………………（22）
　　五、劳动教育观 ……………………………………………………………………（23）

第二章　劳动教育 ………………………………………………………………（25）
　第一节　劳动教育概述 ……………………………………………………………（25）
　　一、劳动教育的概念 ………………………………………………………………（25）
　　二、劳动教育的特征 ………………………………………………………………（26）
　　三、劳动教育的内容 ………………………………………………………………（27）
　第二节　马克思的劳动教育思想 …………………………………………………（29）
　　一、马克思理解的劳动与教育 ……………………………………………………（29）
　　二、劳动与教育相结合是社会发展的必然趋势 …………………………………（30）
　　三、劳动与教育相结合是造就全面发展的人的主要途径 ………………………（30）
　第三节　近现代教育学者的劳动教育思想 ………………………………………（32）
　　一、蔡元培的劳动教育思想 ………………………………………………………（32）
　　二、黄炎培的劳动教育思想 ………………………………………………………（33）
　　三、陶行知的劳动教育思想 ………………………………………………………（34）

四、吴玉章的劳动教育思想 ……………………………………………… (36)
　　五、晏阳初的劳动教育思想 ……………………………………………… (37)

第三章　新中国劳动教育发展脉络 …………………………………………… (40)

第一节　劳动教育的初步确立(1949—1955年) ……………………………… (40)
　　一、劳动教育确立的契机 ………………………………………………… (40)
　　二、初期劳动教育的实施 ………………………………………………… (40)
　　三、初期劳动教育的特点 ………………………………………………… (41)
　　四、初期劳动教育的重点 ………………………………………………… (42)

第二节　劳动教育的探索与实践(1956—1975年) ………………………… (43)
　　一、探索期劳动教育的目的 ……………………………………………… (43)
　　二、探索期劳动教育的实施 ……………………………………………… (43)
　　三、探索期劳动教育的调整 ……………………………………………… (45)
　　四、探索期劳动教育的特点 ……………………………………………… (45)

第三节　改革开放时期的劳动教育(1976—2017年) ……………………… (46)
　　一、强调"生产技术"的劳动教育恢复与探索 ………………………… (46)
　　二、围绕"核心素养"的劳动教育改革与深化 ………………………… (49)

第四节　新时期劳动教育的全面发展(2018年至今) ……………………… (51)
　　一、新时期劳动教育的时代内涵 ………………………………………… (51)
　　二、新时期劳动教育的建设要点 ………………………………………… (54)
　　三、新时期劳动教育的建设内容 ………………………………………… (56)

第四章　劳模精神与工匠精神 ………………………………………………… (59)

第一节　劳模精神 ……………………………………………………………… (59)
　　一、劳模精神的科学内涵 ………………………………………………… (59)
　　二、劳模精神的突出要义 ………………………………………………… (65)
　　三、劳模精神的时代价值 ………………………………………………… (67)
　　四、加强培育和弘扬劳模精神 …………………………………………… (68)

第二节　工匠精神 ……………………………………………………………… (70)
　　一、工匠精神的科学内涵 ………………………………………………… (70)
　　二、工匠精神的突出要义 ………………………………………………… (74)
　　三、工匠精神的时代价值 ………………………………………………… (75)
　　四、加强培育和弘扬工匠精神 …………………………………………… (77)

第三节　城市建设中的劳动精神 ……………………………………………… (79)
　　一、城市规划中的和谐与智慧 …………………………………………… (80)
　　二、土木试验中的求实与奉献 …………………………………………… (81)
　　三、地铁空间里的奋斗与拼搏 …………………………………………… (83)
　　四、桥梁建设中的勤奋与突破 …………………………………………… (84)
　　五、城市传承与创新中的匠心传承 ……………………………………… (85)

第五章　新时代大学生劳动教育典型做法 (87)
第一节　课堂教学与实践相结合的模式 (87)
一、北京大学:打造沉浸式课堂,引领创造性实践 (88)
二、中国海洋大学:依托通识课程,培养时代新人 (90)
三、北京化工大学:打造劳育金课,耕耘后勤事业 (91)
第二节　校内劳动与校外实践相结合的模式 (93)
一、华中农业大学:拓展实践基地,践行勤耕重读 (93)
二、对外经济贸易大学:田间地头筑基地,强调实践与体验 (96)
三、百色学院:整合碎片化课外实践,强调理论实践一体化 (97)
第三节　劳动教育与素质拓展相结合的模式 (98)
一、同济大学:"城校共生"双创育人,多元主体全面协同 (99)
二、武汉大学:创新创业增智善用,社会服务躬身力行 (101)
三、浙江大学:广开劳动实践渠道,优化劳动教育生态 (103)
第四节　思想政治教育与劳动教育相结合的模式 (105)
一、上海交通大学:丰富"双创"课程,思政指导劳育 (105)
二、南京大学:"课程劳育"立德树人,"文化劳育"提升素养 (107)
三、西南大学:五维全程实践育人,思政教育立德树人 (108)
第五节　劳动建校与优秀地域文化涵育劳动教育 (111)
一、安徽建筑大学:劳动建校历程 (111)
二、同济大学:"劳动建校"恰当年 (116)

第六章　劳动育人的国际经验 (120)
第一节　美国生计教育模式 (120)
一、美国劳动教育理念与制度的演进 (120)
二、美国劳动教育的模式:生计教育的校内外结合 (122)
三、美国劳动教育的特征 (123)
第二节　日本家校地协同模式 (125)
一、日本劳动教育理念与制度的演进 (125)
二、日本劳动教育模式:家校地三方协同开展 (126)
三、日本劳动教育的特征 (128)
第三节　芬兰素质教育模式 (129)
一、芬兰劳动教育理念与制度的演进 (129)
二、芬兰劳动教育模式:体系完备覆盖基础教育全程 (131)
三、芬兰劳动教育的特征 (135)
第四节　德国技能教育模式 (136)
一、德国劳动教育理念与制度的演进 (136)
二、德国劳动教育模式:多线发展契合国家需要 (138)
三、德国劳动教育的特征 (139)

第五节　俄罗斯职业教育模式 …………………………………………………… (142)
      一、俄罗斯劳动教育理念与制度的演进 ………………………………………… (142)
      二、俄罗斯劳动教育模式：作用多样内容明确 ………………………………… (144)
      三、俄罗斯劳动教育的特征 ……………………………………………………… (147)

第七章　未来劳动畅想与劳动教育 ……………………………………………… (149)
   第一节　新的劳动工具和劳动形式 ……………………………………………… (149)
      一、新的劳动工具 ………………………………………………………………… (150)
      二、新的劳动形式 ………………………………………………………………… (153)
   第二节　新的职业与新型劳资关系 ……………………………………………… (155)
      一、新的职业 ……………………………………………………………………… (155)
      二、新型劳资关系 ………………………………………………………………… (157)
   第三节　科技赋能劳动教育 ……………………………………………………… (160)
   第四节　文化涵育劳动教育 ……………………………………………………… (161)

参考文献 …………………………………………………………………………… (164)

第一章　劳动与劳动观

学习目标

- 掌握劳动和劳动观的内涵。
- 熟悉劳动的分类、属性和价值。
- 了解中国传统劳动观、马克思主义劳动观和人工智能时代劳动观的内容。
- 掌握新时代劳动观的核心要义。

第一节　劳　动

一、劳动的概念

全国科学技术名词审定委员会对劳动的定义是:"劳动是指有劳动能力和劳动经验的人在生产过程中有目的地支出劳动力的活动。"在《现代汉语词典》中,"劳动"有三层含义:"人类创造物质或精神财富的活动;专指体力劳动;进行体力劳动。"在《辞海》中,劳动的首要含义是"人们改变劳动对象使之适合自己需要的有目的的活动,即劳动力的支出或使用",也有"操作""体力劳动""劳驾"的含义。《中国大百科全书》将劳动定义为:"人类特有的基本的社会实践活动。人通过有目的的活动改造自然对象,并在这一活动中改造人自身的过程。劳动体现了人与自然、人与人两方面关系的统一。"《文史哲百科辞典》指出,劳动是"人们使用工具改造自然物,使之适合自己需要的有目的的活动,即劳动力的使用或消费,包括脑力劳动和体力劳动"。《教育大辞典》将劳动定义为:"劳动力的使用和消费。人以自身活动来引起、调整和控制人和自然之间的物质变换过程。制造和使用生产工具,并在一定的社会关系中进行劳动,是人和动物的本质区别。"

在不同的学科视域下,劳动的内涵不尽相同。从历史演进的角度看,劳动对人类社会和人类本身具有重要意义,并在不同的社会发展阶段表现出不同的社会属性。《辞海》关于"劳动"的释义指出:"劳动是人类社会存在和发展的最基本条件,在人类形成过程中起了决定性作用。人类的祖先类人猿长期劳动实践,才变成能制造工具的人。劳动在不同的社会制度下具有不同的社会属性。在奴隶制度、封建制度和资本主义制度下,劳动者的劳动表现为奴隶劳动、农奴劳动和雇佣劳动,是不同性质的受剥削的劳动;在社会主义公有制下,劳动者成了国家和企业的主人,不再受剥削;进入共产主义后,劳动不仅是谋生的手段,而且将成为人们生活的第一需要。"

从文化角度看,劳动对应的更多是勤劳。勤劳是中华民族千百年来倡导的行为和美德,对劳动的肯定和赞美是中国传统文化的重要内容。史前时代就有诸多歌颂勤劳的神话,比如因勤劳能干而被尧封赏土地的农耕始祖、五谷之神后稷,为争取更多劳动时间而追逐太阳的夸父,为解救人类于漫漫黑夜而辛勤钻木的燧人氏等。

燧人氏钻木取火

在远古蛮荒时期,人们不知道有火,也不知道用火。到了黑夜,四处一片漆黑,野兽的嚎叫声此起彼伏,人们蜷缩在一起,又冷又怕。由于没有火,人们只能吃生的食物,经常生病,寿命也很短。

天上有个神仙叫伏羲,他看到人们生活得这样艰难,心里很难过,他想让人们知道火的用处。于是伏羲大展神通,在山林中降下一场雷雨。随着"咔"的一声,雷电劈在树木上,树木燃烧起来,很快就变成了熊熊大火。人们被雷电和大火吓着了,到处奔逃。不久,雷雨停了,夜幕降临,雨后的大地更加湿冷。逃散的人们又聚到了一起,他们惊恐地看着燃烧的树木。这时候有个年轻人发现,原来经常在周围出现的野兽的嚎叫声没有了,他想:"难道野兽怕这个发亮的东西吗?"于是,他勇敢地走到火边,他发现身上好暖和呀。他兴奋地招呼大家:"快来呀,这火一点不可怕,它给我们带来了光明和温暖!"这时候,人们又发现不远处烧死的野兽,发出了阵阵香味。人们聚到火边,分吃烧过的野兽肉,觉得自己从没有吃过这样的美味。人们感到了火的可贵,他们捡来树枝,点燃火,保留起来。每天都有人轮流守着火种,不让它熄灭。可是有一天,值守的人睡着了,火燃尽了树枝,熄灭了。人们又重新陷入了黑暗和寒冷之中,痛苦极了。

伏羲在天上看到了这一切,他来到最先发现火的用处的那个年轻人的梦里,告诉他:"在遥远的西方有个遂明国,那里有火种,你可以去那里把火种取回来。"年轻人醒了,想起梦里神仙说的话,决心到遂明国去寻找火种。

年轻人翻过高山,涉过大河,穿过森林,历尽艰辛,终于来到了遂明国。可是这里没有阳光,不分昼夜,四处一片黑暗,根本没有火。年轻人非常失望,就坐在一棵叫"遂木"的大树下休息。突然,年轻人眼前有亮光一闪,又一闪,把周围照得很明亮。年轻人立刻站起来,四处寻找光源。这时候他发现就在遂木树上,有几只大鸟正在用短而硬的喙啄树上的虫子。只要它们一啄,树上就闪出明亮的火花。年轻人看到这种情景,脑子里灵光一闪。他立刻折了一些遂木的树枝,用小树枝去钻大树枝,树枝上果然闪出火光,可是却着不起火来。年轻人不灰心,他找来各种树枝,耐心地用不同的树枝进行摩擦。终于,树枝上冒烟了,然后出火了。年轻人高兴地流下了眼泪。

年轻人回到了家乡,为人们带来了永远不会熄灭的火种——钻木取火的办法,从此人们再也不用生活在寒冷和恐惧中了。人们被这个年轻人的勇气和智慧折服,推举他做首领,并称他为"燧人",也就是取火者的意思。

中华儿女自强不息,用劳动创造了生活、创造了灿烂文化,在劳动中培养了互助和团结精神。"种豆南山下,草盛豆苗稀。晨兴理荒秽,带月荷锄归。道狭草木长,夕露沾我衣。衣沾不足惜,但使愿无违。"这首诗描绘了古代劳动人民辛勤劳动、幸福生活的场景。不少古诗词更是自然地将辛勤劳动与珍惜食物结合起来,深深影响并塑造着中国人勤俭节约的美德,比如妇孺皆知的"锄禾日当午,汗滴禾下土。谁知盘中餐,粒粒皆辛苦",如图 1.1 所示。

从哲学角度看,劳动是主体、客体和意义的集成体,通常是指能够对外输出劳动量或劳动价值的人类运动。劳动是人类社会进步和发展的基础,是人类生存和发展的唯一手段。马克思指出,"劳动首先是人和自然之间的过程,是人以自身的活动来中介、调整和控制人和自然之间的物质变换的过程"。

从经济学角度看,劳动是人类改造自然的物质活动,是满足人的需要、创造物质价值的活动,不仅包括生产活动,也包括消费活动。人类的消费活动与劳动往往是相互渗透、相互作用的,消费活动中通常有劳动的内容,劳动也伴随着一定的消费活动。人类的消费活动从其客观目的来说,有时为主观享受,有时是为劳动做必要的生理、心理和精神上的事前准备和事后补偿。消费活动是为劳动服务的,是劳动的前提和基础。在《资本论》中,马克思指出:"劳动力的使用就是劳动本身。劳动力的买者消费劳动力,就是叫劳动力的卖者劳动。"劳动是商品价值的唯一源泉,不同形式的具体劳动主要决定使用价值,而凝结在商品中的一般的、无差别的抽象劳动则是形成商品价值的唯一源泉。

图 1.1 《悯农》

从教育学角度看,劳动创造知识,教育关乎未来。教育的目的是培养德、智、体、美、劳全面发展的、有益于社会进步的人,教育要服务于受教育者、企业、行业、国家和社会,要面向世界,面向未来,因此教育需要与生产劳动和社会实践相结合,任何脱离实践、鄙视生产劳动的教育都不利于青年一代的健康成长和发展。没有劳动的教育是纸上谈兵,没有教育的劳动是故步自封,学校教育不能脱离社会实践,必须与生产劳动和社会实践相结合,走进工厂、走进农村、走向社区、走向街道、走入各行各业的生产或服务实践,学以致用,以行促知,最终实现融会贯通,知行合一。

以上的几种表述虽措辞有所不同,但基本内涵却是一致的,本书将劳动定义为:劳动是人类特有的,为满足自身的物质和精神需要,有目的地调整和控制人与自然界之间的物质变换过程的社会实践活动。

二、劳动的分类

根据不同的标准,劳动有不同的分类,各种劳动分类从不同角度揭示了劳动的多样性和差异性,这些分类标准可以帮助我们更好地理解和认识劳动的本质和价值,也有助于我们更好地发展和优化劳动方式,提高劳动效率和生产力。

(一) 体力劳动、脑力劳动和生理力劳动

根据参与劳动的人体主流系统的不同,劳动可分为体力劳动、脑力劳动和生理力劳动。

体力劳动是指以人体肌肉与骨骼的运动为主,以大脑和其他生理系统的运动为辅的主体劳动,如挑水、拉车等。

体力劳动强度分级

体力劳动强度分级是中国制定的劳动保护工作科学管理的一项基础标准,是确定体力劳动强度大小的根据。应用这一标准,可以明确工人体力劳动强度的重点工种或工序,以便有重点、有计划地减轻工人的体力劳动强度,提高劳动生产率。体力劳动强度按劳动强度指数大小分为:Ⅰ级体力劳动(轻劳动)、Ⅱ级体力劳动(中等劳动)、Ⅲ级体力劳动(重劳动)、Ⅳ级体力劳动(极重劳动)四种。

脑力劳动是以脑力消耗为主的劳动,是质量较高的复杂劳动。其特征在于劳动者在生产中运用的是智力、科学文化知识和生产技能,故亦称"智力劳动"。脑力劳动分为四种基本形态:创造知识的脑力劳动、传授知识的脑力劳动、管理知识的脑力劳动和实现知识的脑力劳动。

应该指出,体力是脑力的基础,脑力劳动支配体力劳动。体力劳动与脑力劳动的分离不是从来就有的,也不会永远持续下去。在原始社会中,由于人类群体内部不能提供剩余产品,有劳动能力的人都要参加体力劳动,没有专门从事脑力劳动的人。随着生产力水平的提高,人类群体内部有了剩余产品,就逐渐形成了专门从事脑力劳动的群体。其实,任何一种活动都是体力劳动和脑力劳动共同作用的结果,例如,不动脑子就种不出好粮食。

水 稻 杂 交

1966年2月28日,袁隆平发表第一篇论文《水稻的雄性不孕性》,刊登在中国科学院主办的《科学通报》上。他正式提出不育系、保持系和恢复系的"三系配套法",并首次揭示了水稻雄性不育之谜。受到了国家科委九局局长赵石英的重视,他向国务院副总理兼国家科委主任的聂荣臻元帅汇报此事,得到聂荣臻支持,以国家科委名义向湖南省科委和安江农校发函,肯定袁隆平的科学实践,并责成湖南要全力支持这项科学研究。开启了我国水稻杂交优势利用技术研发的序幕。

生理力劳动是一切生物都具有的运动形式。对于植物来说,有光合作用、蒸腾作用、呼吸作用等;对于动物来说,有消化运动、呼吸运动、血液循环运动、生殖运动、分泌运动、神经运动等。任何形式的生理力劳动都可归结于细胞的运动,而细胞的运动实际上就是一个物质和能量代谢的过程。人的生理系统通过一定的生理力运动对所获取的食物进行消化、吸收、传输和能量转换,为整个生理系统的正常运行提供所需的物质和能量,以保证机体协调一致地运行。

(二)简单劳动和复杂劳动

从价值分析的角度来看,根据对劳动主体的知识、经验和技能的要求,以及所耗费的体力与脑力的综合量的多少,劳动可分为简单劳动和复杂劳动。

简单劳动是指在一定的社会条件下,不需要经过任何专门训练的一般劳动者都能从事的劳动,其所产生的产品的剩余价值较低。

复杂劳动是指需要经过专门训练和培养,具有一定文化知识和技术专长的劳动者所从事的劳动,其具有更高的价值。这是因为同样时间内,复杂劳动创造的价值量可以用若干倍的简单劳动创造的价值量来衡量。

当然,简单劳动和复杂劳动的区分是相对的。在一定条件下的复杂劳动,在另外的条件下可能就是简单劳动。例如,编程在某些情境下可以被视为复杂劳动,因为它要求劳动者(程序员)具备深厚的专业知识,如数据结构、算法、软件设计模式等。然而,在另一些情境下,编程可能被视为简单劳动。当使用高级编程语言和集成开发环境(IDE)时,许多编程任务可以通过拖拽、点击和填写表单等方式完成,而无需深入了解底层的编程细节。在这种情况下,编程任务可能变得相对简单,甚至非专业人士也可以完成一些基础的编程任务。

(三)具体劳动和抽象劳动

具体劳动也称为有用劳动,是指在一定的具体形式下进行的劳动。具体劳动包括人们的劳动目的、劳动工具、劳动对象、操作方法和劳动结果五个要素。由于劳动的目的、使用的工具、加工的物质对象和采用的操作方法不同,便可生产出具有不同使用价值的物品。例如,木匠制造家具的具体劳动,是用斧子、锯、刨、凿等劳动工具对木材等劳动对象进行加工,结果生产出桌、椅、柜、床等产品;农民种地的具体劳动则是用拖拉机、收割机、犁、耙等劳动工具,进行翻地、播种、收割等活动,从而收获农产品。我们可以看到,由于生产的使用价值众多,相应的具体劳动方式也很多,具体劳动体现着人和自然的关系。

抽象劳动是撇开劳动的具体形式的一般人类劳动。尽管生产商品的劳动的具体形式千差万别,但它们都是人类劳动力的耗费,这是无差别的。不论是种地,还是织布,都是人类劳动力的支出,即人的脑、肌肉、神经、手等的生产耗费。从这个意义上来说,种地和织布的劳动,不过是耗费人类劳动力的两种不同的形式。这种抽去了具体形式的一般人类劳动,就是抽象劳动,它形成商品的价值。

具体劳动和抽象劳动

以手机举例：具体劳动是指制造手机所需的具体操作和劳动过程。这包括设计手机的外观和结构、选择适当的材料和组件、进行电路板的布局和焊接、组装各个部件、进行软件编程和测试等。这些具体劳动都是为了生产出一个具有特定功能和使用价值的手机。具体劳动体现了人与自然的关系，是制造手机这一产品的直接劳动形式。

而抽象劳动则是指生产手机所投入的一般人类劳动。无论是设计、制造、编程还是测试，这些劳动都凝结了人们的智力和体力劳动。抽象劳动是价值的源泉，它并不关心具体劳动的形式和内容，而是将劳动抽象为一般的人类劳动。抽象劳动体现了人与人之间的关系，是商品经济中价值的形成基础。

在手机的生产过程中，具体劳动和抽象劳动的区别在于：具体劳动是制造手机所需的具体操作和劳动过程，它直接创造了手机的使用价值；而抽象劳动则是生产手机所投入的一般人类劳动，它形成了手机的价值。具体劳动是劳动的自然属性，反映了人与自然的关系；而抽象劳动是劳动的社会属性，反映了人与人之间的关系。

通过手机这个产品，我们可以清楚地看到具体劳动和抽象劳动的内涵和区别。具体劳动创造了手机的使用价值，使手机能够满足人们的通信、娱乐、工作等需求；而抽象劳动则形成了手机的价值，使手机能够在市场上进行交换和流通。这两者相互依存、相互转化，共同构成了商品经济的基础。

（四）必要劳动和剩余劳动

必要劳动是劳动者为生产维持劳动力再生产所必需的那部分社会产品而耗费的劳动。劳动者为维持本人及其家属的生活、再生产劳动力，需要一定量的社会产品，这部分产品称为必要产品。生产必要产品所耗费的劳动称为必要劳动。从事这种劳动的时间称为必要劳动时间。必要劳动时间的长短一方面取决于必要产品的数量和范围，另一方面取决于劳动生产率的高低。在必要产品的数量和范围既定的条件下，劳动生产率是决定必要劳动时间长短的主要因素。

剩余劳动是超过维持劳动力生产和再生产需要的劳动。在私有制社会中即为剥削者所占有的劳动。在社会主义社会中，剩余劳动仍将长期存在，但剩余劳动所创造的产品归社会支配，用以扩大再生产和提高劳动者的物质和文化生活水平。

三、劳动的属性

劳动具有三种属性，分别为：人类能动性、创造性、社会性。

(一)劳动是人类能动性的活动

劳动是人类能动性的最直接体现。能动性是指个体或群体在面对外界或内部刺激时，能够做出积极的、有选择的反应或回答。从表面上来看，劳动作为一种活动，是对自身生活有用的自然物质的占有，这与自然界的动物的活动没有什么区别。例如：蜘蛛通过织网来捕食猎物、蜜蜂通过建筑蜂房而储存蜂蜜、燕子通过衔草筑巢来繁殖后代。然而，动物的这些活动是一种动物生存的本能。劳动作为一种能动的活动，与动物的本能活动有着根本区别。人类的劳动具有能动性、意志性、思维性和创造性，是基于人类高度发达的大脑的产物。人类的劳动更加有目的和有意识，强调的是通过运用智慧和创造力来改变自然，改善生活。

在劳动中，劳动者能根据自己的意愿、兴趣和能力，选择适合自己的劳动方式，通过劳动实现自我价值，同时也为社会创造价值。人们不仅需要运用体力和技能，更需要发挥意识的作用，需要思考如何更有效地完成任务，如何改进工作流程，如何提高工作效率等。这种思考过程本身就是意识能动性的体现。同时，劳动者在劳动中坚持自己的意志，克服困难，保持耐心和毅力，这也是能动性的体现。

(二)劳动是创造性的活动

劳动具有自觉性和能动性，它是具有目的的活动，然而有自觉能动意识、有目的性的活动，并不都是劳动，因为人是有意识和思想的，人的一切活动都受意识的支配。劳动的本质是通过人的智慧和努力来改造和利用自然资源，创造出物质财富和精神财富。劳动的创造性是劳动与其他活动的重要区别之一。只有那些能够创造出物质财富和精神财富的创造性活动，才能称为劳动。创造性劳动不仅仅是为了满足当前的需求，更是为了推动社会的进步和发展。

西方思想家曾指出，旅游、跳舞、吃饭、睡觉，虽然具有目的性，但都不能称为劳动。旅游是一种休闲活动，人们通过旅游可以放松身心、丰富知识、增进交流和体验不同的文化风情；跳舞是一种艺术表演和身体锻炼的活动，人们通过跳舞可以展示自己的才艺和享受舞蹈带来的快乐；吃饭和睡觉是人们日常生活中的基本需求，是为了满足身体的营养和休息需要。这些活动虽然具有目的性，但它们不是为了创造物质财富或精神财富而进行的创造性劳动，这就是价值创造赋予劳动独一无二的特征。

(三)劳动是社会性的活动

人的本质不是单个人固有的抽象物，在其现实性上，它是一切社会关系的总和。劳动是人类社会发展的基础，也是人类实现自身价值的重要途径。人的劳动是一种社会活动，具有群体性的特征。人们通过分工合作，互相依赖，共同完成生产和服务。正是因为人的劳动具有群体性的特征，才能够实现资源的合理配置，提高生产效率，促进社会的进步。

劳动的社会性体现在多个方面。劳动需要社会的组织和协调。在生产过程中，不同的个体承担着不同的职责和任务，相互配合，形成一个有机的整体。只有通过有效的组织和协调，才能够实现生产的顺利进行。劳动需要社会的支持和保障。人们在劳动过程中需要使用各种生产工具和设备，依赖于社会提供的各种资源和条件。社会的发展和进步为劳动提供了更好的条件和环境，为个体的劳动创造了更多的机会和可能。劳动需要社会的认可和回报。个体的劳动不仅仅是为了满足自身的需求，更是为了得到社会的认可和回报。社会通过工资、奖励、荣誉等方式，对个体的劳动进行评价和回报，激励个体更加努力地劳动。劳动的社会性还表现在劳动者之间的交流和合作，人们通过交流和合作，共享经验和知识，相互学习。劳动者之间的合作不仅能够提高生产效率，还能够促进人的全面发展和个性的实现。

劳动是人类社会的基础和根本，它不仅是创造物质财富的手段，更是人类自我实现的途径。了解劳动的特征和意义对于我们认识自己、理解社会、推动社会发展具有重要的指导作用。只有认识到劳动的重要性和价值，才能更好地发挥个人和社会的作用，共同推进人类文明的进步和发展。

四、劳动的价值

劳动是人类社会发展的基础和动力，在社会经济中扮演着非常重要的角色。劳动的价值不仅仅体现在社会发展方面，还体现在物质生产和个人发展方面。

（一）促进人类社会发展

人类社会发展是劳动演进的必然结果。从原始社会的狩猎和采集劳动到现代社会的多样化职业门类，劳动形式经历了巨大的变化和进步，这种演进不仅体现了人类劳动实践形式的提升，也推动了劳动系统的发展和社会的进步。

1. 劳动形式的演进

原始社会的劳动形式主要是狩猎和采集，人们依靠狩猎和采集自然资源来维持生计。随着人类的劳动和技术的发展，农业的出现使得人类能够进行定居耕种，实现了从游牧生活到农耕生活的转变。农业劳动为人类提供了稳定的食物来源，也为社会的发展奠定了基础。工业革命的兴起带来了工业劳动的兴盛，人们从农田转移到工厂中从事生产劳动，工业化的推动使得劳动过程更加机械化和规模化，大大提高了生产效率。

科技的发展和社会分工的细化，职业门类不断增加，现代社会的劳动形式更加多元化和专业化。人们从事的劳动工作越来越具有专门性和技术性。从医生、教师、工程师到程序员、设计师、市场营销人员，各行各业的劳动形式不断涌现，为社会提供了更多的服务。

2. 劳动系统的发展

劳动形式的演进推动了劳动系统的发展和完善。劳动系统由原始的简单劳动形式逐渐演变为庞大而复杂的劳动组织。劳动者通过分工合作，形成了生产关系和劳动分工的体系，实现了劳动过程的协调和高效。

劳动系统的发展呈现出专门化和精细化的特征。在现代社会，人们根据自己的兴趣、特长和专业知识选择适合自己的职业，并在特定领域中进行专门化的劳动。这种专门化使得劳动者能够更好地发挥自己的优势，促进经济社会发展。

（二）促进物质生产

劳动是物质生产的基础，是创造财富的源泉。通过劳动，人们从自然界中获取原材料，并通过加工、制造和服务等方式将其转化为有用的产品和服务，满足了人们的需求和欲望。劳动者的努力和智慧是财富创造的关键，他们通过付出自己的努力和智慧，创造了价值，为社会创造了财富。

劳动的价值体现在创造的产品和服务上。劳动者劳动创造的产品和服务具有使用价值和交换价值。使用价值是指产品和服务能够满足人们的需求和欲望,而交换价值则是指产品和服务在市场上可以通过交换获取其他物品或货币的价值。随着社会的发展,人们的需求变得多元化。多种多样的产品和服务使得劳动的价值需要内涵更加丰富,进一步促进物质生产。

(三)实现个人全面发展

　　劳动不仅是创造财富的手段,也是个人发展的重要途径。通过劳动,人们不仅可以获得物质上的回报,还可以获得知识、技能和经验的积累,提高自己的能力和素质。

　　高度发达的生产力是人的自由全面发展的基础。只有生产力高度发展,促进物质财富的丰富,才能充分满足每个社会成员的需要,社会成员才可以根据自己的需要自由地享用物质财富,从而使得社会财富从支配人的异己力量变为被每个人所支配的力量,只有当人的体力和智力获得充分的自由发展和运用,人们才能发展各自的潜能和天赋,走向更加自由而全面的人。因此,如果没有高度发达的生产力,没有物质资料的极大丰富,每个人的自由全面发展是不可能的。这其中,无论是财富的创造,还是生产力的发展,都必须通过劳动来实现。

　　另一方面,自由自觉的劳动是实现人的自由全面发展的基础。随着工业革命的推进和社会的进步,劳动摆脱了外在的强制和束缚,恢复了本来面目,实现了自身的回归。劳动者可以按照自己的意愿和兴趣去从事劳动,当前的劳动是一种建立在自主意识基础上的自由自觉的劳动,这种劳动状态不仅有助于提升劳动者的积极性和创造性,而且能够使劳动者在劳动中体验到自我实现的满足感。

　　劳动的价值在个人发展中得到体现。劳动者通过劳动获得的知识、技能、经验和财富,不仅可以提高自己的就业竞争力,还可以为个人的发展和成长提供支持。劳动者通过劳动获得的成果和回报,不仅可以满足自己的物质需求,还可以提高自己的社会地位和生活品质。

第二节　劳　动　观

　　劳动观是指人们对劳动的根本看法和观点。在思想政治教育学视域下,劳动观是指人们对劳动的本质、劳动的目的、劳动的意义、劳动分工等方面的认识。它是世界观、人生观和价值观的重要组成部分。劳动观被广泛地认为是一种尊重劳动、崇尚劳动、推崇劳动、发扬劳动光荣传统并以此为荣的观点。

　　一个人的劳动观主要指其对劳动本质问题的理解、对劳动目的的理解、对待劳动的态度、从事劳动的动机以及是否珍惜劳动成果等,对这些问题的不同解答能从侧面反映出一个人的劳动观正确与否。积极正确的劳动观有利于引导人们形成正确的劳动认知和积极健康的劳动思想,端正自身的劳动态度,以高昂饱满的热情投入到学习和工作中,从而在提升自我、促进自身全面发展的同时更好地服务社会和奉献社会。消极错误的劳动观则会误导人们做出错误的劳动行为及劳动选择,不利于劳动品德的培养和劳动习惯的养成,影响人们学习工作的热情和效率,最终阻碍个人的进步和社会的发展。

一、中国传统劳动观

不同时代、不同社会发展阶段的主流劳动观念不尽相同,带有当时的时代印记。在古代,劳动被视为一种光荣的行为,被赋予了积极的意义。人们普遍认为,劳动是实现自身价值、造福社会的重要途径。劳动也被视为一种修身养性的方式,通过劳动可以培养人的意志品质、提高个人的修养。

习近平总书记指出:"中华文化源远流长,蕴育了中华民族的宝贵精神品格,培育了中国人民的崇高价值追求。自强不息、厚德载物的思想,支撑着中华民族生生不息、薪火相传,今天依然是我们推进改革开放和社会主义现代化建设的强大精神力量。"在五千年的历史长河中,勤劳勇敢智慧的中国人民创造了辉煌的历史,铸就了灿烂的中华文明。先民们形成了丰富的劳动思想,精卫填海、夸父逐日、后羿射日、愚公移山、女娲补天、鲧禹治水、钻燧取火等神话传说都反映了古人对劳动的礼赞。时至今日,这些思想中仍有许多内容闪耀着智慧的光芒,影响着一代又一代的中国人,并成为当今劳动教育理论的重要思想来源。

(一)传统哲学中"赖力者生"的劳动思想

人类社会是由劳动创造的,而且社会发展离不开劳动。劳动在中华优秀传统文化的形成过程中起到了极其重要的作用,关于劳动的内容亦是中华优秀传统文化的重要组成部分。

在古汉语中,劳动常常作为两个相互独立的字使用。劳为"勞",会意字,字形上面是"燊",表灯火,为通明的意义;中间是"冖",表示房屋;下面是"力",表示用力。本义为努力劳动,使受辛苦。动为"動",会意兼形声字,《说文解字》译为:"動,作也。"意思是起身做事。"劳动"作为一个词语,最早记载于《庄子·让王》中:"春耕种,形足以劳动。"意为操作或者活动。也有表示烦劳、劳累的意思,"陛下可得雍容都城,何事劳动銮驾暴露于边境哉"。还有作敬辞,表感谢之意,"劳动更裁新样绮,红灯一夜剪刀寒"。通过对劳动这个词进行语义挖掘,可以发现劳动有两个特点:一是"劳动"这个词有辛劳、努力的意思,这就是劳动的自然属性;二是"劳动"的主体是人,这是劳动的本质属性。

墨子认为,劳动将人与动物区分开来,劳动是人特有的生存方式,也是人生存之本,人必须依靠自己的劳动能力,才能创造出生存所需的物质资料。因此,《墨子·非乐上》提出:"赖其力者生,不赖其力者不生。"在这一思想下,墨子教育弟子"男耕稼树艺""妇人治丝麻",人是劳动者,人只有依靠劳动才能生存。明代学者吕坤说:"一年不务农桑,一年忍饥受冻。"不勤劳务农,就缺衣少食。明末清初学者张履祥提出:"治生以稼穑为先,舍稼穑无可为治生者。"清代政治家曾国藩在其家书中也写道:"卫身莫大于谋食。农工商,劳力以求食者也;士,劳心以求食者也。"这些观点指出了农业劳动的基本价值,随着社会发展,劳动已不限于农业生产劳动,但是劳动仍然是人们创造一切生存所需物质的活动。

从个人的角度来看,劳动促进人的发展,使人"心存"而"身修"。一是劳动对个人德性培育具有积极作用。春秋时期的敬姜在教育儿子时说:"夫民劳则思,思则善心生;逸则淫,淫则忘善,忘善则恶心生。"指出劳可培善,而逸则生恶。明末清初的学者颜元曾说:"吾用力农事,不遑食寝,邪妄之念,亦自不起。若用十分心力,时时在天理上做,则人欲何自生哉?信乎'力行近乎仁'也。"认为劳动可以"治心",使人杜绝邪念的产生,努力劳动就能逐步接近和达到仁的品德。清代学者汪辉祖认为,古来成功的将相,没有一个是软弱又不耐劳苦的,大力批判"幼小不宜劳力"的观点。二是劳动对个人身体健康具有积极影响。"养身莫善于习动,夙兴夜寐,振起精神,寻事去做,行之有常,并不困疲,日益精壮",劳动可以强健体魄,是养身之道。三是劳动对个人智力发展具有促进作用。劳动既能"振竦精神,使心常灵活",亦能"练智""达才";既能给个人心智带来活力,又能发展人的智力才干。

从社会的角度来看,劳动促进社会发展,令国富而民强。墨子认为"天下之治也,汤武之力也",一切社会价值都是靠"力"即劳动来创造的,"强必治,不强必乱;强必宁,不强必危",只有依靠强力的劳动,国家才能繁荣强盛。颜元从历史的角度,指出劳动是一个国家生存和强盛的源泉,"三皇、五帝、三王、周、孔皆教天下以动之圣人也,五霸之假,正假其动也。汉、唐袭其动之一二,以造其世也"。

墨家"赖力者生"主张不仅对于个体存在是可贵的,对于国家存在与社会发展也是如此。劳动作为人类生存的基础,不论是个人,还是社会或国家都要靠它来发展,这就是"赖力者生"。其中既有"耕稼纺织"之体力,也有"思虑之智"之脑力,这是中华民族数千年的人生和教育哲理。

(二)注重劳动蕴含的生活哲理:真、善、美的统一

1. "真"的生活品质:诚实劳动

《中庸》言:"诚者,天之道;诚之者,人之道。""不诚无物。""诚"是对自身本性的固守和忠诚。劳动中的忠诚,最根本的就是道德真诚,是在道德上对伦理和信念的忠诚。墨子指出,行为不讲诚信的人名声必受损害:"行不信者,名必耗。""第务虚名而不敦实行,斯名败而诎诎随之,大为可耻。"追求虚名却不诚心诚意地施行是可耻之为。从古至今,诚信都是衡量人们品行的重要尺度,"人而无信,不知其可也",信是人的立身处世之本,它是人们与他人建立起互信互谅的基础。在现实生活中,一些贪图功名利禄的人,他们为了达到自己的目的,不惜剽窃或虚报他人的劳动成果。这种行为不仅仅会使他们失去他人的信任,更严重的是,一旦被揭穿,他们可能会面临法律的制裁。因此,诚信成为人们必需的品质之一,诚实劳动也成为人们生活的基本准则。只有保持真诚、守信的态度,才能在人际关系中建立起稳固的信任基础。

墨子有言:"善无主于心者不留,行莫辩于身者不立。名不可简而成也,誉不可巧而立也,君子以身戴行者也。"名誉的获得不应采用投机取巧的方式,须以身体力行来修养自身。重视力行、关注实务也一直是中国古代的思想主流。颜元主张要"犯手实做其事",汪辉祖强调"人须实做""士不好学,农不力田,便不成为士、农"。各行各业各类人物,只要是有所名称的职业或行业,终需落到一个"做"字。因此,"求践其名,非实做不可"。诚信不仅体现在言行上,更重要的是要诚实地对待自己的劳动成果。只有通过辛勤劳动,才能获得真正的成就感和尊重,而剽窃或虚报只会给自己带来短暂的得利,最终却会失去他人的尊重和支持。所谓"言必信,行必果",其中"行必果"意为行为必须追求功效,获得实际效果,是求实精神的体现。诚实劳动就是要求人们客观对待劳动成果并实实在在地劳动,实事求是,身体力行,不可投机取巧与弄虚作假。

2. "善"的生活态度:辛勤劳动

中华民族是一个勤于劳动、善于节俭的民族。古圣先贤把辛勤劳动看作生活必要条件,

吃苦耐劳更被视为处世之本,"春夏耕耘,秋冬收藏;昏晨力作,夜以继日"。颜元从不畏艰辛、抑制物欲的角度阐明了君子的处世之道:"君子之处世也,甘恶衣粗食,甘艰苦劳动。"辛苦劳动的目的绝不是奢侈享受,面对"粒粒皆辛苦"的劳动成果,节俭是中华民族尊崇的又一传统美德。明代思想家吕坤就十分厌弃奢华靡费,"课子弟门人以孝友朴质,崇俭汰奢靡",认为"兴家两字,曰俭与勤"。曾国藩在家书中警醒后辈:"吾家后辈子女,皆趋于逸欲奢华,享福太早,将来恐难到老。嗣后诸男在家勤洒扫,出门莫坐轿;诸女学洗衣,学煮菜烧茶。少劳而老逸犹可,少甘而老苦则难矣。"贪图安逸享乐的生活注定是难以持久的,劳作是人生存和发展的前提条件。人们都想要获取价值而不付出代价,然而在客观现实前只能是幻想。"不经一番寒彻骨,哪来梅花扑鼻香",满足需要必然要付出一定的劳动。

勤劳是人生而自立、自理和自强的根本,"人生在勤,不索何获""修身惟德,格物惟勤"。清代学者汪辉祖在其所著的家训《双节堂庸训》中对"幼小不易劳动"的观点进行了批判,"欲望子弟大成,当先令其习劳";阐述了劳动是个体成长成才的前提条件,不应以年龄小而拒绝劳动。勤劳以自立,不仅指学会生存上的独立,也要学会生活上的自理,不仅可以修身,也可以齐家。曾国藩作为晚清一代权臣,却坚决不给子孙留下财产,因为他认为"仕宦之家,不蓄积银钱,使子弟自觉一无可恃,一日不勤则将有饥寒之患,则子弟渐渐勤劳,知谋所以自立矣","一家之中,勤则兴,懒则败",并且要求"家中无论老少男妇,总以习勤劳为第一义"。勤则人通家兴,懒则人惰家衰,培养孩子形成独立自主能力就是留给孩子的最宝贵财产。勤奋既是人的优良品质,也是实现自我价值的必要手段。俗话说"一勤天下无难事","业精于勤,荒于嬉",成功的捷径只有勤奋,强调吃苦耐劳、勤而自立,忌不劳而获、逸欲奢华,正是辛勤劳动的内涵所在。

3. "美"的生活精神:奉献劳动

尊重劳动以及劳动者一直是传统社会倡导的价值观,古有"衣食父母"之说,就是尊重劳动者及其劳动成果的体现。在不少思想家、教育家眼里,尊重劳动都被视为孝之道、心之美的体现。我国古代诗词中就留下了诸多脍炙人口的劳动赞歌,从"晨兴理荒秽,带月荷锄归"的耕作农民,到"赧郎明月夜,歌曲动寒川"的冶炼工人,从"童孙未解供耕织,也傍桑阴学种瓜"的稚嫩孩童,到"白发老农如鹤立,麦场高处望云开"的鹤发长者,都体现了古人尊重劳动、推崇劳动的价值理念。

知识卡片

古代的劳动节

相传,二月二是我国古代的劳动节。西晋皇甫谧创作的《帝王世纪》记载:伏羲氏时期,每年农历二月二"御驾亲耕"。自唐代开始,二月二被正式定为"耕事节"或"劳农节",皇帝率百官象征性地参加劳动,农民在农具上绑以红绸布表示喜庆。到了明清时,每逢二月二,皇帝都会亲手扶犁耙耕田,大臣一手提着竹篮一手撒种,皇后和宫女挑篮来送饭。"二月初二龙抬头,天子耕地臣赶牛。正宫娘娘来送饭,当朝大臣把种丢。春耕夏耘率天下,五谷丰登太平秋。"这首脍炙人口的打油诗,反映的便是明清两个朝代的皇帝,在二月初二劳动的场景。

同时，我国诸多思想家、教育家对劳动的价值与内涵也都进行了深入探讨，墨子称："凡五谷者，民之所仰也，君之所以为养也。"颜元教育学生要尊重劳动者和他们的劳动："吾辈为子弟者，正当劳力得甘旨以奉父母，既不能矣，且反受食于父母而安逸读书，又何骄侮乎？慎勿然也。"吕坤认为我们生活的一切都是劳动人民提供的，应对劳动人民怀有深切的尊重与感激，"获饱暖之体，思作者之劳。享尊荣之乐，思供者之苦""盈天地间只靠二种人为命，曰农夫、织妇。却又没人重他，是自戕其命也"。王阳明也认为，士农工商虽从事不同行业，但他们却有同样的目的，都是为了"有益生人民之道"，也就是为了实现国家的繁荣昌盛，人民所向往的美好幸福生活。因此，尊重劳动及劳动者，承认劳动者的地位及其价值意义，是奉献劳动的基本准则。

崇尚"成人"和"公利"，是传统社会中美德的体现。论语中"君子成人之美，不成人之恶"，墨家的"任，为身之所恶，以成人之所急"，汪辉祖在其家训中斥道"浇薄小人，不乐成人之美"，乐善好施、助人为乐，一直是中国社会尊崇的道德情操，"有力者疾以助人，有财者勉以分人，有道者劝以教人"。做人不仅要有助人为乐的美德，还要有为社会无私奉献的胸襟，在此意义上，美是指主体探索并自由运用客观规律以保证实现社会目的，美是掌握真以实现善。"吾将正求与天下之利而取之"，当面对天下大利的时候，也不应计较一己之利害，唯有利于天下则为之，求取的是民众之利、天下大利，实则倡导的就是一种无私奉献的精神。因此，奉献劳动也讲求成他人之美及社会之利。

（三）注重劳动思想蕴含的教育哲理：心体俱用

在以农耕文明为基础的自然经济条件下，耕传家成为小康农家一种必要的劳动和生活方式，也是一般家庭所追求的一种生活理念与图景，成就了源远流长的华夏"耕读文化传统"。洒扫应对的思想理念在春秋时期就已经提出，到宋代逐渐进入非正式教育系统中，作为一种日常生活劳动教育成为蒙学阶段的教育内容。明末清初，习行并举以理论与实践相结合的方式，冲击理学家静坐读书、不事实践的教育方法，成为一些思想家提倡的新兴学习方法。

1. 耕读结合

我国是世界上最早从事农业生产的国家之一，农业是先民们生存和发展的第一要务。随着农业的推广，农耕文明也逐渐发展起来。几千年来，农耕文明促进了人类社会的变革与演进，对一代又一代的中国人产生了巨大影响。而耕读文化正是中国数千年农耕文明在特定的历史时期所形成的乡村文化。古人将"耕"和"读"结合起来，希望拥有耕读相结合的生活方式。因此，白天从事农业劳动与晚上挑灯读书共同构成了我国独特的耕读文化，这与我们所强调的实践和学习相统一的劳动教育是不谋而合的。中国的耕读文化是中国文化的优良传统，它影响了中国农学、中国科学、中国哲学，使知识分子思想上接近人民，养成务实的作风。

从东汉末年郑玄的"客耕东莱，学徒相随已数百千人"，到陶渊明的"既耕亦已种，时还读我书"，再到宋代陆九渊和弟子们开山造田，聚粮筑室，相与讲习，创建了讲学求学之地。耕读并举的原因有很多，在教育中的耕读相兼并不只是生活压力和经济的原因，除了可以满足自身物质需要，实现经济自立，也能促进个人修身养性，进而实现人格上的独立。明末的吴与弼更是将耕读结合视为重要的教育方式，他自己也躬耕力食，"雨中被蓑笠，负耒耜，与诸生并耕,谈乾坤及坎、离、艮、震、兑、巽,于所耕之耒耜可见",田间垄头成为了课堂。曾国藩也嘱咐其弟:"吾来子侄半耕半读,以守先人之旧,慎无存半点官气。不许坐轿,不许唤人取水添茶等事。其拾柴收粪等事须一一为之,插田莳禾等事亦时时学之,庶渐渐务本,而不习于淫佚矣,至要至要,千嘱万嘱。"教导孩子"耕读相兼"。

教育过程中的耕读现象一直存在于我国古代社会。其中,明确提出"耕读相兼"这一思想并进行具体阐述的是张履祥。针对"人言耕读不能相兼"的说法,他提出自己的看法,认为无所事事之人因妄求非分,将读书看作分外之事而不愿读书,而读书之家因长年累月不得休息,觉得耕作劳苦不堪承受而不愿劳作。其实耕与读并不矛盾,反而可以互补,"若专勤农桑,以供赋役,给衣食,而绝妄为,以其余闲读书修身,尽优游也"。耕与读,一是物质生活,一是精神生活,两者都必不可少。

耕读不仅是一种半耕半读的教育和学习方式,更是一种高尚情怀、价值追求与文化修养,耕读文化的精髓发挥着积极的社会影响和潜移默化的教育作用,其中最典型的就是耕读传家。颜之推在《颜氏家训》中指出,士大夫如果不了解农业,不参加农业劳动,"治官则不了,营家则不办",他认为只有通过农业劳动来体会人生,才能做好官、当好家。到了明末清初,实学思潮开始兴起。一些思想家躬身实践,直接从事农业生产,以此影响和带动一大批追随者。张履祥在《训子语》中阐述了"读而废耕,饥寒交至;耕而废读,礼仪遂亡"的"耕"与"读"的关系。张履祥于读书穷理之外,不废耕耘,认为在子孙健康成长过程中必须将耕和读同时重视起来。他还列举了前朝耕读的实例,如"吴康斋先生率其弟子以躬耕","刘忠宣公教子,读书兼力农"等。曾国藩也始终将"耕读"作为治家的根本,他认为耕读是安身立命与传家的根本之道。《曾国藩全集·家书》指出,"以耕读二字为本,乃是长久之计"。此时的耕读中的"耕",已经不仅仅局限于传统意义上的农业劳动,而有了更为深远的实践意义,今天看来这已经是先人们对劳动教育的推广了。

2. 洒扫应对

"洒扫""应对"是我国先民遗留下来的生活思想之一,具有悠久的历史。"洒"即洒水,"扫"即扫地;"应对"意为酬对、应答,指人与人之间的言语、礼貌和态度。最早将洒扫应对与教育联系起来的记载于《论语·子张》。子游曰:"子夏之门人小子,当洒扫应对进退,则可矣。抑末也,本之则无,如之何?"子夏闻之,曰:"噫!言游过矣!君子之道,孰先传焉?孰后倦焉?譬诸草木,区以别矣。君子之道焉可诬也?有始有卒者,其惟圣人乎?"子游认为子夏教导学生洒水扫地、应对、进退这些小事是舍本逐末,而子夏反驳道教育应是循序渐进、有始有终的,不可厚此薄彼,其对话场景如图 1.2 所示。

宋代二程也认为洒扫应对不属本末之事,程颢认为"自洒扫应对上,便可到圣人事",程颐也说:"如洒扫应对与尽性至命,亦是一统底事,无有本末,无有精粗。"二人也积极推动洒扫应对,"别欲作诗略,言教童子洒扫应对事长之节,令朝夕歌之,似当有助",认为洒扫应对的教育也有助于儿童的学习。洒扫不是只洒水扫地,是人基本的生活卫生和劳作。应对是孩子怎样与老师、大人和朋友相处,是待人接物方面的礼仪和规范的教育。"洒扫""应对""进退"是中国的传统教育,是生活的教育、礼仪的教育以及人格的教育。这种教育并非强调"洒扫"作为劳动的属性,而是更偏重其日常行为的特质,将行为与人格紧密联系,将生活与教育结合起来,这也是中国传统教育的文化特性。

图1.2 《论语·子张》

朱熹率先在《童蒙须知》中辟有"洒扫涓洁"章,具体列出儿童应当掌握的几项内容:"夫童蒙之学,始于衣服冠履,次及言语步趋,次及洒扫涓洁,次及读书写文字,及有杂细事宜。皆所当知。"并要求"凡为人子弟,当洒扫居处之地,拂拭几案,常令洁净"。私塾内的洒扫主要作为蒙学阶段的教育内容,以培育儿童形成良好的生活习惯和道德品质。朱熹还在《大学章句序》言:"人生八岁,则自王公以下,至于庶人之子弟,皆入小学,而教之以洒扫、应对、进退之节,礼乐、射御、书数之文。"强调洒扫应对是所有儿童入学的必修课程。洒扫应对不仅是学校教育的培养手段,也是家庭教育的基本内容,"黎明即起,洒扫庭除,要内外整洁","慎择严正蒙师,俭约以洒扫应对,进退仪节"。洒扫应对是做人的行为准则和礼仪的基本体现,它不仅是修身的一种方式,也是养心的手段,对个人身心的全面发展具有积极的作用,是中华传统文化的精粹。

3. 习行并举

"习行"由"习"和"行"两个独立而又相互联系的字联合而成,"习"为学习、练习之义,而"行"为行动、实行之义。明代胡居仁提出"习行并举"的学习方法,认为"学而不思则罔,思而不学则殆。是要一边学,一边思,习而察,行而著也",强调学习的过程包括学、思、习、行,只有做到学思并重、习行并举,方能做到义理贯通、书我无间。以颜元为代表的颜李学派将"习行"作为一词提出。颜元极为反对只用心不用体的形式和方法,批判其"终日兀坐书斋中,萎惰人精神,使筋骨皆疲软,以至天下无不弱之书生,无不病之书生"。一味注重"读书""静坐"的教育方式,培养出来的人不但身体健康有损,且缺乏实用知识技能和解决社会实际问题的能力。这样学问与实践相脱节的教育,即使"言精""书备",却也于事无功、于道无补,只会导致人"读书愈读愈惑,审事机愈无识,办经济愈无力"。

针对这种"习静"的学习方法,只讲读、不习行的教育方式,颜元主张教育需要"习行""习动"。"吾辈若复孔门之学,习礼则周旋跪拜,习乐则文舞、武舞,习御则挽强、把辔,活血脉,壮筋骨,利用也,正德也,而实所以厚生矣。"因此,颜元十分重视对学生进行劳动教育,把它当作完善个人修养的手段。颜元的劳动教育分为小学和大学两个阶段进行,小学阶段劳动形式主要是"常动",包括"扫洒学堂、注砚盛、夏汲水、冬然火、敛仿进判,俱三日一班";大学阶段劳动形式和内容更加丰富和多样,包括"礼乐、射御、书数、兵农、钱谷、水火、工虞",既遵循学生身心的发展规律，又兼顾学习与实际，将劳动知识和技能的学习与具体的实践结合起来。这也体现在他对漳南书院的规划上，课程设置有"文事""武备""经史""艺能"，兼重理论与实践，目的是培养身心健康、德才兼备的人才。颜元强调"习动"，但并不是轻视理论，正如李塨所说："非教人废读书也，但专以读书为学则不可耳。"读书、讲说需与"习行""习动"相结合，心体俱用才是理想的教育方式。

二、马克思主义劳动观

（一）劳动是人与自然之间的物质变换过程

《资本论》中提出的"劳动首先是人和自然之间的过程，是人以自身的活动来中介、调整和控制人和自然之间的物质变换的过程"。这一概念深刻地把握了劳动、人与自然三者之间的关系，把劳动理解为人与自然之间的物质变换过程，并且这一过程是通过人自身的活动实现并受到人自身活动的调整和控制的。

人本来就是自然界的一部分，人类要想生存就有物质方面的需要，在人类的劳动过程中，人发挥自身的劳动能力与外在自然相互作用，通过自身自然的活动来改变自然，在改变自然物形态以满足自己需要的同时自身也得到了改变。因此，劳动力从本质上来说也是一种自然力，不过是存在于人身的一种不同于其他的自然力。而与人的劳动相关联的劳动对象和劳动资料，也都是自然界的直接组成部分。自然界的存在是人们在生产劳动中发挥作用的前提条件，因为如果"没有自然界，没有感性的外部世界，工人就什么也不能创造。它是工人用来实现自己的劳动、在其中展开劳动活动、由其中生产出和借以生产出自己的产品的材料"。

因此，劳动不是一种超自然界的活动，从根本上来说，它是自然界内部诸因素的一种相互作用的运动。劳动过程，从自然界整体运动的角度来观察，其实是一种特殊的自然力即人的劳动力与自然界相互作用的过程。

（二）劳动是人和人类社会存在和发展的基础

马克思主义劳动观包括了劳动在人类起源和生存、社会进步、人的本质以及人的发展中的作用，而这些观点印证了劳动是人和人类社会存在和发展的基础。

人类起源问题长期处于百家争鸣的状态，但达尔文的进化论观点"人是从猿进化而来的"的说法，结束了这种混乱，并在这之后，成为举世公认的事实。但是仅从生物学的角度来说明人类的由来还不够完整，因为人类本身，不仅具有最基本的生物属性，也具有社会属性。猿只是在体质形态方面和群体性上为人和人类社会的产生和发展提供了自然条件，但决定人和人类社会的产生和发展的最关键的因素却是劳动。

在日趋成熟的劳动的催化之下，人类逐渐从动物界中升华出来，诞生出复杂的人类社会，最终站在大自然食物链的顶端。离开劳动，我们便无法深刻地理解人类在生存方式上与动物本能性活动的不同，也就无法准确地把握这种生存方式背后所包含的复杂的人类社会关系。

(三)劳动是创造价值的唯一源泉

马克思主义劳动价值论是马克思经过几十年的艰辛劳动而得到的科学的理论结晶,是人类价值学说史上最科学、最完整的理论体系,是价值学说史上的重大革命。

"活劳动是创造价值的唯一源泉",马克思的观点强调了劳动在创造价值过程中的主要作用,这不仅是一个经济学命题,也具有明显的哲学意义,即"活劳动"突出了人的主体性,体现了人的本质。马克思指出,在资本主义制度下,劳动者的劳动是指利用价值创造商品价值的劳动。尽管资本家从事的生产管理劳动具有生产劳动的性质,但在此劳动过程中并未创造出新价值,因此更准确地说应该是一种剥削的手段,具有明显的剥削性质。因此,马克思关于"活劳动是创造价值的唯一源泉"的看法体现了马克思的无产阶级立场,同时也是其历史唯物主义逻辑分析的起点。

 知 识 卡 片

什么是"活劳动"?

"活劳动"是指物质资料的生产过程中劳动者的脑力和体力的消耗过程。活劳动是处于流动状态的人类劳动。在物质生产过程中,只有投入活劳动,才能将生产资料改变成符合人们需要的另一形态的使用价值,成为新的产品。离开活劳动,生产资料不过是一堆死东西,活劳动是社会生产中的决定性因素。劳动过程就是活劳动借助劳动资料生产使用价值的过程。科学技术的发展和社会生产力的提高,使劳动者在一定时间内使用的生产资料量越来越多,而单位产品中包含的活劳动量出现减少趋势,劳动生产率随之提高。在商品生产条件下,活劳动一方面把生产资料价值转移到新产品中,另一方面,又将自身凝结在新产品中,从而创造新价值。

三、人工智能时代的劳动观

当今社会,人工智能技术正在逐步走进我们的生活和工作(图1.3),让我们在感受到各种新奇和便利的同时,也给我们带来了巨大的挑战。人工智能技术的广泛应用,正在许多领域影响着我们的生活,替代着大量的人类劳动,我们未来的劳动方式和劳动内容可能也会随之被重新定义。

(一)人工智能时代人类劳动的系统变革

1. 重复性、程序性的劳动逐渐为人工智能所取代

在信息社会,大量的体力劳动或机械性、重复性劳动迅速减少直至消失,脑力劳动逐渐多于体力劳动,技术密集型产业逐渐取代劳动密集型产业。人工智能在程序化算法上具有强大的优越性,人从脑力劳动中的重复性、程序性智力活动中解放出来,富有创造性的脑力劳动逐渐成为人类最主要的劳动形态。人类从过去通过大脑和四肢的"决策—执行"结构向

仅依靠大脑的"决策中枢"结构转变,劳动形态"脑化"的过程让人类社会更像一个专注于感知、分析、判断、规划、评价等事务的"超级大脑",而人工智能则负责执行任务和做具体工作。从技术角度看,人工智能发展分为三个阶段:运算智能、感知智能、认知智能。运算智能是让机器能存会算,计算机的储存资源和计算资源比人强大很多,使用大存储和超算之后,计算系统一定程度上表现出智能特性;感知智能是机器能听会说、能看会认,像人一样能够感知外界的变化;认知智能是机器能理解会思考,机器具备理解常识并实现认知推理的能力。当下的人工智能已经实现通过数据编程控制相应机器进行听、说、读、写及生产行动等。智能机器不仅能够代替偏简单性、重复性、机械性的蓝领职业,如流水线工人、司机、快递员等,也会对一些白领职业发起挑战,如搜集信息和整理数据的律师助理、会计师、信贷员等。未来人工智能能够通过学习顶尖专家知识,达到一流专家水平,从而超越90%的普通专业人士,逐步代替简单重复、程序性的人类劳动。

图1.3 人工智能发展

2. 多种过渡性非典型劳动形态大量存在

工业时代的劳动形态多以典型性、从属性、封闭性为特征,智能社会将出现多种过渡性非典型劳动形态。所谓非典型劳动形态主要相对于传统劳动形态而言,是在劳动时间、地点、方式上灵活多样,劳动从属关系弱化,劳动者就业状态不稳定的劳动形态。如远程劳动、共享劳动、委托劳动、人机协同劳动、多重身份劳动等。随着非典型劳动形态的增多,劳动的自主性越来越强,劳动过程和消费过程的界限逐渐模糊,一些看似是消费行为其实也是劳动形态,如新产品上市后,首批消费者需要花精力对产品及其性能进行体验并给出消费参考,这种以消费形式出现的劳动形态把劳动属性融入消费过程之中,体验者的消费经验具备了市场价值,其体验专业性越高,消费过程的劳动特性就越强。多种过渡性劳动形态大量存在,"原子化"劳动形态使劳动者获得工作场所、时间的自由,整体性、社会性空闲时间增加,劳动的价值和意义发生转向,劳动者主体价值得到更大程度实现。

3. 对知识、技术的生产应用成检视劳动的主要侧面

人工智能时代,大量体力劳动被智能机器替代,以智能技术为核心支撑的计算机、机器人、各种应用软件等部分代替了人的脑力劳动,劳动生产效率呈乘数级提升。人工智能时代必将是依靠脑力进行创造性劳动的时代,人的直接劳动逐渐成为"一般科学劳动"的一个从属要素,知识、技能、创造力是财富创造的主力,社会财富的创造将主要取决于"一般科学水平和技术进步,或者说取决于科学在生产上的应用"。智能劳动对劳动者知识技能要求的提高和劳动准入门槛大幅提升,操作型员工和技能型员工要向知识型员工转变,劳动力结构呈现出"现代知识型员工"替代"传统简单劳动者"的趋势。李开复曾预测:"未来10年估计有50%的人类工作将会受到人工智能的影响,其中翻译、助理、保安、销售、客服、会计、司机、家政等几种职业,预计将有90%的人被人工智能取代。"他还提出了"5秒钟准则",即"如果你的工作涉及缜密的思考、周全的推理或复杂的决策,每个具体判断并非人脑可以在5秒钟的时间内完成,那么,以目前的技术来说,你的工作是很难被机器取代的"。可见,对知识和技术的生产应用成为智能时代检视人类劳动的主要侧面,新技术和新知识不仅能够变革劳动资料,使之不断更新迭代、愈发先进,从而具备更高的生产效率,还能够通过技术与知识的教育培训、代际传递,造就具有更高素质的劳动者。

(二) 人工智能时代劳动观的再审视

1. 人类劳动仍然是价值创造的源泉

从实质上来看,人工智能依然是人的本质力量的对象化、现实化。将人工智能所营造的无人化生产置于马克思劳动价值论视域内进行探讨的时候,人们往往容易把人工智能中的"智能"理解为一种感性确定般的存在,而忽视了它依然是工业化下的时代产物,即没有将人工智能出现的社会历史性考虑在内。众所周知,不可能存在天然的智能机器或智能系统,一切智能系统或智能机器的生产都离不开科学家和工程师的科技研发与二进制代码写入。由人工智能控制的智能生产机器尽管能够生产商品价值量,但人工智能机器的"劳动"并非一种"活劳动"。这种人工智能带动下的劳动尽管占据着生产的主流,并在大数据支持下依靠深度学习,其功能不断进化和完善,同时劳动资料在智能化影响下作用于劳动对象,但是智能系统所表现出的主动性特征无非是人的活劳动的一种技术赋权行为,是一种机器的智能表象体现出的活劳动的流动特征,这一活动一旦丧失专业科学团队的研发和维护,智能系统也必将丧失其独立性。

尽管人的直接劳动在智能机器应用下逐渐被替代(例如,数字化车间集精益化、自动化、信息化于一体,通过"三化"协同的战术来规划工厂的物流布局和车间布局,构建全面的质量管理体系,提升生产效率,降低品质成本,让管理数字化、可视化和可预测化,如图1.4所示),但智能机器作为生产资料的一部分,它自身不但不能创造新的价值,就其作为生产资料本身来讲,其价值要实现向新产品的转移也需要工程师设计程序来完成。由此可见,人工智能应用下的生产也有价值量的增加,其原因仍是劳动过程中内蕴着人的活劳动形态。这昭示了在智能时代背景下,智能系统或智能机器只是生产过程中的一种生产资料而已,并没有创造价值,活劳动依然是创造价值的唯一源泉。

2. 人类劳动具有间接性作用

从劳动过程来看,智能化生产仅表现为一种协作的生产方式,出现间接劳动对直接劳动的现实替代。在智能时代,机器对人的直接劳动的取代造成人所从事的直接劳动愈发稀少,逐渐拉远了人与劳动对象之间的距离。实际上,在智能时代背景下,生产的智能化造成生产和劳动过程不可避免的分离,但这一分离并不意味着劳动已经完全与物质生产不存在关系,而是智能化生产将持续完善机器大生产所形成的生产社会化和科学化的趋势。为争夺市场,某些企业为了进一步在商品的生产中减少更多的必要劳动时间,就必须采用更为先进的生产工具与生产技术,以造成单个企业商品生产所需要的个别劳动时间远远低于社会必要劳动时间,也就相应占有更多超额利润。在激烈的市场竞争下,各企业会相应地提高不变资本的投入,进一步缩短个别劳动时间。这种由单个企业到所有企业逐渐缩短社会必要劳动时间的态势,带来的将是商品价格的持续走低,致使工人工资越来越少以及剩余价值无限扩大,在这一背景下,受资本逻辑的宰制,新型生产工具的使用带来的不变资本普遍比原本雇佣劳动所需要的可变资本低得多,由此以人工智能取代人的直接劳动的历史潮流不可阻挡。随着智能化程度的逐步提升,直接劳动也在潜移默化地发生改变,开始出现多样化特征,并逐渐向间接劳动过渡。

图 1.4　数字化车间

在智能时代,劳动具有了更明显的社会化特征,不再局限于单个人的劳动,协作这一基本劳动形式正在全面覆盖智能时代的劳动过程,单个工人结合劳动对象形成了总体工人。伴随着协作的深化,产品从个体生产者的直接产品转化为社会产品,转化为总体工人即结合劳动人员的共同产品。总体工人的各个成员较直接地或者较间接地作用于劳动对象。相较于直接劳动,间接劳动不但可以作用于劳动对象,而且开始构成智能时代的主要生产劳动形式。如此,但凡是劳动过程中的有机构成部分,不管这部分属于间接劳动还是直接劳动,都属于一般的生产劳动,同时生产工人构成全部的劳动者。这样,即便人工智能全面取代人的直接劳动,但从全方位的劳动过程来看,人类依然采用数据采集、实时监督、智能设计等方式令智能系统或智能机器作用于劳动对象,实现对生产资料的改变,只不过这种劳动创造价值的形式相较以前显得更加间接和隐蔽罢了。

第三节　新时代劳动观

一、劳动历史观

劳动是人类的本质活动,"历史什么事情也没有做",整个世界历史不外是人通过人的劳动而诞生发展的历史,劳动不仅是人类生存和发展的前提,也是人类改造客观世界和主观世界的基础。从新时代劳动观的历史维度考察,劳动是人类的本质活动,是社会发展的重要动力,它深刻阐释了劳动创造的历史意义,在新时代劳动观中居于基础性、支配性的地位,为我们党坚持以人民为中心的发展思想提供了理论支撑,是党的全心全意依靠工人阶级方针的重要理论基础。

2013年4月28日,在同全国劳动模范代表座谈时,习近平总书记指出,"劳动是推动人类社会进步的根本力量","人民创造历史,劳动开创未来"。2015年4月28日,习近平总书记在庆祝"五一"国际劳动节暨表彰全国劳动模范和先进工作者大会上发表了重要讲话,着重强调了"劳动是人类的本质活动","劳动光荣、创造伟大是对人类文明进步规律的重要诠释"。2016年4月26日,习近平总书记来到安徽合肥,在中国科学技术大学与知识分子、劳动模范、青年代表座谈,再次强调了"人类是劳动创造的,社会是劳动创造的"的观点。

劳动创造世界、劳动开创未来。社会主义是干出来的,新时代是奋斗出来的。离开劳动,人类将失去推动世界发展进程的力量,甚至造成人的精神的蜕变,人类的一切梦想,将沦为镜花水月。基于历史的视角,正是劳动开启了人类创造世界的大门,在通往人类梦想的道路上,只有劳动,才能让人类梦想之花绚丽绽放。

二、劳动价值观

劳动作为社会一切物质财富和精神财富的源泉,在人类生存和发展中具有根本作用。从新时代劳动观的价值维度考察,劳动具有价值创造和价值引领的双重特质:一方面,劳动创造了物质财富,是价值创造的源泉;另一方面,劳动也创造了精神财富,具有价值引领的功能,劳模精神、劳动精神、工匠精神标定了新时代劳动者奋斗的精神坐标。

习近平总书记礼赞劳动的价值,"人世间的一切幸福都需要靠辛勤的劳动来创造","全面建成小康社会,进而建成富强民主文明和谐的社会主义现代化国家,根本上靠劳动、靠劳动者创造",反复强调"人世间的美好梦想,只有通过诚实劳动才能实现"。2015年,习近平总书记强调,"中华民族是勤于劳动、善于创造的民族。正是因为劳动创造,我们拥有了历史的辉煌;也正是因为劳动创造,我们拥有了今天的成就","在前进道路上,我们要始终弘扬劳模精神、劳动精神,为中国经济社会发展汇聚强大正能量"。

习近平总书记十分重视劳动的价值引领作用,围绕崇尚劳动、热爱劳动,充分发挥劳模示范引领作用发表重要讲话,勉励劳动模范和广大劳动者,礼赞劳动创造,讴歌劳模精神、劳动精神、工匠精神。习近平总书记指出:"在长期实践中,我们培育形成了爱岗敬业、争创一流、艰苦奋斗、勇于创新、淡泊名利、甘于奉献的劳模精神,崇尚劳动、热爱劳动、辛勤劳动、诚实劳动的劳动精神,执着专注、精益求精、一丝不苟、追求卓越的工匠精神。劳模精神、劳动精神、工匠精神是以爱国主义为核心的民族精神和以改革创新为核心的时代精神的生动体现,是鼓舞全党全国各族人民风雨无阻、勇敢前进的强大精神动力。"2022年,在党的二十大报告中,习近平总书记强调要"在全社会弘扬劳动精神、奋斗精神、奉献精神、创造精神、勤俭节约精神,培育时代新风新貌",要"使人人都有通过勤奋劳动实现自身发展的机会"。

习近平总书记对劳动者的礼赞,对劳动模范和大国工匠的褒奖,对劳动价值的充分肯定,进一步发展了劳动价值观,具有重大的政治感召意义、理论指引意义、实践导向意义。全面建设社会主义现代化国家根本上靠劳动、靠劳动者的创造,要让劳动光荣、创造伟大成为铿锵的时代强音,让劳模精神、劳动精神、工匠精神在实现中华民族伟大复兴中国梦的征程中熠熠生辉。

三、劳动正义观

劳动在实现人类社会公平正义的进程中始终扮演着重要角色,发挥着举足轻重的作用,是人类通往正义之路的必然选择。从新时代劳动观的正义维度考察,没有分配正义,就没有劳动正义;没有劳动正义,就没有社会正义。共建共享劳动成果、实现人民共同富裕,是自古以来我国劳动人民的一个基本理想,也是中国特色社会主义的本质属性和必然要求。

党的十八大以来,习近平总书记围绕尊重劳动和劳动者、追求公平就业、共享劳动成果、实现社会保障全覆盖以及构建和谐劳动关系等方面发表了一系列重要讲话。强调"无论时代条件如何变化,我们始终都要崇尚劳动、尊重劳动者,始终重视发挥工人阶级和广大劳动群众的主力军作用";强调"要坚持就业优先战略和积极就业政策,实现更高质量和更充分就业";强调坚持按劳分配为主体、多种分配方式并存,坚持多劳多得,着重保护劳动所得,增加劳动者特别是一线劳动者劳动报酬,提高劳动报酬在初次分配中的比重,在经济增长中实现居民收入同步增长,在劳动生产率提高的同时实现劳动报酬同步提高;强调不断解放和发展生产力,努力解决群众的生产生活困难,坚定不移走共同富裕的道路;强调巩固和完善社会保障体系,健全覆盖全民、统筹城乡、公平统一、可持续的多层次社会保障体系,为全体人民提供生活和生产的基础性社会保障;强调有效预防和化解劳动关系矛盾,建立规范有序、公正合理、互利共赢、和谐稳定的劳动关系,依法维护职工基本权益。

劳动是社会必须围绕其旋转的"太阳"。马克思说:"只要社会还没有围绕着劳动这个太阳旋转,它就绝不可能达到均衡。"我们提出构建社会主义和谐社会,实现共同富裕,把人民群众对美好生活的向往作为党的奋斗目标,就是要正本清源,把颠倒了的劳动与社会的关系调整过来。

四、劳动幸福观

劳动是实现美好生活、创造幸福的源泉。实现幸福劳动是劳动本质属性的体现,是我国经济社会发展的必然,是未来劳动世界的目标。幸福劳动思想在新时代劳动观的思想谱系中居于关键地位,深刻揭示了劳动与幸福之间的关系,关乎人类幸福的复归。

幸福是一个总体性范畴,它意味着人总体上生活得美好。家庭和睦、职业成功、行为正当、人格完善等都是幸福的重要因素。幸福总是相对的,不是尽善尽美的,不同的人有不同的幸福标准。追求幸福的过程就是不满足于现状、不断追求和创造更美好生活的劳动过程。幸福不是毛毛雨,幸福不是免费午餐,幸福不会从天而降,幸福都是努力奋斗的结果。人世间的一切幸福都需要靠辛勤的劳动来创造。幸福的真谛在于奋斗,在于追求幸福、赢得幸福。人们在热爱劳动、勤奋工作、追求卓越中创造价值、积累财富、实现梦想、收获乐趣,这本身就是一种无与伦比的幸福。习近平总书记指出,"幸福都是奋斗出来的","奋斗本身就是一种幸福。只有奋斗的人生才称得上幸福的人生","奋斗者是精神最为富足的人,也是最懂得幸福、最享受幸福的人"。

为幸福而奋斗,在劳动中谋幸福,是创建劳动幸福观的逻辑支点。幸福劳动是通往美好生活的必由之路。"光荣属于劳动者,幸福属于劳动者。"正如马克思所指出的:"历史把那些为共同目标工作因而自己变得高尚的人称为最伟大的人物;经验赞美那些为大多数人带来幸福的人是最幸福的人。"

五、劳动教育观

劳动教育是立德树人的底层逻辑。在培养全面发展的社会主义建设者和接班人的教育体系中,劳动教育既有树德、增智、强体、育美的综合育人价值,又具有其他四育不可替代的独特价值。与"德、智、体、美"通过个人的持续努力就能实现境界的提升有所不同,在劳动的世界中,每个人将成为社会分工体系中的一员,需要与他人在分工协作中完成相应的劳动任务,分享劳动成果。因此,劳动教育是培养团队精神、集体主义精神和公民责任意识的最基础、最有效的途径。

2018年,习近平总书记指出,"要采取适应当前环境和条件的有效措施,加强劳动教育,组织好形式多样的劳动实践,让学生在实践中养成劳动习惯,学会劳动、学会勤俭"。习近平总书记高度重视劳动教育,多次强调:劳动者的素质对一个国家、一个民族的发展至关重要,"要通过各种措施和方式,教育引导广大青少年牢固树立热爱劳动的思想、牢固养成热爱劳动的习惯,为祖国发展培养一代又一代勤于劳动、善于劳动的高素质劳动者","要在学生中弘扬劳动精神,教育引导学生崇尚劳动、尊重劳动,懂得劳动最光荣、劳动最崇高、劳动最伟大、劳动最美丽的道理,长大后能够辛勤劳动、诚实劳动、创造性劳动","要开展以劳动创造幸福为主题的宣传教育,把劳动教育纳入人才培养全过程,贯通大中小学各学段和家庭、学校、社会各方面,教育引导青少年树立以辛勤劳动为荣、以好逸恶劳为耻的劳动观,培养一代又一代热爱劳动、勤于劳动、善于劳动的高素质劳动者"。2020年3月,中共中央、国务院发布《关于全面加强新时代大中小学劳动教育的意见》,明确提出劳动教育是中国特色社会主义教育制度的重要内容,确立了新时代劳动教育的根本性质和地位。同月,在参加首都义务植树活动时,习近平总书记一边劳动一边叮嘱孩子们要德、智、体、美、劳全面发展,不能忽视"劳"的方面,要从小培养劳动意识、环保意识、节约意识,勿以善小而不为,从一点一滴做起,努力成长为党和人民需要的有用人才。

新时代加强劳动教育,是党和政府站在"如何培养人""为谁培养人""培养什么样的人"的高度上,对社会主义教育方针、教育目标的完善和重构。我们要从事关立德树人、事关强国富民、事关治国理政的高度深刻理解新时代加强劳动教育的重大意义,树立正确的劳动价值观,崇尚劳动、尊重劳动,增强对劳动人民的感情,发展创新意识,提升实践能力和社会责任感,努力成长为爱劳动、会劳动、懂劳动的时代新人。

 实践与思考

1. 劳动的价值是什么?
2. 真、善、美的生活态度对劳动的意义何在?
3. 新时代劳动观包括哪五个部分?
4. 当下的学习生活对中国传统劳动观和马克思主义劳动观的传承和发展有哪些?

第二章　劳动教育

学习目标

- 掌握劳动教育的概念。
- 熟悉劳动教育的内容。
- 了解马克思主义劳动教育思想和近现代学者劳动教育思想的基本内涵。

第一节　劳动教育概述

一、劳动教育的概念

在我国语境中,劳动教育是一个复杂的概念,对于劳动教育概念的界定多与德育、智育、劳动技术教育、技术教育等概念相互交叉。总体而言,对于劳动教育的概念界定,有四种代表性的观点。

(一)把劳动教育作为德育内容之一加以界定

《辞海》对劳动教育的定义是:"劳动教育是德育的内容之一,对学生进行热爱劳动和劳动人民、珍惜劳动成果、树立正确的劳动观点和劳动态度、通过日常生活培养劳动习惯和技能的教育活动。"《中国大百科全书》对劳动教育的定义为:"使学生树立正确的劳动观点和劳动态度,热爱劳动和劳动人民,养成劳动习惯的教育,是德育的内容之一。"这两个定义均强调劳动教育的德育属性,直接将劳动教育定义为德育的一部分,成为德育的附属品,在一定程度上掩盖了劳动教育的独特性。

(二)把劳动教育作为智育内容之一加以界定

《教师百科辞典》对劳动教育的定义是:"劳动教育就是向受教育者传播现代生产的基本知识和技能,培养他们具有正确的劳动观点、劳动习惯和热爱劳动人民、劳动成果的感情,劳动教育十分重视劳动过程中的智力因素,把平凡的劳动同创造性劳动结合起来,把简单的劳动与富有知识的劳动结合起来。"这个定义强调劳动教育的智育属性,将劳动教育的主要价值定位为传播现代生产基本知识和技能,提高社会劳动生产的智力水平。

(三)把劳动教育作为劳动技术教育的下位概念加以界定

《中国百科大辞典》的界定是:"劳动技术教育是全面发展教育的组成部分之一,由劳动教育和技术教育两部分组成。劳动教育是以劳动实践为主,结合进行思想教育。技术教育是使学生掌握一定的生产知识及技能和劳动技能,其实施有利于培养学生的劳动观点、劳动技能和劳动习惯,为普通教育和职业教育打下基础。"

(四)把劳动教育作为技术教育的上位概念加以界定

《教育大辞典》对劳动教育的定义是:"劳动教育,劳动、生产、技术和劳动素养方面的教育。"劳动教育,在一般的教育学教科书中的定义为:"培养学生具有现代工农业生产的基础知识和基本技能的教育。"黄济从劳动教育的基本内容出发,认为劳动教育包括生产技术劳动教育、社会公益劳动教育、生活服务劳动教育等。

以上的几种表述虽措辞有所不同,但基本内涵却是一致的。我们将劳动教育定义为:劳动教育是一种对学生进行劳动观和劳动实践教育的活动,目的是使学生树立正确的劳动观点和态度,热爱劳动和劳动人民,尊重劳动,珍惜劳动成果,培养劳动技能和习惯,最终促进受教育者的全面发展。

二、劳动教育的特征

(一)实践性

劳动教育首要的不是关于劳动的说教,而是要让学生在劳动实践中进行锻炼和接受教育。要吸引和组织学生参加各种力所能及的劳动活动,并要在这些劳动活动中相应地体验劳动之美、感受劳动之意、形成劳动之爱。

劳动教育是以劳动为载体的教育,不可或缺地蕴含着改造世界的有目的的感性物质活动。"做中学""学中做"是其常规的教学方式,通过让学生亲自参与劳动,经由直接、具体的劳动体验来促进他们观察与反思,增进对劳动的关注,丰富劳动知识,提高劳动技能,发展劳动素养。在认知发展的同时,在体验劳动的乐趣中使得情感、信念、态度、价值观等得到发展。

(二)主体性

劳动教育的主体性指的是在劳动教育过程中,受教育者是主体,教育者是辅助。在这个过程中,受教育者通过劳动实践,自主探究、自我发现、自我评价,形成自己的观念和认知,从而达到教育的目的。

传统教育中,教育者通常是主导和控制的一方,通过灌输知识和技能的方式进行教育。而劳动教育强调的是受教育者的积极性和主动性,更注重受教育者通过实践去发现问题、解决问题和创新思维。这种教育方式让学生从被动的学习者转变为主动的求知者、行动的主动方,有助于增强学生的自信心和创造力。

(三)教育性

劳动教育与通用技术教育等概念有所区别。劳动教育的开展离不开具体的劳动形式和对专门劳动技术的学习。通过具有实践性的劳动活动,学生可以获得实际操作能力、解决问题的能力,同时也能提升综合素质和增强创新意识。

劳动教育不仅仅是为了培养学生的劳动技能和实践能力,更重要的是通过劳动教育,引导学生树立正确的劳动观念和价值观,培养他们对劳动的热爱和尊重。劳动教育的核心目标是培养劳动素养,其中劳动价值观是其核心。劳动素养包括形成劳动习惯、具备一定的劳动知识与技能、有能力进行创造性劳动等。劳动价值观是指对劳动的认同和尊重,包括对劳动的重要性、劳动者的尊严以及劳动成果的价值等方面的认知。培养学生形成正确的劳动价值观,可以使他们对劳动保持积极向上的态度,愿意主动参与劳动,同时也能够更好地理解和尊重他人的劳动。

(四)时代性

随着科技进步和社会经济的发展,劳动教育的形态也在不断演变。在传统社会中,劳动教育主要以农耕劳动和手工业劳动为主要形式,通过实际操作和传统技艺的传承,培养学生的动手能力和实践经验。随着工业化的进程,劳动教育逐渐从农耕劳动向工业劳动转变,培养学生的机械操作能力和生产技术。同时,劳动教育也开始注重培养学生的团队合作意识和创新思维,以适应现代工业社会的需求。随着信息技术的快速发展,劳动教育融入数字化和网络化的环境中。现代劳动教育更加注重培养学生的信息素养和创新能力,通过虚拟实验、模拟操作等方式,提供更加多样化和个性化的学习体验。

此外,劳动教育也逐渐与终身教育相结合,强调个体的职业发展和自我实现。劳动教育不仅仅是为了培养人的劳动技能,更加注重培养人的综合素质和创造力,使其能够适应社会的变化和发展。

三、劳动教育的内容

(一)劳动观念教育

劳动观念是指人们对劳动的认识和看法。它主要通过对劳动进行多方面的综合了解,进而促使人们形成一种对劳动的总体认识。劳动观念是决定劳动行为的前提条件,积极向上的劳动观念可以指导学生做出正确的劳动行为,而错误的观念则会导致很多问题的产生,不利于学生的身心健康成长。

在学生阶段,树立正确的劳动观念对其成长至关重要。劳动是一种创造性的活动,每一份劳动都应该被尊重。学生应该认识到,通过劳动可以为社会作出贡献,实现个人价值。劳动不仅可以培养实际操作能力,还可以提高综合素质和解决问题的能力。因此,学生在学习的同时,也应该积极参与劳动,锻炼自己的实践能力。劳动往往需要进行团队合作,应该培养学生的团队合作意识,使他们学会与他人协作,共同完成任务。团队合作,不仅可以提高工作效率,还可以增进人际关系和提高沟通能力。

(二)劳动精神教育

劳动精神是人们所表现出来的对劳动的一种积极接受的态度,无惧于劳动过程中的苦累和各种困难,认为这些都可以通过自己的努力去克服,具体表现为一种热爱劳动的坚定不移的意志力。

热爱劳动是我国的一项传统美德,勤劳勇敢是我们的民族特征之一,我们国家目前面临着新的改革发展任务,学生是国家建设的主力军,是国家的未来和希望,担负着建设社会主义强国、实现中国式现代化、振兴中华民族的历史重任。因此,我们"热爱劳动、勤劳勇敢、自强不息"的传统美德和优秀精神非但不能丢,还要在新的历史时期让它发扬光大,对学生进行"辛勤劳动、无私奉献、吃苦耐劳、艰苦奋斗"的劳动精神和"自觉劳动、创新劳动"的劳动意识的教育就显得尤为重要。

劳动精神的培养需要从小事做起,从身边的工作、学习和生活中开始,学生可以通过参加社会实践、志愿服务等活动,培养自己的责任感和奉献精神。同时,要注重学习和实践相结合,将所学知识运用到实际中去,不断提升自己的专业能力和实践能力。

(三)劳动知识教育

劳动知识教育是指通过教育和培训活动,向学生传授关于劳动的相关知识。它包括基础劳动知识、劳动安全与卫生知识、劳动相关法律知识等方面的教育。劳动知识教育能让学生了解和掌握劳动知识的基本内容和要求,塑造学生的劳动知识体系,培养学生劳动的综合能力。通过将劳动知识教育融入日常教学和实践活动中,有助于推动高校的素质教育改革和创新人才培养。

知 识 卡 片

《劳动合同法》相关规定

《劳动合同法》第十条规定,建立劳动关系,应当订立书面劳动合同。已建立劳动关系,未同时订立书面劳动合同的,应当自用工之日起一个月内订立书面劳动合同。用人单位与劳动者在用工前订立劳动合同的,劳动关系自用工之日起建立。

第八十二条规定,用人单位自用工之日起超过一个月不满一年未与劳动者订立书面劳动合同的,应当向劳动者每月支付二倍的工资。用人单位违反本法规定不与劳动者订立无固定期限劳动合同的,自应当订立无固定期限劳动合同之日起向劳动者每月支付二倍的工资。

(四)劳动技能教育

劳动技能教育是指通过教育和培训,培养学生掌握和运用各种劳动技能的能力。劳动技能教育的目的是提高学生的实际操作能力,培养他们适应社会需求的就业能力和创新能力。

劳动技能教育应该贯穿于学生的整个学习过程中，需要加强学生的实践操作，通过实践操作，让学生亲身参与各种劳动活动，掌握实际劳动技能。可以通过实验课程、实习实训、社会实践等形式，为学生提供实践锻炼的机会。

要根据学生的兴趣和特长，提供多样化的技能培训，包括手工技能培训、实用技能培训、职业技能培训等。通过培训，帮助学生掌握实际操作技能，提高他们的就业竞争力。要将劳动技能教育与创新创业教育相结合，培养学生的创新思维和创业能力。通过培养学生的创新意识和实际操作能力，激发他们的创业潜力，为他们未来的就业和创业打下基础。

第二节　马克思的劳动教育思想

马克思"教育与生产劳动相结合"的思想主张教育应当与生产劳动紧密结合，教育不应仅仅停留在书本知识和理论学习的层面，而应与生产劳动相结合，使学习者通过实际操作和亲身体验来深化对知识的理解和运用，通过实践劳动来培养全面发展的劳动者。马克思这一思想对我国劳动教育有重要的指导意义。

一、马克思理解的劳动与教育

随着人类社会由自然经济向商品经济的转变和科学技术水平的提高，教育的社会性日益增强，成为整个社会再生产不可缺少的要素之一。教育，作为一种独特的生产行为方式，不仅展现了上层建筑的特性，同时也为生产力发展提供了服务，但其核心意义并不仅仅局限于上层建筑或生产力本身。教育的产生与演变不是偶然的现象，而是人类社会形态演进的必然产物。马克思认为，只有深入挖掘教育的根本原因，我们才能对教育问题有一个准确的认识和理解。基于这一观点，马克思将人类的生存需求视为教育存在的合法基石，并坚信人的生活方式是教育的根本来源，同时人的实际行为也构成了教育的实际状况。马克思对劳动教育的研究主要集中在通常意义上从儿童到成人的个体转变，但他更倾向于教育应是一种现实的教育实践活动，正如马克思将教育的基本内容概括为："智育、体育及技术教育等，最重要的是使儿童和青年了解生产各个过程的基本原理，同时使他们获得适用于各种生产的最简单的工具和技能。"

马克思认为，劳动作为人类的一种特有活动，是人类区别于其他物种的本质性特征，也是人类创造物质财富和精神文明的根源性途径，同时从存在论的角度揭示了人本质的历史性和实践性。马克思在《资本论》中指出，一切围绕着商品生产所进行的体力或非体力劳动等都是生产劳动。由此可以看出，马克思对生产劳动的理解不是从工具性的角度来阐释的，也不是将其作为从事具体的劳动环节或其他具体的感性活动形式，而是从普遍性意义的角度来认识劳动。从这个层面看，劳动是超越了人的智力或体力的活动，是人生存方式的基础。劳动作为人类与世界联系的中介因素，实现了人的主观世界与外在客观世界的统一。

人们通过生产劳动形成错综复杂的关系网。马克思提出的"生存方式"实质上是一个融合了人类生产、生活和发展三种方式的综合性观念。马克思关于劳动教育的观点是从人的本质和生活方式的视角去深入研究教育。在这一过程中，存在的劳动方式、组织结构和人际交往等因素构成了人们实践活动的现实基础。因此,马克思得出了这样的观点:人类所生活的这个客观世界,只有通过人类的劳动实践,才能建立起与其具有对象性质的关系。从这个角度看,劳动不只是人类学的一个领域,它也是理解人类生存方式的核心要素。只有在真实的生活中,人们才能展现出更高的主动性并发掘更多的潜在机会。在生产活动中,人们通过创新和巧妙的操作,从适应性向超越性迈出了一步,这使他们能够根据自己的内在标准来理解和改变现实世界。

二、劳动与教育相结合是社会发展的必然趋势

马克思的劳动教育思想是从研究劳动的本质和历史发展形态开始的。劳动概念是马克思主义的核心概念,它强调的是人们通过劳动改变自然界的过程。劳动在人从自然界分化出来演化成自然人,进而成为社会人的过程中发挥了决定性的作用。在不同的历史时期,劳动表现出不同的形式,比如奴隶劳动、徭役劳动和雇佣劳动等。资本主义的雇佣制度使劳动异化达到顶峰,而自由劳动则是对异化劳动的扬弃,是指人们自主地从事劳动的活动。在社会主义阶段,需要解决各种矛盾才能最终实现自由劳动,这个过程包含着促进人的全面发展和实现自我价值的重要意义。劳动者在自身劳动中肯定自己,在自身劳动中感受幸福,并在劳动过程中体现人与人之间的平等关系。马克思主义劳动观深刻反映了中国工人阶级和人民群众在劳动创造价值中的积极作用。

教育与生产劳动相结合,从本质上讲,是社会化大生产的客观要求和必然的发展趋势,是社会和教育发展的一个客观规律,是不以人的意志为转移的历史进程。马克思在《德意志意识形态》中指出:"我们首先应当确定一切人类生存的第一个前提,也就是一切历史的第一个前提,这个前提是:人们为了能够'创造历史',必须能够生活。但是为了生活,首先就需要吃喝住穿以及其他一些东西。因此第一个历史活动就是生产满足这些需要的资料,即生产物质生活本身,而且这是这样的历史活动,一切历史的一种基本条件,人们单是为了能够生活就必须每日每时去完成它,现在和几千年前都是这样。"

在社会发展过程中,教育和生产劳动经历了融合、分离和结合三个时期。原始社会由于生存环境严酷,社会生产力水平极低,教育活动较大地蕴含并融入生产劳动的过程之中,但未能构成一个有机整体。随着社会分工和生产力发展的需要,以及阶级、私有制的存在,脑力劳动从体力劳动中分离出来,因而学校及专职教师也就应运而生。随着现代生产规模的扩大、产业结构的调整以及技术工艺上的进步,迫切需要生产者努力适应社会生产对人才的需求,这就明确提出了要把教育和生产劳动有机结合起来。由于现代科学技术的运用,现代生产在实现白领与蓝领工人的分工所代表的脑力劳动和体力劳动的二次分离的同时,也需要体力和脑力相结合,即"教育和生产劳动是结合在一起的"来培养出适应大工业生产全面发展的人才。马克思揭示了教育同生产劳动结合的社会客观依据,以及它产生、发展的根源,并且社会生产、经济改革和科技发展进步得越快,这一需求也越突出。

三、劳动与教育相结合是造就全面发展的人的主要途径

人的全面发展需要社会条件来保证。马克思设想的未来社会就是共产主义社会中的"一种较先进的社会形式,它以每一个人民全面自由地发展为根本原则",所有成员都能充分

发挥个体全面发展的天赋,劳动教育的目的就是要从每一个人成长的片面性中解放出来,使每一个人都能获得自由和全面的成长。一方面,人的全面发展构成了社会进步的价值旨归与终极目标;另一方面,全面发展的个体,不是自然的产物,而是历史的产物,是建立在普遍的社会物质交换、全面的关系、多方面的需要和全面的能力基础上的全面发展。在人类发展和社会发展互相促进的历史过程中,生产劳动既为人类全面发展奠定物质基础,又能推动劳动能力的全面发展。它保障了劳动者完全自由的发展,并利用了个人所有的体力与智力,所以劳动能力全面发展对自由个性的实现起着基础性作用。

真正自由自觉的劳动本身蕴含着教育意蕴,马克思曾指出:"在再生产的行为本身中,不但客观条件改变着……而且生产者也改变着,他炼出新的品质,通过生产而发展和改造着自身,造成新的力量和新的观念,造成新的交往方式,新的需要和新的语言。"马克思特别强调了劳动教育对人发展的重要性,论述了劳动教育的树德、增智、强体、育美的育人功能。这种独特的育人功能单单教育是无法实现的,只有在劳动中教育,在教育中劳动,才能培育德、智、体、美、劳全面发展的人。

从德育上讲,劳动教育是工人阶级最需要的抗毒素教育,它有助于预防和消灭资本主义社会中的病毒。资产阶级作为腐朽没落的阶层,终日贪图享乐,穷奢极欲,由于是靠榨取剥削别人劳动成果来生活的,其人生价值与精神世界都是极其匮乏的;而且工人阶级接受了最为直接、最为鲜活的劳动教育,他们以劳动为手段创造了人生价值,为社会进步与历史发展作出了应有的贡献,因而保持了劳动者的纯洁与先进。

在智育中,劳动教育能促使受教育者遵循客观规律,在获得扎实的知识的同时又能开发自由、自觉劳动的潜能。劳动的科学性要求劳动教育必须重视劳动能力的培养,特别是对技术运用能力的培养,马克思指出,这一直接的生产过程对成长中的人类而言同时也是一种培训,对那些在心灵上拥有累积的社会认识的成人而言则是一种对认识的应用、一种实验科学、一种拥有物质创造力的对象化了的科学。

从运动角度来看,有计划地进行适当体力劳动可以增强身体运动能力以促进身心和谐。劳动者要维持生存就必须动员身体器官投入到生产劳动中去,使自己的手、脑等活动起来,同时改造自然,将自己塑形成一个更坚强的实体。

就美育而言,劳动教育可以促进受教育者审美感受和美的创造。马克思把美和美感理解为一种实在的人类的感性活动,认为人类的情感都是因为目标对象——人化了的自然界的出现而出现的。美感并非人类天然的禀赋,它是人类利用五官感觉并经由社会历史实践而产生的结果。就像忧心忡忡、穷困潦倒的人,对于最美的风景感受不多;经营矿产的商人只见矿产的商业价值却不见其美丽与独特之处,无产者对矿产的美感局限于简陋的现实需求。参与生产劳动对人类丰富情感的生成至关重要,人类情感只有通过劳动才有可能创造出符合人类本质以及整个自然界本质的丰富性的东西。劳动教育是使受教育者学会在生产劳动中利用审美感受和按美的定义创造美的劳动产品的教育。

历史的发展证明,社会主义社会教育的基本原则是培养从德、智、体、美、劳诸方面都能获得充分发展的新型劳动者。社会主义社会制度,为实行教育和生产劳动的有机结合,最大限度地满足人身心健康发展的需要,提供了最根本的社会条件。透过马克思关于人类全面发展的论述,必须承认劳动教育对于促进人类全面发展所具有的不可或缺的作用。德、智、体、美、劳"五育"是一个互动融合的整体,不可或缺,劳动教育也在其中扮演着其独特的角色。

第三节　近现代教育学者的劳动教育思想

近代中国教育学者们在纷乱急激的变化之中为中国教育谋求出路,不约而同地主张未来教育应该关注社会和经济发展。他们都力图提出教育思想来解决时代的社会问题。

进入民国时期,愈来愈多的学者关注"中学为体、西学为用"浪潮中的针对思想、文化、政治、经济体制的学习与改良。至此,教育救国成了现代知识分子们的一种共识。尽管只是做了些有利于社会改良的尝试,但是涵育在这些教育思想中的劳动教育思想,也为当前的劳动教育奠定了坚实的理论基础。

一、蔡元培的劳动教育思想

蔡元培(1868年1月11日—1940年3月5日,图2.1)主张五育并举,首次提出了"军国民教育、实利主义教育、公民道德教育、世界观教育、美感教育皆近日之教育所不可偏废"的教育思想。

图 2.1　蔡元培

(一)重视劳动与劳动教育

蔡元培批判旧中国落后的旧式教育。他说:"吾国之旧教育以养成科名仕宦之才为目的。科名仕宦,必经考试,考试必有诗文,欲做诗文,必不可不识古字,读古书,记古代琐事……其他若自然现象,社会状况,虽为儿童所亟欲了解者,均不得阑入教科,以其于应试无关也。"很明显,蔡元培坚决反对中国旧时教育中读死书、死读书和复杂的科举考试。蔡元培既注重劳动教育又注重平民教育,先后在北京大学举办校役班、在上海同朋友筹建劳动大学等。其主要用意就是要将学生训练成一个既有劳心也有劳力的工人,他们一方面要学习多种知识,同时也要从事体力劳动,努力培养他们的劳动技能与劳动习惯,形成尊重劳动、尊重劳动成果的性格。作为新文化运动的领袖人物,蔡元培先生极力反对旧文化,对儒家所提出的"劳心"与"劳力"的观点不以为然。他认为:"是故研究教育事业,必须脑力、劳力同时互用,否则不能有良好结果。……进一层言,脑力与劳动同时并进之好处,非独养成身体发达之平均,而最大关键,乃在打破劳动阶级与知识阶级之界限。"他进而强调:"以服务国家为目的的实利主义之教育,是劳动大众普通教育的基础。实利主义教育重视普通知识的学习,同时,也注重学生劳动能力的培养。其思想虽然首创于美洲,但是最近在欧洲国家十分流行。"

（二）倡导即工即学与工学结合

蔡元培提出了"即工即学"与"工学结合"的主张。他说："近人盛倡勤工俭学，主张一边读书，一边做工。我意校中工作，可以学生自为。成天读书，于卫生上也有妨碍……自制衣履，自作农工，反对太严格的分工。吾愿学生于此加以注意。"他还提出不仅要使用这种新方法，而且要不断改进这种方法。他说："旧的方法不能满足人类的需要，于是世界上有了一种新的方法。这种新方法的原则，是出力少而生产多……这种方法，也是永远在进步的。要学习这种新方法，而且要不断地加以改良，所以要劳动教育。"

蔡元培的工学结合思想还表现在他积极呼吁留法中国学生勤工俭学，大力倡导少年中国学会组织的"工学互助团"。1915年，蔡元培、吴稚晖、李石曾等人创立了"勤工俭学会"，明确提出了"勤于工作而俭以求学如是，以工兼学之制，试之有效"。正是这种华工教育，创立了半工半读的教育制度，为脑力劳动与体力劳动相结合、为中国知识分子与工人阶级相结合指明了方向。蔡元培认为，工是人生的天责，学是工的预备。这里的"工"既包括"工作"，也含有"劳动"的意思。

蔡元培深受杜威手工劳动和从做中学思想的影响，指出："夫人类自有生以后，即不能遁乎厚生利用之范围。以记诵为常课而屏除致用各科者，诚与人性相违。且教科过重抽象，则神经受过度之刺激……故普通教育中多列手工诸科，不得不视为至当。"认为以记诵为主的课堂教学违背学生天性，放弃了实用知识的学习，大为不妥，于是大力提倡手工活动与教育相结合。

（三）推崇劳工神圣的思想

蔡元培对劳苦大众、对普通百姓抱有深厚的感情，十分尊重劳动人民。"我说的劳工，不但是金工、木工等等，凡用自己的劳力作成有益他人的事业，不管他用的是体力，是脑力，都是劳工……我们要自己认识劳工的价值。劳工神圣！"他自信地预言，今后的世界毫无疑问是劳工的世界。蔡元培所说的"劳工"并不是一个严格意义的科学概念，但直接反映了当时历史背景下蔡元培对工人阶级和劳动人民的新认识。

在劳工神圣思想的指引下，蔡元培希望知识分子应参加劳动，劳动大众应学习文化。因此，在南京政府大学院成立之初，蔡元培就提出三点教育方针，其中第二条是："养成全国人民劳动的习惯，使劳心者亦出其力以分工农之劳，而劳力者亦可减少工作时间，而得研求学识机会，人人皆须致力于生产事业，人人皆得领略优美的文化。"

二、黄炎培的劳动教育思想

黄炎培（1878年10月1日—1965年12月21日，图2.2）作为我国近现代著名教育学家，对劳动教育提出了诸多有益的思考。他创建并发展了中国最早的职

图2.2 黄炎培

业教育思想体系,重视实用主义与动手能力。

(一)将职业教育作为强国富民的突破口

我国的职业教育体系发源于黄炎培的劳动教育思想,他深入研究与实地考察国内外教育体系,既参与过旧式私塾的教育实践,又创办、管理过各级别的新式学校,他个人投入最多也最为人称道的是创建并发展了中国最早的职业教育思想体系。作为其职业教育思想的重要内容,黄炎培深入思考了劳动教育模式,并借助各职业教育机构,对劳动教育思想进行了积极实践和探索。在他的职业教育思想中,劳动教育占有重要地位,由此他提出了一系列开创性、前瞻性的教育观点。

在中国数千年来的君主专制与儒家礼教文化背景下,社会普遍存在对体力劳动和体力劳动者的歧视,而黄炎培不遗余力地推广与倡导以劳动的价值、能力决定个人价值,以劳动衡量人的新的价值观念。他在《"五四"纪念日敬告青年》中提出"劳工神圣,是吾人良心的主张","关于社会服务的种种事业,吾人应认为神圣高尚的天职"。正是在黄炎培等人的大力推动下,普罗大众才渐渐了解与接受了职业道德、劳动精神等观点,社会风气也逐渐发生转变。

(二)以实用主义破除传统教育弊端

黄炎培在 1913 年 8 月发表《学校教育采用实用主义之商榷》,首次向国内介绍了实用主义。实用主义是职业教育、劳动教育重要的理论基础,在黄炎培的教育实践中,实用主义发挥了重要的指导作用。"办职业教育,万不可专靠想,专靠说,专靠写,必须切切实实'做'。"在课程设置、学科分配标准、训育标准、实习办法等方面,黄炎培提倡以实际操作、实际应用为衡量标准,特别强调学生必须积极参与劳动,以实际劳动作为掌握技能的首要途径。

(三)推崇手脑并用

当时的教育界,存在手脑分离、轻视理工与实验科学等错误认识。针对这些弊端,黄炎培从劳动教育的角度切入,深入挖掘劳动教育之于教书育人更广泛、更深刻的内涵,提出"要使读书的动手,动手的读书,把读书和做工两下并其家来"。他认为学生不能只是埋头苦读,动手能力对学生的个人发展同样重要,因此他强调培养和锻炼学生的动手能力,推崇特色手工课程。在他看来,积极劳动,增加动手能力训练有利于大脑发育、手脑并用、祛除虚骄之气,还可以培养学生的专注力与钻研精神,这与今日"工匠精神"有异曲同工之妙。

图 2.3 陶行知

三、陶行知的劳动教育思想

陶行知(1891 年 10 月 18 日—1946 年 7 月 25 日,图 2.3)的生活教育理论是其教育思想的核心内容。考察陶行知的生活教育理论不难发现,劳动教育思想在某种程度上是其生活教育理论的灵魂。

（一）劳动教育的基础：在劳力上劳心，用心以制力

在劳力上劳心是陶行知劳动教育思想的理论基础。他说："唯独贯彻在劳力上劳心的教育，才能造就在劳力上劳心的人类；也唯独在劳力上劳心的人类，才能征服自然势力，创造大同社会。"他指出："中国有两种病。一种是'软手软脚病'，一种是'笨头笨脑病'。害'软手软脚病'的人，便是读书人，他的头脑一定靠不住，是呆头呆脑的。而一般工人农民都是害的'笨头笨脑病'，所以都是粗手粗脚。一个人要有贡献于社会，一定要手与脑缔结大联盟。然后，可以创造，可以发明，可以建设国家"。

陶行知认为，在中国传统教育影响下，劳心者与劳力者是相分离的，因而形成了"田呆子"（劳力者）和"书呆子"（劳心者）两种类型的人。古代的学校里到处都是严重的劳心而不劳力、读书而不做工的"书呆子"。"教书的人是'教死书''死教书''教书死'；读书的人是'读死书''死读书''读书死'。"而社会上的"田呆子"只知道"做死工""死做工""做工死"。这种传统的教育已经严重威胁到社会的发展和国家的安全。要救亡图存，必须做到两条："（1）教劳心者劳力——教读书的人做工；（2）教劳力者劳心——教做工的人读书。"

陶行知说："在劳力上劳心，是一切发明之母。事事在劳力上劳心，便可得事物之真理。"这也就是说，人们不仅应该从事物质生产的劳动，而且还要从事精神生产的劳动，要在物质生产劳动的基础上进行精神生产的劳动，这才是陶行知所倡导的劳动教育。

（二）劳动教育的逻辑：行—知—行

陶行知中年以后把自己的名字由"知行"改为"行知"，强调"行是知之始"，主张通过实践活动进行劳动教育以获取真知，进而反哺课堂文化教育。陶行知的"行"即实践，"知"即为认识，强调在实践中产生感性认识，再由此上升到理性认识。所以，他说"行是知之始，知是行之成"。"行是知始"意味着实践是获得知识的关键路径，"知是行成"意味着只有通过实践我们才能获得真正的知识，这深刻地体现了陶行知关于马克思主义实践观和认识论的观点。虽然认识是从实践中获得的，但我们不能简单地用认识来替代实践，这进一步强调了实践的核心地位。因此，陶行知非常注重知识与实践的结合，以及实践与认知的融合。陶行知认为，劳动是获得真知的关键途径，只有将劳动教育融入生产实践中，劳动教育才能真正具有持久的生命力。

（三）劳动教育的载体：一切可能的素材

在陶行知看来，劳动教育与生活息息相关，"生活教育是生活所原有，生活所自营，生活所必需的教育"。他打破了学校教育的局限，用学校周边一切可能的素材开展劳动教育，极大地丰富了劳动教育的内容。他在《生活即教育》中指出："我们此地的教育，是生活教育，是供给人生需要的教育……人生需要什么，我们就教什么……是那样的生活，就是那样的教育。"他在重庆合川草街创办的育才学校就是一所融"工场、学堂、社会"为一体的全新的学校，比较深刻地阐释了教育蕴含于生活中的劳动，劳动教育与生活教育的内涵具有高度一致性。

(四)教育主体:平民教育,全民教育

陶行知的平民教育思想中渗透着推动劳动教育的普及。他的《全民教育》贯穿了平民教育思想,指出"不论宗教信仰、种族、财富及所属阶级有何不同,男孩与女孩机会均等,男子与女子机会均等,成人与儿童机会均等",打破了封建社会不平等受教育的束缚。他通过编写平民教育教材,开展平民教育运动,推进各领域劳动者学习文化知识,并积极运用到实践中以指导生产活动,极大地提升了国民综合素质。

四、吴玉章的劳动教育思想

作为新民主主义教育家、中国共产党早期的教育理论工作者,吴玉章(1878年12月30日—1966年12月12日,图2.4)主要是从青少年的成长、从青年的思想政治教育,特别是从培养新民主主义和社会主义事业接班人的角度,来思考劳动教育的。

图2.4 吴玉章

(一)高度重视劳动和劳动教育的作用

吴玉章高度评价了劳动的意义,他认为:"劳动是人类赖以生存和发展的永久的、必需的条件,人类生活中的一切财富,整个人类历史以至人类本身,都是劳动创造出来的。"他在担任延安大学校长时制定的教育方针指出,"本校实行教育与生产相结合,以有组织的劳动,培养学员的建设精神、劳动习惯与劳动观点",而且强调"劳动教育应该是教育中不可缺少的、经常的重要内容之一"。在长期的教育管理和实践工作中,他批判了把体力劳动和脑力劳动对立起来的错误做法,指出"劳心者治人,劳力者治于人""书中自有黄金屋",以及"万般皆下品,唯有读书高"等都是十分错误的思想。

吴玉章认为,在社会主义公有制下劳动是"光荣的事业、荣耀的事情",人人都应该参加劳动。因此,吴玉章提出,中小学的劳动教育应贯穿全部教育过程。此外,他还强调劳动教育是新教育与旧教育的本质区别之一。他说:"我们的教育事业,既然是劳动人民为实施总任务而进行的斗争的一部分,就必须贯穿着劳动教育的精神……也是我们的人民教育与剥削阶级所垄断的旧教育的根本区别之一。"

(二)设立了劳动教育的机构并确定了劳动教育的内容

他在学校里设立了一个生产委员会,并拟定了相应的生产方案,成功创建了如延安大学工业合作社、制鞋厂、木工厂、豆腐坊和烧炭队等多个劳动机构,还组织学生进行生产和劳动竞赛活动。教师和学生共同签署了一份生产公约,该公约涵盖了多个方面,如积极生产、技术掌握、时间管理、互助精神、工具保护以及学习和修理等,旨在推动大规模生产活动并加强师生之间的劳动教育。

（三）提出了劳动与知识学习相互促进的辩证观点

马克思主义实践论认为，知识来源于个体经验，来源于人类的社会实践。社会生活和生产劳动是人类最基本的实践活动。吴玉章对包括劳动在内的社会实践与知识学习有独特的个人见解，他不厌其烦地告诫大家："学生们在学校中所学得的普通基础知识只是参加劳动的一种必要的准备，更重要的是在劳动生产和阶级斗争的实践中学习，不断提高自己的知识。"显然，如果学生不主动参与生产劳动和其他社会实践，那么，他们所获得的知识必然是肤浅的，没有生命力，仅仅是一些抽象的符号，学生也会变成一知半解的"书呆子"。因此，吴玉章特别指出，实际上劳动本身就是学习，而且是更重要的学习。

五、晏阳初的劳动教育思想

作为享誉世界的平民教育家、乡村改造运动的倡导者与实践家，晏阳初（1890年10月26日—1990年1月17日，图2.5）把自己毕生的精力献给了中国和世界的平民教育事业与乡村建设事业，在中国乃至世界现代教育史上留下了浓墨重彩的一笔。他的劳动教育思想体现在平民教育理论与实践之中。

（一）注重教育与生产劳动相结合、知识分子与工农大众相结合

晏阳初非常重视国民的文化素质，他说："一个共和国的基础稳固不稳固，全看国民有知识没有。"

图2.5　晏阳初

然而，当时中国的老百姓绝大多数人没有知识，没有文化。1918年，晏阳初从耶鲁大学毕业后，毅然投笔从戎，奔赴欧洲战场，参加为华工服务工作。在与华工朝夕相处中，他"发现了苦力之苦，也发现了苦力之力"。他说："通过这些苦力，我开始认识到真正的中国。""我立志，回国以后，不做官，也不发财，抛弃一切荣华富贵，把我的终生献给劳苦大众，为教育劳苦大众，始终不渝！"1920年，他从美国回来，先后到华中、华北和华西地区19个省进行调研，宣传"除文盲，作新民"的平民教育思想，推动城市平民识字运动。在晏阳初的倡议下，1923年中华平民教育促进会成立，1929年中华平民教育促进会在河北定县成立"定县实验区"。

晏阳初认为，"中国农村的主要问题，集中表现为愚、贫、弱、私，即文盲、贫困、疾病、恶政"。针对这四大问题，他投入全身心进行乡村改造。晏阳初不仅身体力行，而且号召知识分子从象牙塔中走出来，从书本中走出来，深入民间。当时一批又一批大学生、教授、学者和医生纷纷从城市来到农村，参加"定县实验"，走上知识分子与工农大众相结合的道路。

（二）劳动教育的功能是担负民族再造的重大使命

晏阳初认为，旧中国的问题，不是别的，是民族衰老、民族涣散的问题，根本是"人"的问题。为了彻底解决这个难题，晏阳初提出了"农村运动"，即乡村改造运动，在农村大力实施"实验的改造民族生活的教育"。这类教育的核心目标是培育民族的精神和加强民族之间的

团结,内容则是为了更好地适应和改进日常生活。在当前社会主义建设中,这种教育是非常重要的。怎样才能达到这样的教育目标呢?这就是在教育中进行社会实践活动,通过对现实生活的观察和分析,发现问题并解决问题,从而达到教育目的。在农村推行新型的生产劳动教育绝对是一个值得考虑的方案。正如晏阳初指出的那样:"教者与学者,都要在实际生活上去实地历练才成。举两个例子来说:譬如教农村青年选择良种,驱除病虫,其方法不重在教室内黑板上的讲演,而重在田地里的实际工作。其目的不光在增加生产,而要在输入科学知识,造成科学头脑……这正是在改良实际生活的实验中,培养民族的新生命,振拔民族的新人格。又如在农村里提倡办合作社,其目的不仅在增加农民的收入,而要培养他们的合作精神、合作习惯、合作技能,以促进民族的新组织新团结。"

(三) 劳动教育的重点是实施生计教育

在《中华平民教育促进会宣言》中,晏阳初写道:"解决生计,消弭乱机,奠定国本。"平民教育共分三步:"第一步是识字教育,第二步是公民教育,第三步是生计教育。"为达此目的,晏阳初强调,在开展平民教育时必须大力"实施生计教育,辅导、指导、改善平民生活。在城市中如关于工业、工艺等,在乡村里如关于农业、农艺等"。这里,生计教育包含许多劳动教育的内容。"在乡村,如办:农家改进社、农事表扬证等,以改进农民的生活及改良我们中国固有的农艺;在城市中,如办:平民银行、平民工厂,以改进我们中国固有的工艺。"

在《中华平民教育促进会〈定县实验工作报告〉》中,晏阳初详细地论证了农村劳动教育的形式与内容。第一,创办生计巡回训练实验学校。学校"以生活的秩序,为教育的秩序,顺一年时序之先后,施以适合的教育,授以切实的技术。第一期在春季,第二期在夏季,第三期在冬季"。"训练科目:分为植物生产、动物生产、农村经济、农村工艺四类。"第二,表证农家。工作的大概步骤是:"凡本部交动物植物予其表证,同时给予各种表格,教其使用方法,彼等须将表证经过情形,随时照实填写;并将经验心得教授其他农民。"第三,实施推广训练。晏阳初强调,此种训练,乃用表证农家,将其在生计部指导下所获得之知识与技能、表证经验及结果传授给一般农民。

(四) 劳动教育的目的是培养有知识、有生产力、有公共心的人

晏阳初认为,平民教育的根本目的是"教人做人,做整个的人"。具体包括三部分:"第一要有智识力,第二要有生产力,第三要有公共心。""总之,平民教育是养成有知识力、有生产力和有公德心的整个人。"他批评了以前国人的一个通病,没有读书以前,愿意做工,愿意劳动,一旦成为文人,就不愿参加生产劳动了。还有一部分人,终日埋头窗下,只求书本知识,成为寄生虫式的书呆子。于是他提出:"平民教育于实施文字教育外,即须生计教育,使人人备具生产的技能,造成能自立的国民。倘全国人民均有生产能力,国民生计必皆富足。"晏阳初在论述、创办乡村建设学院的"六大目标"时仍然把"劳动者的体力"作为第一目标。他说:"推行省政建设,改造乡村,身体要是一副钢筋铁骨。""一个人非讲求体力不可,体力不好,则容易悲观、消极。单求体力还不行,我们还要能够劳动,千万不要以为劳动有损于你们的人格,有损于你们的体面。"

（五）劳动教育的原则是所学即为所用、所用即为所学

晏阳初认为，广大平民的劳动教育要以平民的需求为导向，需要什么就学习什么，而且要用经济、简单、适宜的方式进行。他指出："我们研究的一切设施与方法，都必须把握四大原则：其一，力求简单。其二，力求经济。其三，力求实际。其四，是否有基础性。"因此，晏阳初建议，在定县应从农业生产和农村工业的各个方面着手，以促进农村经济的建设。在农业生产的过程中，应当重视培训农民，使他们能够接触到最基本的现代农业知识和技能，从而提升农业的生产效率。在农村工业方面注重发展乡村企业，以解决农村就业问题和减轻农民负担为重点，并鼓励农民从事工商业活动。在农村的经济发展中，鼓励农民采用合作模式，如成立自助社、合作社等经济实体，从而确保农民在面临破产时能够获得适当的经济援助。在工业发展方面，注重发展轻工业，促进乡村工业化。在农村的手工艺领域，一方面致力于改进农民的手工技艺，另一方面也鼓励他们发展其他的副业，以提高他们的经济收益。

实践与思考

1. 简述劳动教育的特征。
2. 劳动教育的内容有哪些？
3. 马克思的劳动教育观包括哪些内容？
4. 近现代教育学者中哪一位让你印象深刻？其代表思想是什么？

第三章 新中国劳动教育发展脉络

学习目标

- 熟悉新中国劳动教育发展的四个阶段以及每个阶段的要点。
- 了解强调"生产技术"与围绕"核心素养"的劳动教育的区别与联系。
- 熟悉新时代劳动教育的内涵。

第一节 劳动教育的初步确立(1949—1955年)

一、劳动教育确立的契机

新中国成立初期,随着经济和文化教育的发展,党和国家高度重视教育事业,中小学教育事业逐渐恢复并有了巨大的发展。受当时现实条件限制和教育事业计划性不强、小学发展过多等因素影响,中小学毕业生比例不协调,导致至1953年无法升学学生激增至213.4万人,其中小学毕业生达211.7万人,教育供求矛盾极为尖锐,仅有少数毕业生能继续深造,多数要参加工农业生产劳动或者其他建设工作。

1954年,全国约有23万初中毕业生、209万小学毕业生不能升学,需要走向社会,参加生产劳动。从整体上看,劳动教育雏形建设时期以解决广大中小学毕业生就业为现实起点,注重教育与生产劳动结合,中小学和大学毕业生都要积极参加工农生产劳动,做具有政治觉悟和文化修养的社会主义劳动者,为工农和生产建设服务,并要求把劳动教育作为政治思想教育来抓,深刻批判了"种地没出息、丢人""做工人为什么还要看书呢""参与工农业生产,是毫无希望的"等错误思想。培养中小学生的社会主义劳动观和牢固树立劳动光荣和积极参加劳动的坚定信念,自觉遵守劳动纪律和养成劳动习惯,尤其要修正历史上留下的贬低体力劳动、贬低工农体力劳动者等错误观念。

二、初期劳动教育的实施

这一时期劳动教育的实施,以开展中小学的劳动教育和生产技术课为主要形式。为加快社会主义建设步伐,中共中央提出了向苏联学习的方针,"全面学习苏联",在教育领域坚持"以俄为师",积极学习苏联的经验。这一时期,我国积极借鉴苏联劳动教育的实施内容和途径,进行了教育改革。

(一)生产技术课程的开展

新中国成立后,对于生产劳动技术课程的地位,在 1950 年 8 月教育部颁布的新中国第一个中学教学计划《中学暂行教学计划(草案)》和第一个小学教学计划《小学课程暂行标准(初稿)》中有相应的规定。1955 年 5—6 月,国务院召开的全国文化教育工作会议提出要在中小学有步骤地实施基本的生产技术教育(高小、初中应进行工农业生产常识的教学)。同年 9 月,教育部颁布《小学教学计划》和《关于执行〈小学教学计划〉的指示》,要求开始实施基本生产技术教育(即综合技术教育)和加强劳动教育及体育,更完整地体现全面发展的教育方针。为此,增设了"手工劳动",并在《关于小学课外活动的规定》中,把"生产劳动"作为一项内容。

(二)开展课外劳动实习

与此同时,国家在中小学提倡适当开展各种形式的课外劳动活动。1953 年 3 月,教育部、团中央发出通知,提倡在高中以上的学生中开展种植活动。1954 年的《政府工作报告》、教育部颁布的《关于小学课外活动的规定》等一系列文件,在全国范围内开展了大规模的劳动教育。中小学,尤其是高中和初中毕业班开展了比较广泛的社会公益劳动,如慰问军属、铺桥修路、植树造林等。1955 年 11 月,团中央、教育部联合通知支持北京、江苏、辽宁等地少年儿童倡议的"小五计划"活动(如栽培植物、饲养动物、帮农业合作社和家庭做事、帮助学校制作简单的教学实验用品、绿化环境和学校等),以及组织学生到工厂、车间、农村参观等,并在学生群体中和社会上表彰积极参加劳动、推动生产发展的优秀标兵、劳动模范。例如,当时山东省保育小学在每年的秋天组织高年级学生缝被子,冬天组织学生打毛裤,春天组织学生栽树种花、绿化校园。此外,开展大扫除、洗刷墙壁、修路、慰问军属、修锄小菜园等经常性劳动。翌年 7 月 23 日,教育部颁布《中学实验园地工作暂行条例(草案)》规定:每个中学都应该建立实验园地;实验园地按照与农业生产实践相结合的原则进行工作。

三、初期劳动教育的特点

新中国成立后,时任教育部副部长的钱俊瑞在教育部召开的全国第一次教育工作会议总结报告中指出:"以老解放区新教育经验为基础,吸收旧教育有用经验,借助苏联经验,建设新民主主义教育。"在这一时期,"以俄为师",效仿苏联确实给我国劳动教育带来了一定的益处。

(一)效仿苏联教育模式

在 1950—1952 年,中国政府颁布了一系列教育行政命令来控制学校教育管理权和整个教育制度,向苏联教育模式转化。苏联学校的课程设置、教科书、教学方法、教学组织形式等,受到中国政府及广大教育工作者的推崇;在中苏学术交流中,俄语是学校外语教学中的重点语种;一大批苏联的专家和顾问来到中国;中苏双方院校还就教学、科研等进行合作。在这一时期,劳动教育主要通过中小学劳动教育与生产技术课来实施。

（二）研究苏联教育思想

中国积极学习凯洛夫的教育学，并致力于在教育领域贯彻。在凯洛夫看来，劳动是对学生进行共产主义劳动观教育的有效途径。劳动是苏联严格制度化、规范化的教育，是学校教育体系的一部分。他致力于扩大一般技术视野、理解生产全过程、掌握一般劳动技能等，使学生将来就业时尽量适应各种专业，并尽量增加专业可选择性。苏联劳动教育是建立在苏霍姆林斯基、乌辛斯基、马卡连柯和克鲁普斯卡娅的系统劳动教育理论之上的，强调同政治思想教育及道德教育密切结合，提倡劳动和教育真正统一起来。

苏联劳动教育体系强调系统地学习科学知识，指导学生的劳动过程，以全体学生为对象系统地进行课堂教学，从教学工作的实际情况出发，对教学过程、教学原则、教学内容、教学组织都进行了系统的理论阐释，并积累了大量实践经验。新中国成立之初还没有确立完整的教育理论，而苏联劳动教育理论与实践经验适时地为新中国教育工作提供了一个抓手，既填补了新中国劳动教育理论与实践路径上的空缺，又有利于新中国劳动教育方针政策的确立。这一时期，新中国的教育工作者以饱满的热情和谦虚的态度，大力学习苏联的劳动教育理论，翻译出版了一系列介绍苏联劳动教育理论和实践的著作，并在师范院校、中小学中全面用苏联教材或依据苏联劳动教育理论进行教科书的编写，结合自己的实际进行劳动教育改革。

四、初期劳动教育的重点

新中国成立初期，《中华人民政治协商会议共同纲领》规定了这一时期的教育性质是"为新民主主义的，即民族的、科学的、大众的文化教育"，教育所需要培养的是"为工农服务，为生产建设服务"的人才。这一时期，劳动教育在"为工农服务，为生产建设服务"要求的直接指引下创建和发展。

毛泽东同志明确指示，新中国的教育事业要本着为工农开门和为生产建设服务的方针办。1949 年 12 月的中华人民共和国第一次全国教育工作会议把"为工农服务，为生产建设服务"规定为教育工作的"中心方针"。各级政府据此举办了多种形式的学校，诸如工农速成中学等，吸收工农入学，并建立了推荐、保送优秀工农分子上大学等制度，为国家培养了一大批工农出身的干部。

1950 年，时任教育部副部长钱俊瑞在《当前教育建设的方针》中明确指出，"为工农服务，为生产建设服务，这就是当前实行新民主主义教育的中心方针"。并把劳动教育作为贯彻"教育为生产建设服务的方针"的重要内容，要通过劳动教育鼓舞民众从事劳动创造的热情和积极性，表扬和普及劳动事业中的发明和创造，组织一切原来不从事劳动生产的人们参加生产劳动并在劳动中提升自己。当时还规定了学校必须要将生产劳动列为正式课程，并在中学和小学课程中分别增加了"劳动、手工劳动课"和教学工厂实习课程，主张边学习边劳动。

社会风气的转变加速了劳动教育的发展，20 世纪 50 年代的一首歌谣，表达了劳动地位在新中国成立后所发生的根本转变："头发梳得光，脸上搽得香，只因不劳动，人人说她脏。"20 世纪 50 年代初，金近、夏白作词，黄准作曲的儿歌《劳动最光荣》，作为动画片《小猫钓鱼》的主题曲，生动描绘了清晨时分小动物们热火朝天的劳动场面，将"劳动创造幸福生活"这一较为抽象的道理以寓教于乐的方式非常直观地表现出来，表达出对劳动光荣地位的歌颂。

新中国成立初期的教育价值主导是建立在文化教育工作要"围绕着生产建设这一个中心工作并为这个中心工作服务"之上的，在这一价值主导下，劳动教育凸显出其核心价值是为"工农服务"。工农业发展的客观需要，促使国家尽量加速了劳动教育的推行，并通过劳动实习的发展，使工农业建设人才培养得更加充分，从而使工农业都得到了发展。这一时期社会劳动的核心内容主要表现为建立在落后农业国基础上的基于体能的农业劳动。劳动带给公众的直观体验与干体力农活基本相同。受这种劳动印象的影响，这一时期劳动教育的发展主要以农业生产为中心，注重学生体能的锻炼，呼吁年轻人积极参加生产劳动，尤其是农业生产。

第二节 劳动教育的探索与实践(1956—1975年)

一、探索期劳动教育的目的

1957年2月，毛泽东同志在最高国务会议的讲话《关于正确处理人民内部矛盾的问题》中明确了新的教育方针："使受教育者在德育、智育、体育几方面都得到发展，成为有社会主义觉悟的有文化的劳动者。"新的教育方针，为学校教育的培养目标指明了方向，我们要培养的是全面发展的新人，当时对于"全面发展"含义的解读就是"有社会主义觉悟，有文化"同时也是"劳动者"。

1957年3月，毛泽东同志在全国宣传工作会议上发表讲话，强调知识分子的改造以及知识分子同工农群众结合的问题。在学校开展的劳动教育方面：第一，农场、工厂、街道等通过与学校采取联合办学的方式开设劳动教育课程。1958年，教育部要求各地区的农场、工厂等生产部门都需与各类学校一起办学，目的在于引导学生在学习科学文化知识的同时，参与生产和社会实践劳动，进而不断提高学生的操作能力。第二，在教学内容中植入劳动教育。1958年，教育部推动了教学内容的改革，增设了劳动教育的课程，教育部重新规划了中小学的教学计划，正式规定了各类学生每年必须参加体力劳动的天数，并提出高校毕业设计必须与生产劳动相结合，以达到劳、学、研相结合的目的。第三，推行两种教育制度、两种劳动制度。中央提出两种劳动教育制度、两种劳动制度的框架：一种制度指的是将学校的全日制教育教学制度与8小时工作的劳动制度相结合。在这种制度下，学生工读结合，以学习为主。另一种则是将半工半读的学校教育制度与半工半读工厂劳动制度相结合。统计资料显示，到1958年底，我国半工半读的学校达160所之多，在校生有4500多人。

二、探索期劳动教育的实施

1957年4月8日，《人民日报》刊发根据刘少奇在湖南省长沙市中学代表座谈会上的讲话整理而成的社论《关于中小学毕业生参加农业生产问题》。这一时期，一切学校均把生产劳动列为正式课程,以开设生产知识课、提倡勤工俭学、组织学生上山下乡和开办展览会为主要形式广泛开展。

(一)开设生产知识课

1957年中共中央宣传部颁布了《关于加强中小学校毕业生劳动生产教育的通知》,正式提出,对学生的宣传应着重通过课堂教学和各种活动进行劳动教育。同年6月,教育部先后颁布《关于1957—1958学年度中学教学计划的通知》和《关于在农村小学五、六年级增设农业常识和农业常识教学要点的通知》,要求在初中三年级和高中三年级增设农业基础知识课,在农村小学增设农业常识课。将劳动教育正式纳入我国课程体系之中,以课程知识指导和帮助学生毕业后的农业生产劳动。许多学校在课程安排、教学方法上采取了独特的做法。

翌年3月,教育部颁布的《关于1958—1959学年度中学教学计划》规定:在初、高中各年级增设生产劳动科,取消了初、高中实习科。教学计划的说明部分提出,开设生产劳动科的目的是以工、农业生产的基础知识和初步技能去武装学生。生产劳动科包括初中手工劳动和农业基础知识、高中农业实习和机械实习。初、高中各年级各为每周2小时。1963年7月31日,教育部发出的《关于实行全日制中小学新教学计划(草案)的通知》规定:小学六年级开设生产常识课,初中三年级开设生产知识课,高中三年级开设农业科学技术知识选修课。随着劳动教育的实施,所有学校均把生产劳动列为正式课程,以教学计划确保其实施效果。

(二)提倡勤工俭学

"一面劳动,一面读书"。1957年5—6月,《中国教育报》《人民日报》相继发表了《提倡勤工俭学,开展课余活动》《一面劳动,一面读书》的社论。随后,部分地区学校积极响应号召、认真部署,勤工俭学活动初见成效。这一时期,学校的勤工俭学活动主要包括在学校、工厂、车间、农场、街道等进行的工农业生产劳动、农村副业和手工业生产、基础设施建设、运输业生产、校内外的服务性劳动。勤工俭学活动最初以学生自愿为原则,利用课余时间开展,如理发、缝纫、刺绣、洗衣等,并利用寒暑假参加生产劳动。学生一面学习一面劳动,勤工俭学的收入部分地解决了学生的学费、生活费,如用于日常订报纸、看电影、洗澡等。

(三)组织学生上山下乡

1963年6月,中共中央提出要动员城市青年学生上山下乡(图3.1),插入人民公社生产队、国营农牧林渔场,参加农业生产,并要求各省、市、自治区制定15年的安置规划。为此,6月5日《人民日报》发表社论《坚持不懈地好好组织学生参加生产劳动》,指出"无论在目前和将来,中小学校学生除了极小一部分升入高一级学校外,一小部分将要在城市就业,而绝大部分将要在农村参加生产劳动。所以今后不论是城市或者农村的学校,每年都应该以一定的时间组织学生参加农业生产劳动"。据报道,1962—1963年16个省份动员和组织知识青年上山下乡插队的城市知识青年近10万人,1964年全国知识青年上山下乡的有30万人。

（四）开办展览会

开办展览会对深化劳动教育工作、巩固并展示教劳结合实践活动的丰硕成果、彰显教育革命效果起到了示范引领作用。自20世纪50年代起，在各级教育行政部门的有力组织和领导下，北京、陕西、浙江等多地积极行动起来，纷纷在大中小学中举办了一系列展览和汇报会，如教育与生产劳动相结合展览会、勤工俭学展览会及成果汇报会等。这些活动不仅展示了校办工厂和车间中学生们杰出的劳动作品，还充分展现了学生们通过勤工俭学所取得的劳动成果。通过这些教劳结合成果展览会的举办，树立了先进典型，有效发挥了示范引领的作用，进一步推动了劳动教育工作的深入发展。

三、探索期劳动教育的调整

1958年12月22日，中共中央批转教育部党组《关于教育问题的几个建议》（以下简称《建议》），明确规定中小学生及教师的劳动时间，半日制的和业务的学校必须恢复上课以及教学为先的原则。《建议》的出台，标志着开始纠正偏向，重新摆正教育与生产劳动的关系。1959年5月24日，国务院发布《关于全日制学校的教学、劳动和生活安排的规定》，重申了上述《建议》中关于教育与劳动时间的安排。

1960年5月15日，中共中央、国务院发布《关于保证学生、教师身体健康和劳逸结合问题的指示》，同年12月21日发布《关于保证学生、教师身体健康的通知》，都强调要注意劳逸结合，妥善安排师生的工作、学习、劳动时间，保证学生的睡眠和休息。1960年以后，国家在总结经验教训的基础上，制定和公布的《全日制小学暂行工作条例（草案）》，对中、小学生参加生产劳动的目的、方式、时间和劳动卫生保健等作了具体规定，力求纠正劳动过多的偏向，使教育同生产劳动较好地结合起来。

四、探索期劳动教育的特点

1957年，随着中苏关系出现裂隙，双方开始大论战，教育领域由全盘接受苏联的"以俄为师"转向"以俄为鉴戒"，我国开始探索适合本土国情的社会主义道路。

为了破除全盘移植苏联的正规化教育制度的弊病，让学校向工农子弟打开大门，扩大受教育的范围，加速教育的普及和发展，我国逐步建立起了本土化的劳动教育制度。特别是我国的劳动教育开始逐步脱离了凯洛夫教育学中关于劳动教育的辅助性地位的论述。为加强对劳动教育的宣传，我国还陆续出版了大量介绍劳动教育的书籍（表3.1），阐述了劳动教育和社会主义建设的关系、劳动教育和全面发展的关系，介绍了老解放区的劳动教育经验和理论根据，总结新中国成立后所积累的劳动教育经验。走自主探索之路使劳动教育受到空前重视，呈现出前所未有的繁荣景象。

1963年制定的《全日制中学暂行工作条例（草案）》，对生产劳动作了这样的阐述："学生参加生产劳动，主要目的是养成劳动习惯，培养劳动观点，向工农群众学习，克服轻视体力劳动和体力劳动者的观点。同时，在劳动过程中学习一定的生产知识和技能，扩大知识领域。"学校把学生组织到生产劳动中去，劳动即教学，同时又是一门政治思想课。在此基础上，学生主动地投入到生产劳动中去，并在劳动中习得一些生产知识与技术，拓宽知识领域，形成具有社会主义觉悟、具有文化科学知识、技术过硬、实际操作能力强的新型劳动者。

表 3.1　20 世纪 50 年代我国劳动教育相关书目

书　名	出　版　社	出版时间
《劳动教育文件选辑》	人民教育出版社	1958 年
《中小学生的劳动教育和参加劳动生产的问题》	人民教育出版社	1958 年
《教育结合生产劳动好得很》	上海教育出版社	1958 年
《小学开展生产劳动教育的初步经验》	人民教育出版社	1959 年
《中学开展生产劳动教育的初步经验》	人民教育出版社	1959 年
《生产劳动和教学改革》	人民教育出版社	1959 年
《为加强劳动教育而斗争》	人民教育出版社	1954 年

第三节　改革开放时期的劳动教育(1976—2017 年)

一、强调"生产技术"的劳动教育恢复与探索

(一)改革开放时期劳动教育的重点

20 世纪 80 年代第三次科技革命在全球兴起,原子能、高新科技和计算机技术作为第三次科技革命的代表,对各国经济发展产生了深远的影响。改革开放以来,党和国家各项事业的开展和方针政策的制定都是围绕经济建设和社会主义现代化建设来进行的。劳动教育是教育事业中的一个重要部分,必须和"适应国民经济发展需要"相联系,并且劳动教育规划要符合国民经济发展计划和"劳动就业发展要求"。

以科学技术学习为重点内容的劳动教育主要特点体现在:体脑结合的劳动概念为科学技术教育奠定社会基础。新中国成立以来,由于教育水平和社会工业化程度较低,我国的各项建设以体力劳动为主。1977 年,邓小平指出,"不论脑力劳动、体力劳动,都是劳动"。1981 年,《关于建国以来党的若干历史问题的决议》提出,要贯彻体力劳动与脑力劳动结合、农民与知识分子结合的新的教育方针,营造尊重知识、尊重劳动、尊重人才的社会风气。论证了科学技术在劳动教育乃至整个教育事业中的重要地位,为学习科学技术奠定理论基础。劳动者只有具备了较高的科学文化和综合素质,才能满足科技时代大工业发展的要求。科技时代的教育与生产劳动相结合,必然需要通过科技这一"中介"培养适应时代需求的高素质劳动者。

(二)改革开放时期劳动教育的推动力

邓小平在 1978 年召开的全国教育工作会议上提出,推动教育与生产劳动的结合是社会主义社会培养全面发展的人的根本途径,在科技和经济迅速发展的当下社会,需要创新"教

劳结合"的方法、途径以及内容。

这一时期的劳动教育处于恢复和重建阶段。首先,规范相关教学计划,确保劳动教育的顺利开展。通过规范劳动教育的课时安排、教材编排、劳动实践场所和课程形式等制定教学计划。在课时安排上,劳动技术教育课不仅被规定为中小学课程中的必修课,而且国家教委还制定了《劳动技术教育大纲》。教育部在《关于五年制小学教学计划的修订方案》中提出,小学四年级和五年级应每周安排1课时的劳动课程,劳动课程的内容为组织学生进行公益性劳动或简单的生产劳动。在考核方式上,鼓励各学校记录学生在劳动态度、劳动知识、劳动技能等方面的表现,并根据记录情况综合评定学生的劳动成绩。在教材编排上,教材建设采取"一纲多本,地方为主",鼓励各地编写实用性强的劳动教育教材。在劳动实践场所上,还有部分地区建立起了统一的"劳技中心",规范和创新劳动教育的实践场所。此后,教育部根据劳动教育的发展形式和社会需求,多次颁发规范和创新劳动教育实践的教学计划,使这一时期的劳动教育有了恢复和重建的政策依据。其次,根据各级各类学校学生的特点,设置不同的劳动教育模式。在制定劳动教育方案时,注意使学生所学的知识和技能符合其未来从事的职业。1986年,第七个"五年计划"报告提出,各级各类的学校要根据自己的教学特点,适当加强劳动教育。同年,李鹏同志在《关于中华人民共和国义务教育法(草案)的说明》中提出,在贯彻全面发展的方针时,要在青少年中开展适当的劳动教育。响应党和国家的号召,各地大中小学的劳动教育模式各有不同。

1. 农村:"农业、科技、教育"统筹结合

农村的教育随着农村经济体制的改革发生了深刻的变化,走出了一条有中国特色的社会主义农村教育发展的道路。这条道路就是以马克思主义教育理论与生产劳动相结合为基础,以农村社会主义经济发展为前提而蓬勃发展起来的"农业、科技、教育"(以下简称"农科教")统筹结合。

"农科教"统筹结合的实质就是把农村的教育、科技纳入当地经济发展的整体规划中去,实行省、地、县分级统筹管理,使教育、科技、经济三项体制改革得到衔接与进一步深化,建立"科技之水,通过教育之渠,流入农业之田"的良性运行机制,从而发挥整体效益,促进农村经济的繁荣和发展。"农科教"统筹结合的根本目的,就是抓住"经济振兴—人才需求—教育发展"这条主线,促使农村的经济、生产、科技推广、教育改革统筹结合、协调发展。1988年,李鹏同志在《政府工作报告》中指出:"把农村教育与普及科学知识和推广农业先进技术结合起来,对促进农业经济的发展具有重要意义。"1989年,农业部等5个部委联合发出《关于农科教结合,共同促进农村、林区人才开发与技术进步的意见》。1991年,国务院又发出了《关于积极实行农科教统筹结合推动农村经济发展的通知》。这一切都表明,党和国家十分重视农村地区经济、科技和教育的协调发展,把"农科教"统筹结合看作是农村社会主义建设的重要途径。以上一系列的指导性文件的公布,为在农村地区广泛推广"农科教"统筹结合的经验铺平了道路,并且为进一步深化农村教育改革指明了发展的方向。安徽省在实施农科教统筹结合的过程中,采取了统筹目标、任务,建立领导管理体制,试行各种结合模式等有效方法,取得了明显的社会效益和经济效益。

2. 高校:"教育—科研—生产"一体化

现代化大生产和高校的教育功能决定了高校中"教育、科学研究、生产劳动相结合"是新时期我国高校教育与生产劳动相结合的基本途径。在这一时期,国家完善和拓展高校的综

合功能,高校由过去单一的教育模式,经过传授知识和创造知识,成为科研中心,发展成为符合现代世界经济、科技、教育发展趋势的"教育中心、科研中心、高技术辐射中心和高科技产业群中心"的综合中心,其载体就是高等学校"教育—科研—生产"联合体。

这个联合体主要通过两个渠道发挥作用:一是以高等学校为一方,以社会为另一方,建立"学校—产业—科研机构政府"间的合作关系,在教育、科研、生产方面实行全面合作;二是在高等学校内部实现"教育—科研—生产"一体化,表现为以科研为轴心向教育和生产两头延伸或辐射,以科技的新发展来促进教育教学改革,又通过科技成果转化为产品来不断推动经济的发展。

高等学校实施教育与生产劳动相结合,所建立的"教育—科研—生产"联合体呈现出以下五方面的特点:

第一,校办产业是在适应社会主义市场经济条件下,教育与生产劳动相结合的综合实体,其根本目的就是把学校的科研成果通过生产经营机制转化为商品,参与社会经济活动,起到繁荣经济市场的作用。

第二,校办产业根据学生的年龄、身心条件和专业知识水平,安排学生参加劳动实习,而且结合学生专业课的学习和研究生的研究课题等进行专门的专业训练。校办产业的主体是科技产业,以科技成果的商品化和产业化为特征,已发展成为高层次的教学、科研和生产相结合的基地。

第三,校办产业的规格不断提高。随着高等教育体制改革的不断深入发展,高校科研成果不断向高、精、尖迈进,一些学校的科技集团以及技术的开放与应用呈大幅度增长趋势,成为市场上独具特色、充满活力、具有较强竞争力的企业集团。

第四,校企结合的形式向多样化发展。目前,许多高等学校办起了高新技术公司和企业,同时开展了技术转让、技术咨询、技术培训等多种形式的社会服务,形式、种类比较齐全。

第五,校企合作初步建立了新的运行机制,即以学校的科学技术优势为依据,以市场为导向,自主经营,自负盈亏。实行"教育—科研—生产"三结合,"开发—生产—销售—售后服务"一条龙。尤其是"三结合"过程中的"双向性"特点在这一时期更为突出。学校和社会双向参与,探索产学合作、社会办学的新模式。学校发挥自身的优势参与社会、服务社会,社会根据需要参与学校教学、支持学校办学,从而建立起学校与社会联系和密切协作的有效机制。学校与企业配合成立董事会,定期研究学校的发展及其与产业部门合作等事宜,对于满足学生实习的需求,解决青年教师下基层锻炼、共同开展科研攻关、联合培养所需人才、企事业人才需求等重大问题发挥了积极的作用。

3. 中学:大力发展职业技术和劳动技术教育

邓小平同志早在1955年就指出,青年"要用最顽强的精神去学习","成为识字的人,有文化的人,能够掌握科学和技术的人"。要实现这一目的,就要对青年一代开展职业技术教育与劳动技术教育相结合的教育,让青年学习文化知识,并利用文化知识进行劳动实践,提高素质与能力,以培养能适应现代生产过程"劳动变换"与"职业变更"、实现"全面流动"与全面发展的新型劳动者。职业技术教育是指学生接受学校教育时,以寻求某种职业步入社会而进行的定向性专门教育活动。劳动技术教育作为普通基础教育中的一个重要环节,需要学生形成对一般性职业常识的理解和劳动观念与习惯的养成,为接受职业技术教育或者今后承担某种职业劳动打下良好的基础。全面推行职业技术教育与劳动技术教育,对我国现阶段教育改革,特别是中等教育结构调整具有极其重要的意义。

在原有的应试教育体制下,学校和学生中出现了只追求成绩和升学率的现象,为了扭转应试教育的弊端,1985年颁布的《中共中央关于教育体制改革的决定》指出,应突出劳动教育在教劳结合中的核心地位。同时,邓小平指出,发展职业技术教育是教育与生产劳动相结合的重要措施。因此,职业技术教育的推广是中等教育结构改革的方向。具体来讲,一方面,大力推广职业高中,即初中毕业生一部分进入普通高中,一部分进入职业高中,学习劳动知识和技术,并逐步规范普通高中和职业高中的学生比例。到1991年,已初步实现普通高中和职业高中学生人数的持衡。另一方面,在劳动教育改革的试点地区试行"三加一"的四年制初中学制,即在校初中生接受三年的文化课基础知识学习和一年的劳动技术学习。以上这些改革都进一步将教育与生产劳动结合起来,对学生的全面发展、劳动力素质的提高具有较大的促进作用。

(三)改革开放时期劳动教育的目标

十一届三中全会以后,集中全力建设社会主义现代化是各行各业发展的目标和落脚点。劳动教育亦致力于通过培养全面发展的社会主义现代化建设人才来助力实现"四个现代化"。对于如何培养人才的问题,第七个"五年计划"提出,各类学校要通过适当加强劳动教育,把"培养合格人才放在首位"。邓小平指出,把教育搞上去,我国的人口优势就会转化为人才优势,这是其他国家所不具备的。因此,"现代教育与现代生产的结合",是培养全面发展的人才、提高社会生产力的根本途径。同时,邓小平进一步指出,社会主义教育培养出来的人才是工作作风踏实、革命信念坚定、政治责任心强,严守纪律,专心致志地为人民积极工作的劳动者。而且,在高校人才培养中,亦将"热爱劳动"作为合格人才应有的素质。

二、围绕"核心素养"的劳动教育改革与深化

(一)核心素养期劳动教育的目的

21世纪之初,知识经济已见端倪,全球科技竞争、经济竞争特别是人才竞争愈演愈烈,国家间综合实力的竞争越来越依赖于劳动者的素质,依赖于各类人才的质与量。在迎接知识经济挑战的过程中,传统教育无论是从结构、体制和人才培养模式上看,还是从教学内容和教学方法上看,都远远不能适应现代化建设对创新型人才的要求,教育改革呼之欲出。

1999年6月13日,中共中央、国务院颁布《关于深化教育改革全面推进素质教育的决定》,明确提出:"学校教育不仅要抓智育,更要重视德育,还要加强体育、美育、劳动技术教育和社会实践,使诸方面教育相互渗透、协调发展,促进学生的全面发展和健康成长。"2001年,教育部颁布了《基础教育课程改革纲要(试行)》等一系列政策文件。自此,我国正式启动了新一轮基础教育课程改革。2001年7月,教育部印发了义务教育20个学科的课程标准(实验稿),初步构建了符合时代要求、具有中国特色的基础教育课程体系。

在改革深化时期,教育改革的根本目的是提高人的基本素质,以学生发展为中心,注重打好基础,根本任务是要为一名学生未来的可持续发展、幸福生活打下扎实、牢固的基础。内置于这一时期教育改革大潮之中的劳动教育不可避免地带有"素质教育"的印记。2015年7月20日,教育部、共青团中央和全国少工委联合下发了《关于加强中小学劳动教育的意见》,明确指出:"劳动教育是全面贯彻党的教育方针的基本要求,是实施素质教育的重要内

容,是培育和践行社会主义核心价值观的有效途径。"

(二)核心素养期劳动教育的实施

过去,基础教育中的劳动课、劳动技术课等是独立设置的一门课程。这一时期,劳动教育实施的最大特点是失去了单独的课程地位,被列入综合实践活动,主要以综合社会实践和倚重德育工作的形式开展。

1. 形成综合形态的课程设置

2001年6月8日,教育部印发了《基础教育课程改革纲要(试行)》,明确规定:"从小学至高中设置综合实践活动并作为必修课程,其内容主要包括:信息技术教育、研究性学习、社区服务与社会实践以及劳动与技术教育。在课程的实施过程中,加强信息技术教育,培养学生利用信息技术的意识和能力。了解必要的通用技术和职业分工,形成初步技术能力。"在新课程计划中,劳动与技术教育失去单独的课程地位,被列为综合实践活动中的一个指定性学习领域,是国家规定但由地方和学校开发的课程。各地教育行政部门、各学校具有劳动与技术教育课程规划、课程开发、课程组织的功能和责任,这是课程形态上的重大变化。

2. 依托于德育工作开展

劳动教育失去了单独列入教学计划的课程地位,这一时期劳动的开展倚重德育工作的开展。2000年12月14日,中共中央办公厅、国务院办公厅发布《关于适应新形势进一步加强和改进中小学德育工作的意见》,规定"社会实践活动包括社会调查、生产实习、军事训练、公益劳动、社区服务、科技文化活动、志愿者活动、勤工俭学等多种形式","社会实践活动总时间,初中学生一般每学年不少于20天,普通高中学生一般每学年不少于30天"。2004年修订并发布的《中小学生守则》《小学生日常行为规范》《中学生日常行为规范》对于中小学生养成良好的劳动行为习惯再次进行了确认和强调。《中小学生守则》第6条明确规定"积极参加劳动,勤俭朴素,自己能做的事自己做"。《小学生日常行为规范》(修订)第9条规定"衣着整洁,经常洗澡,勤剪指甲,勤洗头发,早晚刷牙,饭前便后要洗手。自己能做的事自己做,衣物用品摆放整齐,学会收拾房间、洗衣服、洗餐具等家务劳动","认真做值日","积极参加学校组织的各种劳动和社会实践,多观察,勤动手"。《中学生日常行为规范》(修订)规定"积极参加生产劳动和社会实践,积极参加学校组织的其他活动,遵守活动的要求和规定","认真值日","学会料理个人生活,自己的衣物用品收放整齐","体贴帮助父母长辈,主动承担力所能及的家务劳动,关心照顾弟兄姐妹"等。《中小学生守则》从宏观着眼,对中小学生热爱劳动的思想形成和积极参加劳动的习惯养成提出了基本要求;《小学生日常行为规范》(修订)、《中学生日常行为规范》(修订)从微观着手,提出具体的、操作性较强的劳动行为习惯的要求。

3. 人的回归

社会现代化建设所突出的唯科学主义引发了人们对于标准、确定性与效率等问题的追求,并对教育造成了持久而深远的冲击。伴随着劳动教育的开展,基于知识逻辑性和系统性的理论研究,学校实施劳动教育日益倾向唯理性主义,过分注重对人们知识和技能的训练,而忽略了对个体劳动体验、情绪情感和直觉等非理性方面的照顾,也就不再致力于塑造完整人格。劳动教育理论研究中的研讨与争鸣主要聚焦于劳动的生产意义上,并把它窄化为纯工具理性范畴而聚焦于人类本质的外部规定性问题;研究注重对学生动手能力的培养,注重促进学生掌握基本的现代科学技术知识、学习现代生产基本技能、发展潜在的劳动能力,常常是"见事不见人"与"物化了的教育"并重,把劳动教育看成"生产"与"技术"。

随着改革深化时期来临,近年来,劳动教育研究在价值取向上也越来越表现出"人类的回归"取向。不再把"人"看作一种工具和手段,而尊重了人的主体性、自觉性、能动性、实践性,劳动教育研究中的生命意识正在逐步强化,逐步摆脱过去劳动教育单一"社会"职能价值指向的束缚,形成对以人的主体性为基础,以精神成长和劳动素养养成为核心的劳动教育本质与价值的新解读。

(三)核心素养期劳动教育的重点

素养所涉及的内涵并不是单一维度,而是多元维度,不只重视知识,也重视能力,更强调态度的重要性。可见,素养的范畴超越了行为主义层面的能力,涵盖态度、知识与能力等方面,体现了全人素养或全方位的发展。素养是对素质教育内涵的诠释和具体化,是全面深化劳动教育改革的关键之一。素养的形成和发展是一个不断丰富、优化的动态模式。从个体层面来看,人的素养不是与生俱来的,它是一个形成、发展和逐步趋于成熟的动态过程,即个体的素养是在动态的教育过程中不断丰富和发展起来的;从社会层面看,社会的发展是不断递进和超越的进程,它对人才的需求也随之重组更新,而素养的内涵也就与之齐头并进,具有鲜明的时代性,这也是其生命力和活力的彰显。总之,核心素养的内涵具有未来指向性和不断优化发展的动态性。

这一时期,劳动教育凸显"素养",预示着劳动教育价值重心开始发生重要转向,标志着劳动从物质性的、技术性的功利追求开始有意识地走向超验性人的自由、尊严、美的维度,不再把"人"视为没有精神生活和情感生活的单纯的技术型和功利性的劳动工具与手段,开始尊重"完整的人"的精神世界和情感生活,从更为宽广的内涵理解人,这是对劳动教育本质和价值的全新诠释。

第四节 新时期劳动教育的全面发展(2018年至今)

一、新时期劳动教育的时代内涵

(一)新时期劳动教育的内涵

高等教育人才培养体系中不可或缺的一环就是新时代高校劳动教育。在这个过程中,需对大学生进行系统的劳动思想教育、劳动技能培育与劳动实践锻炼,全面提升大学生劳动素养,以适应新时代发展趋势。新时代高校劳动教育的目的在于引导新时代大学生树立正确的劳动价值观,在劳动中实现自我价值,为国家培养具有创新精神、社会责任感、实践能力、劳动素养的高级人才。

1. 新时期劳动教育的中心任务

当前和未来一段时期,党的中心任务是以中国式现代化全面推进中华民族伟大复兴。中国式现代化是对西方的现代化以及其他不同类型的现代化的辩证性超越,是马克思主义基本原理同中国具体实际相结合、同中华优秀传统文化相结合的产物,蕴含普遍性与特殊性的辩证统一。中国式教育现代化是中国式现代化的重要组成部分,助力中国式教育现代化的实现不仅是中国特色社会主义教育事业发展的根本方向,而且是新时代劳动教育高质量发展的中心任务。

中国式现代化是人口规模巨大的现代化,我国14亿多人口要整体迈入现代化社会,对新时代劳动教育的发展具有基础性和引领性作用。从工业体系看,我国是全世界唯一拥有联合国产业分类中所有门类的国家,包括41个工业大类、207个工业中类、666个工业小类。人口众多、人口红利巨大是我国成为"世界工厂"的重要因素之一。虽然我国劳动力资源丰富,但缺乏充足的技能型创新型劳动力。从这个角度来看,新时代劳动教育必须致力于提升劳动者的素质,在人口数量红利的基础上充分激发人口质量红利,为国家培养造就更多卓越工程师、大国工匠和高技能人才,助力国家从人口大国迈向人才强国。

中国式现代化是物质文明和精神文明相协调的现代化,物质富足、精神富有是社会主义现代化的根本要求。党的二十大提出我们要不断厚植现代化的物质基础,不断夯实人民幸福生活的物质条件,同时大力发展社会主义先进文化,加强理想信念教育,传承中华文明,促进物的全面丰富和人的全面发展。无论是创造物质财富还是精神财富,都离不开人们的劳动实践。在物质资料生产过程中,人们通过体力劳动与脑力劳动结合将自然物质转变成满足人们基本生活需要的物质财富。在生产生活有基础保障后,人们又通过脑力劳动创造文学、艺术、道德、法律等一系列精神财富。因此,新时代劳动教育必须以培育高素质劳动人才为目的,全方位促进新时代物质的全面丰富和人的全面发展。

2. 新时期劳动教育的核心本质

新时代的劳动教育注重将教育与实际劳动相融合。新时代的劳动教育内容涵盖了生产劳动,但并不仅仅局限于生产劳动,它主要关注日常生活劳动、生产劳动以及服务性劳动中的知识、技能和价值观。新时代劳动教育领域需要加强对学生进行全面系统的劳动教育,使其树立正确的人生观、世界观和价值观,为他们成长成才奠定坚实的基础。日常生活劳动教育的核心理念是鼓励学生以个人的日常生活为中心进行劳动实践,确保他们在衣食住行等基本生活活动中获得必要的劳动知识和技巧。生产劳动教育的核心理念是让学生亲身体验工农业生产如何创造物质财富,从而加强他们对工农业的认识,并协助他们在日常劳动中发现不平凡之处。生产性劳动教育提倡学生通过参与生产劳动来获取更多劳动成果,提高自身能力水平和综合素质。服务性劳动教育的核心理念是鼓励学生充分利用他们所掌握的劳动知识和技巧,为他人、社会和国家提供服务。这三个方面相互关联、相互促进,共同构成了现代社会教育与劳动紧密结合的完整体系。

现代社会教育是以培养人的全面发展为宗旨的一种新型教育形式,其目的在于促进受教育者身心和谐健康的成长。在现代社会中,教育与生产是两个既相互独立又紧密相连的方面。现代社会教育是为现代社会生产服务的,而现代社会生产则对现代社会教育提出了更高要求。现代社会的生产活动带动了现代科学的快速进步,这导致劳动者在生产过程中无法完全掌握所有的劳动知识和技能,因此,他们必须在一个独立于生产劳动过程的教育环境中不断积累知识和技能。在社会主义条件下,现代生产为人们提供了大量科学文化知识和实践经验,并形成了一整套完整而系统的科学理论体系,对整个人类历史产生了深远的影响。现代生产活动极大地丰富了精神文明,这就要求劳动者必须接受专门针对非生产性劳动的教育,以便掌握包括文学、艺术、道德和法律在内的服务性劳动的相关知识和技巧。

3. 新时期劳动教育的现实意义

新时代劳动教育应解决当前劳动教育存在的"劳动化"倾向和"教育化"倾向，即劳动教育不应成为单调的、呆板的、僵化的体力劳动锻炼，也不能局限在固定的学校课堂中接受劳动教育思想与理念。既要重视劳动教育的思想性，还要重视劳动教育的实践性。劳动教育是手脑并用、协调并进的过程，"多劳少教"或"多教少劳"都是片面的劳动教育观。劳动不是单纯的体力付出，不能简单地动手参与，还需要精神的涵养，在这个过程中运用知识、锻炼技能、展现智慧。新时代劳动教育必须真正把握劳动教育的实质，强调劳动与教育的和谐融合，确保学生在接受劳动教育的过程中，既能增强其劳动技能，同时也能提高其劳动智慧。

4. 新时期劳动教育的价值追求

习近平总书记在全国教育大会上强调，要努力构建德、智、体、美、劳全面培养的教育体系。将劳动教育纳入"五育并举"的中国式教育现代化发展战略，将劳动观念树立、劳动精神弘扬、劳动能力掌握、劳动习惯培养和劳动品质养成纳入中国式教育现代化培养方案，弥补了中国式教育现代化发展过程中的不平衡问题。2020年，在劳动模范和先进工作者表彰大会上，习近平总书记再次强调："要开展以劳动创造幸福为主题的宣传教育，把劳动教育纳入人才培养全过程，贯通大中小学各学段和家庭、学校、社会各方面，教育引导青少年树立以辛勤劳动为荣、以好逸恶劳为耻的劳动观，培养一代又一代热爱劳动、勤于劳动、善于劳动的高素质劳动者。"

德、智、体、美、劳全面发展既是对学生发展核心素养的全面概括，也是中国特色社会主义教育的趋向目标。青少年参加新时代劳动教育是对自身道德素养、智力素养、身体素养、审美素养和劳动素养的综合培养，有助于青少年道德、智力、身体、审美、劳动等综合素养的全面发展。新时代劳动教育应立足完善国民教育体系建设，把德、智、体、美、劳"五育"作为整体考虑，把握好劳动教育与其他各育之间的辩证统一关系，力求做到以劳动教育涵养学生的优良品德、增进学生的智慧才干、塑造学生的健康体魄、培养学生的正确审美观，实现德、智、体、美、劳"五育"系统融合、有机融合、高质量融合，形成全面发展的人，如图3.1所示。

（二）新时期劳动教育的意义审视

1. 劳动教育是培育时代新人的基本前提

习近平总书记曾多次提到"时代新人"，是指社会主义现代化建设的建设者和接班人，即肩负民族复兴伟大使命的青年一代。时代新人关系到国家与民族的前途和命运，直接影响中国特色社会主义的发展。劳动教育是培养肩负民族复兴重任的人才的基本前提。要认识到，中国的"一切归劳动者所有"，体现了党和国家对劳动、劳动者、劳动成果、劳动精神的态度。从宏观上来看，全面建成小康社会，进而将中国

图 3.1 全面发展的人

建成富强、民主、文明、和谐、美丽社会主义现代化国家，根本上取决于劳动和劳动者的创造，支撑"中国梦"的就是劳动。如今科技和创新是时代的主旋律，要想在这两方面有所突破，必须坚持艰苦奋斗。因此，培养青少年学生树立劳动光荣的理念，十分迫切而必要。

从教育本身而言,劳动教育是中国特色社会主义教育中的重要组成部分,对社会主义建设者和接班人的劳动价值观、劳动能力、劳动素养、劳动精神起决定作用。培养具有符合时代发展要求的劳动素养的时代新人是新时代教育发挥立德树人作用的重要内容。中共中央、国务院《关于全面加强新时代大中小学劳动教育的意见》指出:"劳动教育是中国特色社会主义教育制度的重要内容,直接决定社会主义建设者和接班人的劳动精神面貌、劳动价值取向和劳动技能水平。"应在青少年中开展系统性劳动精神教育、劳动技能培训、劳动实践锻炼等活动,提升青少年劳动素养,增强社会责任感、创新意识与动手实践能力,更好地促进社会主义建设者与接班人劳动能力的提高,使青少年成长为有理想、有本领、有担当的时代新人,能够在工作岗位上"辛勤劳动、诚实劳动、创造性劳动",成为新时代的奋斗者、中国梦的圆梦者。

秉承马克思关于共产主义社会高级阶段中"劳动已经不仅仅是谋生的手段,而且本身成了生活的第一需要"的判断。在时代发展中,要大力推动广大社会主义建设者和接班人尽早接受劳动教育,形成热爱劳动、尊重劳动的价值理念,培养辛勤劳动、诚实劳动的道德品格,从而以劳动教育树时代新人,用劳动之手创造幸福生活。

2. 劳动教育是培养现代化强国建设人才的重要支撑

教育在实现中华民族伟大复兴过程中具有关键作用。我国对掌握丰富科学知识和技术的优秀人才的渴求比以往任何时候都更加强烈,对培养全面发展的人才的需求比以往任何时候都更加急迫。因此,加强劳动教育,培养一批掌握劳动知识和技能、具有创新和创造能力的高水平劳动者,对增强我国的核心竞争力具有重要意义。劳动教育肩负着"为人民服务,为中国共产党治国理政服务,为巩固和发展中国特色社会主义制度服务,为改革开放和社会主义现代化建设服务"的使命。人才是建设社会主义现代化强国的第一资源,要实现人民群众的美好生活,必须依赖于不懈的努力和创新。劳动教育也就成了培养全面发展人才不可缺少的重要途径之一。

在当前的全球背景下,新的技术、产业和商业模式不断涌现,与此同时,劳动的定义和范围也在持续演变。从传统的体力劳动到知识技能型劳动再到智慧劳动所带来的生产方式变革正在深刻改变着我们的生产生活方式,并对我国社会发展产生深远影响。目前,中国经济正在经历一个关键的转型时期,其中包括发展模式的转变、经济结构的优化和增长动力的转变。尽管经济前景乐观,但仍然面临着各种困难和挑战,中国经济正面临着巨大的压力,必须寻找新的发展机会。从长远来看,要提高综合国力,就不能忽视人才的培育,尤其是青年群体,而培养高素质劳动者则是重中之重。因此,为了实现建设创新型国家、实现中国制造2025、加强实体经济和构建现代化经济体系等多方面的目标,中国有必要培养大量的知识型、技能型和创新型劳动者。这正是劳动教育在培养青少年劳动精神、劳动价值观和创新能力方面所具有的现实重要性。从这个意义上讲,劳动教育不仅是基础教育阶段的重要内容,更是高等教育阶段不可缺少的重要环节。

二、新时期劳动教育的建设要点

(一)引导受教育者树立正确的劳动价值观

党的十八大以后,习近平总书记多次强调劳动在这个时代的重要性,并鼓励人民通过不懈的努力来实现中国梦。这不仅继承了中华民族"功崇惟志,业广惟勤"的传统美德,同时也展示了新时代中国特色社会主义劳动观的时代价值。自新时代伊始,社会的主要矛盾已经由"人民日益增长的物质文化需要同落后的社会生产之间的矛盾"转变为"人民日益增长的美好生活需要和不平衡不充分的发展之间的矛盾"。不论是满足"物质文化需求"还是"追求美好生活",劳动者都必须通过他们的"不懈努力"来实现这些目标。

随着社会经济的持续进步、科技的不断创新和人们生活品质的逐步提高,资本、知识、技术和信息在人们的日常生活和工作中的重要性日益增强,这也导致了人们的工作观念发生了显著的转变。特别是受到某些外部思想的影响,有些年轻人对于劳动的真正含义产生了误解,导致了他们形成了过于追求享乐、希望不付出努力就能得到回报的思想以及过度消费的行为。为了解决这些问题,劳动教育的重点应该是帮助学生确立正确的劳动观念。从一方面来看,基于马克思主义的劳动价值论,劳育应致力于帮助学习者深入理解劳动是财富的根本来源,并倡导"按劳分配"的核心理念,同时摈弃那些追求舒适、厌恶劳动和不愿付出努力就能获得回报的不良观念。从另一个方面来看,基于人类社会的历史进程和个体的成长,劳动教育可以帮助学习者深入理解劳动在推动人类历史进步和实现个人梦想中所展现出的活力,进而培养他们尊重劳动和努力工作的高尚品质。

(二)塑造诚实劳动的良好社会风气

在经济全球化、信息化和网络化的大背景下,物质主义和利己主义在社会中不断涌现。在这样的社会环境中,"道"与"利"的伦理原则正面临着时代的严峻考验。新时代应当强调和遵守"诚实劳动"的观念以及与之匹配的道德标准。正如习近平总书记所强调的,"人世间的美好梦想,只有通过诚实劳动才能实现;发展中的各种难题,只有通过诚实劳动才能破解"。

在新的时代背景下,诚实劳动的核心理念是劳动者的积极参与,而不是寻找捷径。诚实的劳动在社会互动中得到体现,这意味着我们需要坚守公平与正义的原则,反对损害公共利益和个人利益的行为。诚实的劳动在经济模式中得到了体现,这主要体现在反对资本的欺诈行为和维护法律秩序,特别是在数字化经济的背景下,我们必须坚定地反对和打击网络欺诈行为。在人与自然的互动中,诚实的劳动理念强调社会必须遵循绿色和可持续的发展路径,而不是以损害生态环境为代价来盲目推动经济增长。在社会文化的培养中,诚实劳动得到了体现,其核心目标是塑造"每个人都为我,我为每个人"的文化观念,确保每位劳动者都有劳动的自觉性和对劳动的满足感。

塑造诚实劳动这一良好社会风气是时代对劳动教育提出的一项重大课题。具体而言,从教育理念来看,劳动教育要帮助受教育者认识诚实劳动的意义,并引导受教育者树立诚实劳动道德观念;从教育内容看,劳动教育要注重加深受教育者对"劳动和资本""劳动者权益""劳动法"的理解与认识;从教育方式上看,劳动教育注重营造一个良好的劳动实践场域,让受教育者以切身的方式投入到劳动的各个环节中去,把劳动理论认识与表层理解内化为特定的劳动实践行为。在新的时代背景中,劳动教育的定位与内涵也开始呈现出新的特点。

(三)培育时代发展需要的创新能力

中共中央、国务院《关于全面加强新时代大中小学劳动教育的意见》强调,劳动教育要

"适应科技发展和产业变革,针对劳动新形态,注重新兴技术支撑和社会服务新变化"。劳动教育定位和内涵进入新时代以后,开始逐步呈现出新特征。新时期背景下,信息技术、大数据、人工智能等技术持续影响大众的生产活动与生活方式。劳动教育不仅可以让学生"苦心志劳筋骨",还具有树德、增智、强体、育美的综合育人价值,贯穿并作用于其他四育,是学生成长成才的"必修课"和"基础课"。新时代既是劳动者的时代又是奋斗者的时代。当前我们比历史上任何时期都更接近中华民族伟大复兴这一宏伟目标,同时也比以往任何时候都更加迫切需要更多的高素质劳动者,比以往任何时候都更迫切需要构建完善的劳动教育体系。

在社会劳动时间、劳动工具和劳动形式发生革命性变化的背景下,以时代机遇为契机锻炼青年一代创新能力是劳动教育面临的一项重要任务。一方面,基于数字革命时代劳动者的新需求,青年一代核心劳动素养的培养涉及劳动精神、劳动技能、劳动习惯和劳动思维等特定内容。另一方面应把实现经济社会可持续发展作为价值目标,把人工智能、数字技术、劳动规范、职业实践、经济发展规律及其他有关内容融入相应劳动课程中,引导年轻人对知识达到全方面了解,充分做好创造性劳动准备。

三、新时期劳动教育的建设内容

习近平总书记针对不同的社会主体,提出了不同的劳动教育思想,主要可以分为两个方面:第一,教育人民热爱劳动,树立正确的劳动价值观。第二,以劳动技能为核心突破点,提高劳动者的劳动素质。

(一)重视大中小学劳动教育,全面推进

习近平总书记强调,必须重视劳动教育,通过各种举措,教育和引导广大青少年牢固树立热爱劳动的正确思想,养成热爱劳动的良好习惯,为祖国培养一代又一代勤于劳动、善于劳动的高素质劳动者。青少年儿童是祖国的未来,是社会主义现代化建设的生力军,美好生活的实现离不开广大青少年儿童。2018年9月10日,在全国教育大会上,习近平总书记强调"要在学生中弘扬劳动精神,教育引导学生崇尚劳动、尊重劳动"。当前,大、中、小学生均属20世纪90年代以后出生的年龄人群,一出生就处于物质资源比较丰富的年代,加之这一年龄阶段的人多为独生子女,父母在日常学习生活中更加关注他们学习的一面而忽略劳动能力,使其较少在体力劳动中得到磨炼,难以体验劳动艰辛。

重视大中小学的劳动教育,首先要对少年儿童加强劳动教育,树立劳动光荣的观念。2013年5月29日,习近平总书记在北京市少年宫参加"快乐童年放飞希望"主题活动,提出:"生活靠劳动创造,人生也靠劳动创造。你们从小就要树立劳动光荣的观念,自己的事自己做,他人的事帮着做,公益的事争着做,通过劳动播种希望、收获果实,也通过劳动磨炼意志、锻炼自己。"此后,习近平总书记多次指出,广大少年儿童应该经常主动参加劳动和体育锻炼,从小树立劳动光荣的观念。通过劳动播种希望,收获劳动果实,在劳动中磨炼意志,锻炼自己。

针对当前学校劳动教育缺位的状况,为确保德、智、体、美、劳全面发展的教育目标的实现,应从整体上加强劳动教育规划,明确劳动教育目标,把劳动教育融入学校教学教育全过程,系统推进学校劳动教育。根据中共中央、国务院《关于全面加强新时代大中小学劳动教育的意见》和教育部《大中小学劳动教育指导纲要(试行)》等文件的相关部署,首先应把劳动

教育纳入国家各级各类教育行政管理规划之中,增设专门劳动管理机构,完善劳动教育法律法规等相关文件,加强劳动教育的制度建设和监督管理,自上而下推进各级各类劳动教育,从制度层面确保劳动教育的开展与实施。整体规划大中小学校劳动教育,各级各类学校应根据国家相关要求制定相应的、符合实际情况的劳动教育计划,把劳动教育纳入学校人才培养之中,合理制定劳动教育目标和内容,设置劳动教育相关课程,通过提升课程的数量和质量确保劳动教育的实际效果。学校劳动教育的内容要符合社会发展和学生成长成才的需要,针对不同等级学校和不同年龄段的学生,进行相应的劳动教育。学校也要加强与学生家长的有效沟通,家长同时应配合学校的劳动教育,有意识地让学生参与到家务劳动中,培养学生的劳动意识和劳动习惯。

(二)加强劳动者技能培训,保障劳动者权益

党中央在十八届三中全会通过的《关于全面深化改革若干重大问题的决定》中指出,要"加快现代职业教育体系建设,深化产教融合、校企合作,培养高素质劳动者和技能型人才"。这一决定为工人提高劳动技能提供了更多自我提升的平台,广大职业工人可以通过对新技术、新技能的学习来适应社会快速变化和发展的需求,而不必再为长期待业而烦恼,用一种积极向上的态度迎接未来。习近平总书记在2015年庆祝"五一"国际劳动节暨表彰全国劳动模范和先进工作者大会上进一步指出,要深入开展中国特色社会主义理想信念教育,打造健康文明、昂扬向上的职工文化,"拓展广大职工和劳动者成长成才空间,引导广大职工和劳动者树立终身学习理念,不断提高思想道德素质和科学文化素质"。由此可以看出,习近平总书记之所以重视广大工人的再教育,不仅为了工人就业,还要让工人具备创造力;不仅要让广大工人能够持续具备符合时代发展要求的劳动技能,还需要具备跟得上时代发展的思想水平;不仅要让工人成为尽职尽责的好职工,还要让工人成为推动行业进步的有用人才。

2014年6月22日,国务院出台了《关于加快发展现代职业教育的决定》,指出了现阶段我国职业教育发展中存在的问题、发展职业教育的重要意义,并对建立现代化的职业教育体系作出了总体要求和战略安排。除此之外,《关于加快发展现代职业教育的决定》还提出了发展现代化职业教育的具体措施,例如引导普通本科高等学校转型发展、完善职业教育人才多样化成长渠道、积极发展多种形式的继续教育、健全企业参与制度等。随后,国家召开了改革开放以来的第三次全国职业教育大会,大会的召开有利于推动落实《关于加快发展现代职业教育的决定》,让广大人民群众进一步重视职业教育对社会发展的作用,不断激发职业院校工作的主动性和积极性。

2017年2月,中央全面深化改革委员会审议并通过《新时期产业工人队伍建设改革方案》,该方案再次强调通过教育加强产业工人队伍建设的重要性。广大职业工人通过参加劳动教育,必定会收获职业技能、树立正确的劳动观、怀有崇高的职业道德、坚定伟大的职业理想,也必将以昂扬向上的姿态继续拼搏,在新时代创造辉煌。习近平总书记在浙江工作时就意识到对农民工进行职业教育和培训的重要性,实施"千万工程",即千万农民素质提升工程,将劳务培训与就业订单相结合,解决了农民外出务工被动找活的问题,反映出党对农民工教育工作的重视与关怀,这是中国共产党新时期劳动教育思想的重要内容与特色。

（三）强化党员干部劳动教育，筑牢拒腐防变底线

坚持党的领导是中国特色社会主义的最本质特征。党是实现中国梦的坚强领导核心，坚定不移地坚持全面从严治党，夺取反腐败斗争的压倒性胜利，是我们坚定不移的决心。用新时代中国特色社会主义思想武装全党，以劳动为载体锤炼作风、锻炼干部，是不断提高党的执政能力和领导水平的现实途径。党员干部的教育培训是培养人才的有力抓手，是建设高素质干部队伍的战略性工程，为党的事业发展提供了强大的人才保障。

习近平总书记向年轻干部提出了"要经受严格的思想淬炼、政治历练、实践锻炼"的明确要求，这一要求为培养年轻干部指明了方向。党充分利用干部教育培训这一法宝，合理区分对象与层次，抓好抓实不同年龄段党员干部的教育培养，精准施教，并在教育过程中根据干部实际情况动态调整培训内容，尽可能补足干部素质能力短板。聚焦年轻干部劳动教育不足问题，新时代干部教育培训为年轻干部补上"劳动教育"这一课，在一定程度上提升体力劳动的比例，通过实践层面的教育，增强年轻党员干部的劳动意识，提高劳动能力。习近平总书记强调："劳动，是共产党人保持政治本色的重要途径，是共产党人保持政治肌体健康的重要手段，也是共产党人发扬优良作风、自觉抵御'四风'的重要保障。"这一重要论述将劳动价值与全面从严治党有机结合起来，进一步阐明了劳动对于一个政党的重要意义。艰苦奋斗始终是中国共产党的优良传统，这来源于在物资匮乏、环境恶劣的情势下，无数共产党人凭借昂扬进取、辛勤劳动的奋斗面貌，在一次次磨砺中取得了一个又一个的伟大胜利。

为加强党的建设、确保健康发展，习近平总书记告诫广大党员干部，"要带头弘扬劳动精神，增强同劳动人民的感情，带头在各自岗位上勤奋工作、踏实劳动"。国家的未来在我们青年一代中，党员干部更应有"领头羊"意识，明确不劳而获、不思进取的懒散行为是不可取的，而剽窃他人劳动成果等违法行为更是绝不能容忍的。党员干部必须树立劳动最光荣的思想，做"辛勤劳动、诚实劳动、创造性劳动"的表率和模范。党员干部必须时刻铭记自身责任，学会在默默奉献中感受劳动带来的喜悦，在淡泊名利中感悟劳动的价值，在脚踏实地中感受辛勤劳动的意义。

实践与思考

1. 简单梳理新中国劳动教育发展的脉络，并总结各个阶段的典型做法。
2. 结合新时代劳动教育的建设内容，谈谈你对新时代劳动和劳动教育的理解。
3. 作为未来劳动者，你觉得高等教育阶段劳动教育最重要的模块是什么？

第四章 劳模精神与工匠精神

> **学习目标**
> - 熟悉劳模精神和大国工匠的含义和时代价值。
> - 理解劳模精神和大国工匠对新时代劳动教育的实践意义。
> - 理解新时代城市建设与劳动教育之间的关系。

第一节 劳模精神

一、劳模精神的科学内涵

劳模精神是指劳动模范所体现出的精神风貌和价值观,是民族精神和时代精神的生动体现,是社会主义核心价值观的重要组成部分。一个充满活力和进取心的民族,需要有一种积极向上、奋发向前的精神追求,而不断涌现出的劳动模范所展现出的劳模精神,正是激励全国各族人民勇敢应对各种挑战和机遇,努力建设中国特色社会主义的强大精神支柱。这种劳模精神,不仅是推动时代进步的强大动力,也是伟大民族精神的重要体现。它代表了一种爱岗敬业、争创一流、艰苦奋斗、勇于创新、淡泊名利、甘于奉献的精神品质,是广大劳动者在平凡的岗位上创造不平凡业绩的精神力量。

(一)爱岗敬业是当代劳模精神的基础

爱岗敬业是当代劳模精神的基础,是中国劳动者在工作中秉持的一种态度和价值观。爱岗敬业不仅是一种对工作的热爱和投入,更是一种责任感和奉献精神。马克思认为"人类的特性恰恰就是自由自觉的活动",即人的本质是劳动。正是因为人类劳动的存在才促进了人类社会的发展,劳动解放和发展了生产力,劳动促使职业分工,才会进一步衍生出爱岗敬业,才会产生劳模精神。在当代中国,劳模们以自己的实际行动诠释着爱岗敬业的精神,为社会进步和经济发展作出了巨大贡献。

爱岗敬业的第一要义就是热爱工作。劳模们对自己的工作充满热情,他们视工作为一种乐趣,视工作为实现个人价值和社会价值的途径。他们不仅在工作中投入时间和精力,更在工作中追求创新和进步,不断提高自己的专业素养和技能水平。

中华民族自三皇五帝时期就有爱岗敬业、忠于职守的悠远古训。在物质匮乏、生产力低下的原始社会时期,就有女娲补天、大禹治水、后羿射日、愚公移山等神话故事。这些神话故事彰显了古代人民辛勤劳动、团结协作、自强不息的人格操守,体现了人们为了生存发展所表现出来的勇气和毅力。

春秋战国时期,儒家就非常重视爱岗敬业精神。《礼记·学记》中记载"一年视离经辨志,三年视敬业乐群"。以告诫人们对自己的事业要尽职,与他人相处要和睦。孔子认为爱岗敬业是"敬事而信",要做到"居处恭,执事敬,与人忠"。

宋代的朱熹把孔子的"敬事而信"理解为对待工作心无旁骛的专心致志的精神。他曾经说,或问敬子曰:主一之谓敬。何谓一?子曰:无适之谓一。清代朱右曾将爱岗敬业理解为"敬事,不懈于位"。近代著名思想家、教育家梁启超先生也曾经在《敬业与乐业》中讲"百行业为先,万恶懒为首"。他还说:"一个人对于自己职业不敬,从学理方面说,便是亵渎职业之圣神;从事实方面说,一定把事情做糟了,结果自己害自己。所谓敬业主义,于人生最为必要,又于人生最为有利。"

人 物 卡 片

> **劳模人物——汪昱叡**
>
> 汪昱叡,现任肥东深燃天然气有限公司培训管理兼客服员。他自2003年参加工作以来,始终坚守在天然气领域,特别是在客服一线岗位上付出了巨大的努力和热情。
>
> 汪昱叡的职业生涯充满了奉献和成就。他始终将用户放在首位,以"用户至上,服务第一"为宗旨,不断提升自己的专业技能和服务水平。他承担着肥东县15000户燃气用户的安检工作,无论春夏秋冬,还是刮风下雨,都坚持走进千家万户,为用户提供"金"牌维修和"良"心服务。汪昱叡在工作中不断创新和进取。他总结出"点火安全密码——三四五六"法则,并研究了"熄火保护装置测试法",这一创新方法可以快速筛查不合格灶具,已在全公司推广并落地应用。此外,他还积极参与创新活动,如放散管工艺改造、U形压力计改进等,有效提高了作业安全系数和安全生产水平。

习近平总书记曾多次强调,要不忘历史,吸收精神养料;要与时俱进,丰富精神世界;要充满勇气,开拓精神力量。爱岗敬业作为中华优秀传统道德,是当代社会主义职业道德规范的源头活水,是当代中国劳模精神的本源。劳模们以自己的实际行动诠释了爱岗敬业的精神,他们成为了社会的楷模和榜样,激励着更多的人积极向上地工作。他们的奉献精神和责任感,对社会产生了正能量,引领了社会风尚。

(二)争创一流是当代劳模精神的灵魂

爱岗敬业是当代劳模精神的基础,而争创一流则是其灵魂。争创一流意味着不仅要在岗位上勤勉工作,更要追求卓越,不断超越自我,力争成为行业的领军者。

争创一流的精神源于对自己工作的热爱和责任感。劳动模范们深知,只有不断提升自身的能力和素质,才能在激烈的市场竞争中立于不败之地。他们不满足于现状,积极主动地学习新知识、掌握新技术,不断提高自己的专业水平和工作能力。他们追求卓越,不断挑战自我,不断突破自己的极限,力求在工作中取得更好的成绩。

 人 物 卡 片

劳模人物——张杨

张杨,现任合肥供水集团供水抢修(服务)中心检漏科科长兼"雷锋精神"听漏队队长。他是一位在供水管道检漏领域取得杰出成就的安徽省劳模人物。

在工作中,张杨始终保持着对技术的热爱和追求。他虚心向每一位队员学习,白天跟随他们学习技术和经验,晚上坚持手绘记录白天听过的典型漏点,作为学习资料时时温习。这种勤奋和刻苦的精神使他在短时间内迅速成长为一名合格的听漏工,并逐渐成为该领域的佼佼者。

张杨在供水管道检漏领域拥有深厚的技术功底和丰富的实践经验。自入职合肥供水集团以来,他始终扎根在供水管网检漏一线,以高度的责任感和使命感,致力于保障城市供水安全。他熟练掌握了传统听漏技术,并在此基础上不断钻研创新,熟练掌握了现代化仪器设备的使用,创新了多种检漏方法,大大提高了漏点定位准确率。他带领团队检出了大量的漏点,为节约水资源和降低经济损失作出了显著贡献。

争创一流的劳动模范们具备坚韧不拔的毅力和顽强的奋斗精神。他们面对困难和挑战不退缩,勇往直前,坚持不懈地努力工作。他们知道,只有经过艰苦的努力和不懈的奋斗,才能取得突破和成功。他们不怕吃苦,不怕失败,不怕困难,始终保持积极向上的态度,永不言弃,为实现自己的目标而不懈努力。

同时劳动模范们注重团队合作和共同进步。他们懂得团队的力量,懂得集体的智慧。他们善于与同事合作,互相支持,共同攻克难题,共同实现目标。他们乐于分享自己的经验和知识,帮助他人成长,推动整个团队的发展。他们相信,只有团结一致,共同努力,才能取得更大的成就。

劳动模范们具备积极向上的人生态度和乐观的心态。他们对工作充满热情,对生活充满信心。他们相信,只要付出努力,就一定能够取得成功。他们不抱怨困难,不埋怨命运,而是积极主动地面对挑战,积极寻找解决问题的方法。他们对待工作和生活都充满激情,积极乐观地面对一切困难和挑战。

劳动模范们始终坚守职业操守,严格要求自己,不做违法乱纪的事情。他们注重诚信,尊重他人,秉持公正和公平的原则。他们关心社会,关心他人,积极参与公益事业,回馈社会。他们以自己的语言和行动,树立了良好的社会形象,成为社会的楷模和榜样。

(三) 艰苦奋斗是当代劳模精神的本色

艰苦奋斗是当代劳模精神的本色,它体现了中国劳动者在工作中的坚韧和毅力。劳动模范们以艰苦奋斗为信条,不畏困难、不怕吃苦,为实现个人的目标和社会的发展作出了重要贡献。

艰苦奋斗是劳动模范们的信念和追求。他们以坚持不懈的努力为基石,不断突破自我,超越自己的能力和极限。无论面对怎样的困难和挑战,他们都能够坚定前行、永不放弃。他们知道,只有付出艰苦的努力,才能够取得成功。

艰苦奋斗是劳动模范们克服困难和追求卓越的精神动力。他们面对各种困难和挑战时,不退缩、不畏惧,而是积极主动地寻找解决问题的方法和途径。他们善于思考、善于总结经验、善于团结他人,共同攻克难题、克服困难。他们不满足于平庸,追求在自己的领域中取得更大的成就。他们不断学习和进步,不断提升自己的知识和技能,以达到卓越的水平。他们以自己的实际行动激励身边的人,推动整个团队的发展。

艰苦奋斗是劳动模范们彰显劳动精神的表现。他们以自己的实际行动,诠释了劳动的尊严和价值;坚持劳动,尊重劳动,为劳动者树立了榜样;用自己的劳动成果,为社会创造了价值,为国家的繁荣作出了贡献。

 人物卡片

劳模人物——王开库

王开库,是安徽送变电工程有限公司变电施工分公司的一名主任工程师,被誉为高压变电站上的"鲁班"。

王开库在电网建设领域有着丰富的经验和深厚的技术功底,他牵头成立了多个创新工作室,包括"青年创新创效工作室""王开库技能大师工作室"和"王开库劳模创新工作室"等。这些工作室不仅在实践中发现问题、解决问题,还创立了多项行业工法,并获得了多项国家发明和实用新型专利,为行业带来诸多便利。

王开库的职业生涯亮点之一是他在 ±1100 kV 古泉换流站工程中的表现。作为该工程的首检总指挥,他带领团队攻克了世界电网建设领域的难题,使该工程成功启动带电。这一成就不仅为长三角一体化发展注入了强大动力,也展现了王开库在特高压直流工程建设管理方面的卓越能力。王开库始终坚守在电网建设一线,经历了各种残酷的野外环境,以精益求精的态度挑战更高难度的工程技术。

时代在不断发展,在曾经劳动模范们工作过的岗位上,人工智能技术早已代替了人类劳动,但是伴随着国外对于我国的技术封锁,高端仪器的研发等新难题也随之而来。新形势下面对新条件、破解新困境、解决新难题,更加需要劳动者具有艰苦奋斗的精神,继续朝着实现中华民族伟大复兴中国梦的伟大目标奋勇前进。

(四)勇于创新是当代劳模精神的核心

勇于创新是当代劳模精神的核心,它不仅是中国劳动者对工作的积极探索和创造,更是一种敢于挑战传统、追求卓越的精神。勇于创新同时还是马克思主义的实践向度和理论品格,是在劳动过程中锐意进取、直面风险、求新求变的气魄。创新从哲学上说是一种人的创造性实践行为,这种实践的目的是增加利益总量,需要有对事物的发现和利用以及对事物的再创造,特别是对物质世界矛盾的利用和再创造。人类通过对物质世界的利用和再创造,制造新的矛盾关系,形成新的物质形态。在创新过程中,劳动者需要主动打破现状,摧毁旧事物、舍弃旧方法、否定旧理论,承担创新过程中的经济风险甚至是生命安全风险,这需要创新者具备足够的勇气。在当代中国,劳动模范们以自己的实际行动展示了勇于创新的精神,为经济发展和社会进步作出了重要贡献。

勇于创新的第一要义是开拓创新。劳动模范们不满足于现状,他们积极主动地寻找问题和挑战,并勇于尝试新的思路和方法。他们敢于打破常规、敢于冒险、勇于创新,为工作带来新的突破和进步。

勇于创新的精神也推动了经济的发展和社会的进步。劳动模范们以开拓创新的态度和推动变革的行动,为企业和行业带来新的机遇和发展空间。他们的创新成果和先进技术,推动了产业的转型和升级,促进了经济的持续增长。在这个过程中,他们成为了社会的楷模和榜样,激励着更多的人积极向上地工作。他们的创新成果和创新思维,为社会带来了新的发展机遇和改变,推动了社会的进步和发展。

人物卡片

劳模人物——李宏炼

李宏炼于1991年从技校车工专业毕业,进入安徽东风机电公司,成为一名普通车床的车工。从那一刻起,他就立志要成为一名优秀的工人,他凭借着对车工技术的热爱和执着,不断努力丰富自己的专业理论知识,刻苦钻研,勤学好问。为了磨炼技术,他几乎天天都待在车间里,站在车床前不断磨炼技艺。在日复一日的潜精研思中,李宏炼快速提升机械加工、磨刀、刀具改进等操作技能,成为了独当一面的技术骨干。

随着企业制造水平的提高,李宏炼意识到只有不断学习新的专业理论知识,才能跟上时代的步伐。因此,他不断学习,提高自己的技术水平,攻克了一项项复杂的机械加工难题。遇到难题时,他从不退缩,而是带领大家加班加点,有时甚至通宵达旦地验证加工工艺。这种攻坚克难的精神使他在工友们心中成为了攻克技术难关的"定海神针"。

李宏炼的成就得到了广泛的认可。他先后攻克了40余个型号、数百种零件加工难题,总结出超薄零件在数控车上的加工技巧,为企业的发展作出了巨大贡献。因此,他获得了国务院特殊津贴,并被认定为国家级技能大师工作室的带头人,还荣获了安徽省劳动模范荣誉称号。

此外,李宏炼还积极参与技术创新和工作室的建设。他成立的"李宏炼劳模创新工作室"已累计完成技术革新及提出合理化建议200余项,获得国家专利12项,获得中国兵器部质量QC小组成果奖9项,获得安徽省重大合理化建议项目成果奖15项。这些成就不仅展示了李宏炼的技术实力,也体现了他的创新精神和团队合作精神。

(五)淡泊名利是当代劳模精神的境界

淡泊名利是中国传统名利观的集中体现,是中华民族传统美德,是指劳动者不将物质回报和声望传播作为劳动的主要目的,将个人价值的实现寄托于劳动的过程和对社会的贡献。淡泊名利是劳动者高尚的人生境界,是其不为世俗名利所左右,专心致志做事,豁然达观地对待人生的态度。

劳动模范们以追求事业价值为导向,不将个人的名利地位放在第一位。他们注重工作本身的意义和价值,将工作视为实现自我价值和社会进步的途径。他们以自己的实际行动,

为社会作出贡献,实现自己的人生价值。同时劳动模范们在工作的过程中不被外在的名利诱惑所动摇。他们以务实的态度,专注于工作的细节和实质,追求工作的质量和效益。他们不为虚名和权位所迷惑,而是将精力和时间投入到工作中,努力提升自己的专业能力和技术水平。

劳动模范们尊重他人的成就,不嫉妒他人的荣誉和地位。他们以平等和谦逊的态度对待他人的成就,欣赏并学习他人的优点和经验。他们不与他人攀比,而是以自己的努力和付出为荣,相信每个人都有自己的光芒和价值。

劳动模范们以追求事业价值、专注工作本质、心态平和、乐于奉献和尊重他人成就为特征,展现了高尚的情操和追求。他们以淡泊名利的心态,为社会发展和他人福祉作出了积极贡献。

人 物 卡 片

劳模人物——刘正勇

刘正勇,现任合肥欣奕华智能机器股份有限公司泛半导体装备研制技术带头人,为正高级工程师。他从业数十年,始终坚守在泛半导体装备的一线研发及产业化工作前沿,以"产业报国"为初心,为新型显示等民族相关产业作出了突出的技术贡献。刘正勇的职业生涯充满了坚持和创新。他实现了从跟随式研发到领先式创新,不断突破技术封锁和垄断,参与并牵头了多项专利发明。他的团队共获得了33项授权专利,其中发明23项。这些创新不仅创造了显著的经济效益,还在突破国外技术封锁、打破国外企业市场垄断、解决卡脖子难题等方面发挥了重要作用。刘正勇在2013年选择放弃国外优厚的待遇和发展前景,毅然回国效力,加入合肥欣奕华智能机器股份有限公司,负责工业机器人技术与产品发展规划工作。他凭借丰富的经验和精准的定位,为公司制定了系列技术、产品及产业化发展规划,为企业的快速发展奠定了坚实基础。

(六)甘于奉献是当代劳模精神的底色

在当代中国,劳动模范们以甘于奉献为劳模精神的底色,展现出了无私奉献的精神和价值观。甘于奉献是马克思大力提倡的共产主义道德原则和规范,是指劳动者乐于为国家、为人民付出,不求回报、不计较得失的价值观念。甘于奉献的观念以淡泊名利的境界为基础,以自愿和主动为前提,以家国情怀、社会责任感和担当意识为引领,以追求社会效益、为国为民谋利为目标。

甘于奉献是中华民族的传统美德之一,是中华民族精神的一个重要方面。甘于奉献是中华五千年传统文化的积累与沉淀,是中华民族品格的重要表现,是涵养社会主义核心价值观的重要源泉,是激励中国人民的精神力量。纵观中国古代历史,有无数吃苦奉献的传说佳话、敬业奉献的励志古训和爱国奉献的经典故事,还有大量的文学作品中也体现着乐于奉献、胸怀天下的情怀和风骨。如盘古开天辟地、女娲炼石补天、共工撞断天柱、大禹治水等上古神话传说中无一不体现出造福人类的伟大精神,这些主人公无一不是人类的牺牲者、利人者和奉献者。

当代劳动模范们乐于付出,愿意为工作和社会付出更多的努力和时间。他们不怕辛苦,不计较个人得失,以工作为乐,将个人兴趣和激情融入工作中。他们愿意主动承担责任,勇于面对挑战,为实现工作目标而不遗余力。

当代劳动模范们具备无私奉献的精神,将他人和集体的利益放在首位。他们关心他人,乐于帮助他人解决问题,积极分享自己的经验和知识。他们愿意牺牲个人的利益,为团队和组织的发展作出贡献,始终保持一颗为他人着想的心。

当代劳动模范们追求社会价值,将个人的努力与社会进步相结合。他们深知自己的工作不仅仅是为了个人的利益,更是为了社会的繁荣和进步。他们积极参与公益事业,关注社会问题,用自己的实际行动回馈社会,为社会的发展作出积极贡献。

甘于奉献体现了劳动模范们对工作和社会的热爱和责任感,劳动模范们以乐于付出、无私奉献的态度,为社会、为他人、为企业作出积极贡献,追求个人价值与社会进步的统一。他们甘于奉献的精神促进了社会和谐,增强了团队凝聚力,塑造了良好社会形象。

劳模人物——刘国满

刘国满,现任枞阳县交明家庭农场场长,同时还是枞阳县国满蔬菜种植专业合作社科普示范基地的负责人。

刘国满是一位地地道道的农民家庭出身的孩子,兄弟姐妹共有9人,他排行老小。尽管出身平凡,但他凭借着自己的吃苦耐劳和头脑灵活,在农业领域闯出了一番事业。2015年,他怀揣着回报家乡的梦想,带着一百多万元资金回到了家乡南旺村,承包了田地,并创立了合作社和家庭农场,致力于发展综合种养业和创建科普示范基地。

刘国满不仅在自己的事业上取得了巨大成功,还带动了周边农民的共同发展。他计划进一步扩大生产规模,逐步形成大棚蔬菜种植、家禽饲养和水产养殖结合的立体生产经营模式,辐射带动周边农民共同发展现代化农业。刘国满的先进事迹得到了广泛认可,他先后被评为省、市级劳模。

二、劳模精神的突出要义

劳模精神是以爱国主义为核心的民族精神和以改革创新为核心的时代精神的生动体现,是鼓舞全党全国各族人民风雨无阻、勇敢前进的强大精神动力,是中国工人阶级优秀品质的集中体现,它影响、鼓舞和激励着一代又一代中国人为加快社会主义现代化建设而不懈奋斗,为实现中华民族伟大复兴的中国梦而不断努力。

(一)劳模精神彰显时代风采

在我国社会主义建设的不同历史时期,劳动模范作为工人阶级的代表,通过自己的模范行动,发挥了中流砥柱的作用,并创造了卓越的历史功勋。无论时代如何变迁,劳动模范所体现的内在精神品质是不变的,而且随着时代的发展不断升华、持续积淀。

在当代社会,劳动模范们展现出了新时代工人阶级独特的创新风采,劳动精神蕴含在劳动模范们注重创新和技能提升上。首先,随着科技的快速发展和产业结构的变革,劳动模范们积极适应新技术、新工艺,不断提升自身的技能水平。他们勇于探索新领域,善于运用先进技术和工作方法,为企业发展和社会进步作出了突出贡献。其次,劳动精神彰显在劳动模范们注重环境保护和可持续发展上。在全球环境问题日益凸显的今天,劳动模范们关注生态环境,提倡绿色生产和可持续发展,他们积极参与节能减排、资源循环利用等环保行动,为建设美丽中国贡献力量。

此外,劳模精神还体现在劳动模范们对社会责任的担当上。他们关注弱势群体的权益,积极参与公益事业、回馈社会。劳动模范们通过自己的努力和奉献,成为社会的表率,激励更多人关注社会问题,积极参与社会建设。劳动模范们以创新、环保和社会责任为核心,展现出当代工人阶级的精神气质。劳模精神在新时代的工人阶级中得到了新的诠释和发展,将继续激励和引领广大工人阶级为实现社会主义现代化建设和中华民族伟大复兴而奋斗。

(二)劳模精神与社会主义核心价值观相融相通

劳模精神与社会主义核心价值观相融相通,彼此之间存在着紧密联系和互相促进的关系。劳模精神强调劳动者的责任感和奉献精神,这与社会主义核心价值观中的集体主义和奉献精神相一致。社会主义核心价值观倡导个人利益服从集体利益,强调个人应当为社会作出贡献。劳动模范们以自己的实际行动展示了对工作和集体的忠诚和奉献,体现了社会主义核心价值观中的公共利益至上和奉献精神。

劳模精神强调劳动者的团队合作和协作精神,这与社会主义核心价值观中的团结、友爱和互助相一致。社会主义核心价值观强调人与人之间的团结和合作,劳动模范们在团队中发挥着积极的作用,善于与他人合作,共同解决问题,实现协同效应,他们的团队合作精神体现了社会主义核心价值观中的友爱和互助内涵。

劳模精神与社会主义核心价值观相融相通,体现了社会主义核心价值观中的集体主义、奉献精神、创新、发展、进步、团结、友爱和互助等重要价值观念,共同构建了中国特色社会主义价值体系。劳动模范们以自己的实际行动践行着社会主义核心价值观,为社会主义现代化建设和中华民族伟大复兴贡献着自己的力量。

(三)劳模精神引领当代工人阶级时代新风

在新时代的背景下,劳动模范们展现出了新的特点和作用,为全体劳动者树立了新的榜样,使劳模精神具有了更加鲜明的时代特色。

随着社会经济的不断发展,我国劳动模范群体的特征也在逐渐变化。过去,劳动模范主要是体力劳动者和一线生产者,但现在他们的构成已经向体力劳动者与脑力劳动者并存、生产者与创业者并存的方向发展。同时,劳动模范们的素质也在不断提高,他们不仅在工作中表现出色,还能够培养和带领高级技能人才,使中高级技能人才队伍的总量、结构和素质逐步适应经济发展的需要,为社会创造出巨大的财富。

劳动模范们推动了社会先进生产力的发展,为工人阶级树立了新的榜样,他们的努力和奉献将继续激励和引领广大工人阶级为实现新时代中国的快速、稳健和高质量发展而奋斗。

三、劳模精神的时代价值

（一）国家层面的导向与凝聚功能

导向就是引导方向，新时代国家发展必须要坚持正确的方向。在大力推进改革开放和社会主义现代化建设、夺取新时代中国特色社会主义伟大胜利、实现中华民族伟大复兴的中国梦、实现人民对美好生活的向往的关键时期更要始终把准方向。

劳动模范是来自人民群众的杰出代表，他们通过自身的努力和付出，赢得了社会的尊重和认可。弘扬劳模精神，就是对劳动者的赞美，是对人民力量的肯定，是对人民群众利益的维护，不仅能够激发广大劳动者的工作热情和创造力，也有助于在全社会形成劳动光荣的社会氛围。这种社会氛围可以促进人们对劳动的尊重和认可，让人们认识到劳动是一种荣誉、一种责任、一种幸福。同时也可以进一步凝聚全社会的共识和增进团结，使人们更加关注和支持经济发展和社会进步，从而推动国家的发展和繁荣。

因此，弘扬劳模精神，不仅是对那些在各自岗位上作出突出贡献的个人的肯定和激励，更是在国家层面上具有重要的导向和凝聚作用。劳动模范们以他们的优秀品质、职业精神和卓越成就，引领着尊重劳动的风尚，传递着积极向上的价值观，激发着广大劳动者的劳动热情和创造活力。

（二）社会层面的教育与感召功能

劳模精神在当代中国扮演着推动社会进步的重要角色，它是社会主义核心价值观的具体体现。劳模精神是推动中国不断发展进步的重要力量，不仅有很强的社会层面的教育与感召功能，而且鼓舞和教育着新时代的劳动人民，激励他们为国家的改革开放、现代化建设事业以及中华民族的伟大复兴而努力奋斗。

劳模精神是一种职业道德的体现，强调的是对工作的敬业和热爱，对职业的尊重和珍视，它不仅可以引导人们树立正确的职业观念，认识到工作不仅仅是为了谋生，更是为了实现自我价值和社会价值，还可以激励人们在自己的工作岗位上尽职尽责、追求卓越，为国家的发展作出贡献。

同时，劳模精神也是一种职业精神和人生态度的体现，它鼓励人们在自己的工作岗位上不断学习，引导人们树立正确的自我意识，以积极的态度面对生活和工作，努力提高自己的技能和素质，不断学习和创新，为自己的职业发展和行业进步作出贡献。这种精神对于培养人们的职业精神和积极向上的人生态度具有重要的教育作用。

因此，弘扬劳模精神，不仅是对那些拥有卓越素养和劳动技能的个人的肯定和激励，更是在社会层面上引领着尊重劳动的风尚，传递着积极向上的人生价值观，对于广大人民群众来说具有非常重要的教育和感召作用。

（三）个人层面的激励与引领功能

劳模精神激励人们在自己的工作岗位上尽职尽责、追求卓越，实现自我价值，同时也引领着人们朝着更美好的未来努力奋斗，是个人发展的重要精神动力。

劳模精神是一种崇高的职业精神。通过对劳模精神蕴含的高尚品德和崇高价值观的赞美和宣传，有助于帮助个人树立正确的世界观、人生观和价值观，鼓励人们关注国家和社会的发展大局，将个人的理想融入国家和民族的事业中，为实现国家富强、民族振兴贡献自己的力量。这种精神具有很强的激励和引领作用，有助于培养人们的爱国主义情操和社会主义核心价值观。

劳模精神教育人们要以积极的态度面对生活和工作，不畏艰难，勇往直前。在现代社会中，人们面临各种压力和挑战，劳模精神鼓励人们要保持乐观的心态，用积极的态度去应对生活中的困难和挫折。这种积极的心态有助于增强个人的心理素质，提高应对压力的能力，使个人在生活和工作中更加从容和自信。同时，劳模精神强调了不畏艰难、勇往直前的精神。在人生的道路上，每个人都会遇到各种各样的困难和挑战。劳模精神教育人们要勇敢地面对困难，不怕失败，勇往直前。这种精神有助于激发个人的潜能，增强个人的意志力，使个人在面临困难时能够坚持不懈，最终实现自己的人生目标。

四、加强培育和弘扬劳模精神

自20世纪30年代劳动模范诞生以来，劳动模范队伍经历了长期的发展和壮大。劳动模范们以其杰出的工作表现和卓越的职业素养成为社会的楷模和榜样。他们不仅在各行各业中展现出卓越的工作能力和专业技能，还以其积极向上的精神风貌和良好的职业道德赢得了广泛的赞誉。习近平总书记曾说过："人世间的美好梦想，只有通过劳动才能实现；发展中的难题，只有通过劳动才能破解；生命里的一切辉煌，只有通过劳动才能铸就。"

回顾改革之路，我们不难发现，国家的建设和发展离不开劳动者的锐意进取。正是劳动者以平凡的业绩为基石，构筑起了一个民族的理想高度。在全面建设社会主义现代化国家的实践中，劳动者发挥着至关重要的作用。

当前，我国正处在社会主义建设的关键时期，劳模精神的弘扬和传承显得尤为重要。我们必须大力弘扬劳模精神，将劳动模范的先进事迹作为感召全社会的力量，以劳动模范的优秀品质引领社会风尚。这样可以使更多的人向劳动模范靠拢，学习他们的精神，成为建设社会主义的主力军。

（一）坚持科学理论引领

党的十八大以来，习近平总书记多次就劳动模范和劳模精神发表重要讲话，系统阐明新时代劳模精神的历史源流、嬗变轨迹和生成逻辑，深刻揭示新时代劳模精神的理论渊源、历史根据、本质特征、时代内涵和实践价值，对进一步弘扬劳模精神提出了新定位、新任务和新要求。

在新发展阶段，我们要坚持科学理论引领。科学理论是指导实践的灯塔，也是推动社会进步的重要基石。在弘扬新时代劳模精神的过程中，我们要以马克思主义理论为指导，结合中国特色社会主义道路，以习近平新时代中国特色社会主义思想为指导，深入贯彻党的二十大和二十届二中全会精神，将劳模精神与社会主义核心价值观相结合，深入理解和把握劳模精神的内涵和实质，形成科学的理论体系和实践路径。只有在科学理论的指导下，我们才能正确把握劳模精神的核心要义，推动劳模精神在实践中深入发展。

（二）强化社会舆论导向

新时代社会背景下弘扬劳模精神要营造社会氛围,在全社会营造崇尚劳动、尊重劳模、热爱劳模、学习劳模的良好氛围。

一方面要通过加大宣传力度、创新宣传手段、拓展宣传渠道、丰富宣传载体,通过举办劳动模范事迹报告会、劳动模范论坛等形式,让劳动模范们分享自己的奋斗历程和成功经验,激励更多的人投身到劳动中,努力实现自己的梦想,培养全社会正确的劳动价值观,让劳动最光荣、劳动最崇高、劳动最伟大、劳动最美丽蔚然成风。

另一方面要讲好新时代劳动模范故事,加快推进劳模精神进企业、进校园、进社区等方面的工作,让劳动模范们走进工作现场、学校课堂和社区服务,与广大劳动者面对面交流,传递劳动的价值和意义,引导大家树立正确的劳动观念和价值观。

通过讲好劳动模范故事,加快推进劳模精神进各个领域,我们可以将劳模精神融入广大劳动者的工作和生活中,激发起亿万人民用劳动托举梦想的豪情,共同汇聚起实现中华民族伟大复兴中国梦的磅礴力量。

（三）切实关心劳动模范

劳动模范是时代的楷模,是改革的先锋。他们为国家和社会发展作出了很大贡献,理应得到全社会的尊重和关爱,这也是弘扬劳模精神、发挥劳模作用的基本保证。

弘扬劳模精神,发挥劳模作用。各级党委、政府和工会组织站在推进党和国家事业的高度,通过物质层面和精神层面的体制机制、方式方法,重视劳动模范、关心劳动模范、爱护劳动模范、服务劳动模范,在全社会形成关心劳动模范的浓郁氛围,切实把爱护劳动模范和尊重培养劳动模范落到实处,真正从政治上、工作上、生活上关心爱护劳动模范,解决劳动模范的后顾之忧,为劳模的成长创造更有利的工作环境,努力为他们的成长进步创造条件,充分调动劳动模范的积极性、创造性,努力推动在全社会形成尊重劳动、尊重知识、尊重人才、尊重创造的良好风尚,切实体现党和国家对劳动模范的高度重视、关心支持和真诚爱护。

首先,弘扬新时代劳模精神不仅仅是口号和宣传,更重要的是将其融入实际行动中。国家加强对劳动模范的物质保障和福利待遇,通过制定相关政策和措施,提高劳动模范的工资待遇、社会保险和福利待遇,建立完善的奖励与激励机制,鼓励劳动模范在工作中优秀表现,确保他们获得应有的物质回报。此外,还设立劳动模范奖励基金,为劳动模范提供奖励和资助,鼓励他们在工作中不断创新、追求卓越。

其次,通过制定相关政策和措施,为劳动模范们提供更好的发展机会和环境,激励他们不断进取、创新突破。国家建立健全劳动模范评选机制,确保评选工作公正、公开、透明,激励更多的劳动者向劳动模范靠拢。

再次,国家还加强对劳动模范的培训和教育,为劳动模范提供与其职业相关的专业技能培训,帮助他们不断学习和掌握最新的技术和知识,提高自己的工作能力。同时还开展职业素养培养,培养劳动模范的职业道德和职业操守,提升他们的职业素养,提高他们的职业道德水平,增强他们的职业道德意识,使他们成为行业的表率。

最后,国家充分发挥工会组织的作用,为劳动模范提供全方位的服务和支持。工会建立劳动模范关怀工作机制,定期与劳动模范进行交流和沟通,了解他们的工作情况和需求,及时解决他们的困难和问题。同时,工会还可以为劳动模范搭建学习交流平台,为劳动模范组织各类活动,促进他们之间的经验分享和学习交流,让劳动模范们相互交流、相互学习,共同进步。

(四)构建实践养成体系

劳动模范是工人阶级的先锋,是劳动者中的楷模和表率。新时代劳动模范不断加强素质提升和榜样引领作用,不断学习和掌握新的科技和工艺,提高自己的专业水平和综合素质,牢牢把握时代的发展诉求,从而继续成为新时代劳模精神的引领者、示范者和传播者。

党员干部是党和国家建设事业的重要中坚力量,是劳动者的榜样和灯塔。党员干部要始终坚定共产主义信仰,坚守共产党人的理想信念,始终保持对共产主义事业的坚定追求。积极学习和宣传劳动模范事迹,推崇劳动精神和创造精神,积极培育和践行劳动者的价值观和职业道德。树立劳动光荣、创造伟大的理念,争做模范劳动者,为实现共产主义事业而奋斗。

劳动者在争做新时代劳动模范的过程中,应当积极学习和弘扬劳动模范精神,树立正确的人生理想和追求,坚定信念,培养高尚的品德和良好的道德修养,做到心怀感恩、诚实守信、正直廉洁;要保持脚踏实地的工作态度,勤奋努力,不怕困难和艰辛,勇于面对挑战,迎接工作中的各种困难和压力;要充分发挥自己的专业知识和技能,尽职尽责地履行工作职责,为实现个人价值和社会发展作出积极贡献;要以诚实守信的态度对待工作,做到真实、准确、可靠;同时要注重创新思维,积极主动地寻求解决问题的方法和途径,提高工作效率和质量;要专注于自己从事的工作领域,不断提升专业技能和知识水平,做到精益求精,保持对工作的热爱和激情,全身心投入到工作中,积极践行劳模精神。

第二节 工 匠 精 神

一、工匠精神的科学内涵

工匠精神是中华优秀传统文化的重要内容和宝贵财富,折射着各行各业一线劳动者的精神风貌,是鼓舞全党全国各族人民风雨无阻、勇敢前进的强大精神动力。工匠精神所蕴含的追求卓越、创新精神、传承精神、注重细节、追求完美以及团队精神等内涵,是实现中国制造向中国创造、中国速度向中国质量、中国产品向中国品牌转变的宝贵财富,为新质生产力的蓬勃发展注入了强大活力。

(一)执着、专注是工匠精神的核心特征

执着是工匠精神的核心特征之一。荀子说:"锲而舍之,朽木不折;锲而不舍,金石可镂。"业精于一,只有执着专注于自己所专攻的术业,不泄劲,有心劲,几十年如一日地努力,才能成就一番事业。工匠们对自己的工作充满热情和坚持,他们不满足于平庸,追求卓越。无论是制作一件产品还是完成一个项目,工匠们都会全力以赴,不达目标决不罢休。他们对

细节的执着追求,使得每一件作品都能够达到最高的质量标准。

专注是工匠精神的重要特征之一。工匠们在工作中全神贯注,将全部精力投入到每一个细节中。他们注重细节,精益求精,不断追求完美。无论是工艺的改进还是工具的创新,工匠们都会持续不断地研究和探索,以提高产品的质量和工作的效率。

工匠精神的执着、专注内涵体现了工匠对工作的责任感和使命感。他们深知自己的工作不仅仅是一份职业,更是对社会和人民的责任。他们以自己的努力和才华,为社会创造价值,为人民提供优质的产品和服务。工匠精神的执着、专注体现了工匠对工作的敬业精神和追求卓越的态度。工匠们通过对细节的高度关注和全身心的投入,追求工作的完美和卓越,不断提升自己的技术水平和专业素养。他们以自己的努力和奉献,为社会创造了价值,为人民群众提供了更好的产品和服务。工匠精神的执着、专注是社会主义核心价值观中创新、奉献和共享的具体体现,对于推动社会的进步和发展具有重要意义。

人 物 卡 片

2021年"大国工匠年度人物"——陈兆海

陈兆海,中共党员,1974年出生,1995年毕业于天津航务技工学校测量试验专业。他是中交一航局第三工程有限公司的工程测量工,也是该公司的测量首席技能专家。陈兆海以其卓越的测量技能和不懈的努力,在中国工程领域创下了卓越的业绩,并于2021年荣获"大国工匠年度人物"的称号。

陈兆海的专业技能非常突出,他能够靠人工测量方法将沉箱水下基床标高精度控制在厘米级,这被视为一个奇迹。他对待工作执着、专注和用心,一次又一次地书写了中国工程的技艺传奇。在工程项目中,陈兆海总是带着仪器第一个进现场做开工前施工放样,等到工程全部竣工验收合格了,最后离开。他的工作涉及我国许多重要的工程项目,如大连港30万吨级矿石码头工程、大船重工香炉礁新建船坞工程、中远大连造船项目1号船坞工程、星海湾跨海大桥工程等。

在工作中,陈兆海面临着巨大的挑战。例如,在测量沉箱水下基床时,他需要每天扔上百次的20多千克的"测深水砣",而且在冰冷狂暴的海风中,他必须追着海流一路小跑出去。受水流、水深及尺深形变等因素影响,测深读数时间必须在配重触及海底的二三秒内完成,最佳读数时间不足1秒,常人根本来不及反应。然而,陈兆海通过不懈的努力和练习,将所有工闲时间全部用来练眼力和反应速度,最终将一整套快速读数方法练成了肌肉记忆,成功地将沉箱水下基床标高精度控制在厘米级。

陈兆海的成就得到了广泛的认可,他获得了"中国土木工程詹天佑奖",并在2021年荣获了"大国工匠年度人物"的称号。这个称号不仅是对他在测量领域的卓越成就的肯定,也是对他多年来在工作中表现出的执着、专注和用心的高度赞誉。

陈兆海的故事展示了新时代中国工匠的风采和活力。他用自己的专业技能和辛勤工作,推动了中国工程领域的进步和发展。他的故事也告诉我们,只有不断追求卓越、不断挑战自我,才能在平凡的岗位上创造出非凡的业绩。

（二）精益求精是工匠精神的毕生追求

精益求精是工匠们对产品品质的毕生追求，是匠人精神的体现。"匠者，精湛极致也。"在古代，匠人们是以手艺精湛、技术卓越而著称的工匠，他们通过不断地追求卓越，将每一件作品做到极致。精益求精的匠人们追求卓越，他们对自己的工作充满热爱和责任心，不满足于平庸和一般。无论是制作一件工艺品、设计一项产品还是完成一项工程，他们都力求做到最好。他们不断学习、不断提高自己的技术，不断挑战自己的极限，以达到更高的标准和要求。匠人们对每一个细节都精益求精，他们追求完美。他们注重细节，注重每一个环节的精细处理，从而使作品更加完美。他们不仅关注外观的美观，还注重功能的完善，追求产品的全面优化。精益求精的匠人精神是一种追求卓越、追求完美、追求创新和追求持续改进的态度和精神。它不仅体现在手工艺品制作中，也体现在其他各行各业中。无论是制造业、服务业还是科技领域，只有不断追求卓越和精益求精，才能在激烈的竞争中脱颖而出，取得更大的成功。

 人 物 卡 片

2021年"大国工匠年度人物"——刘更生

刘更生，1964年出生，现任北京金隅天坛家具股份有限公司龙顺成公司副经理、工艺总监，同时也是刘更生创新工作室（市级示范性）的领军人。他是一位国家级非遗项目龙顺成京作硬木家具技艺的第五代区级代表性传承人，并荣获了北京一级工艺大师、北京市有突出贡献的高技能人才、北京市劳动模范、国企楷模、北京榜样、首届北京大工匠、全国五一劳动奖章、轻工大国工匠以及2021年"大国工匠年度人物"等多项荣誉。

刘更生的技艺之路始于1983年，当时19岁的他成为有着160年历史的京作宫廷家具老字号——龙顺成的学徒，开始学习"京作"硬木家具制作与古旧家具修复技术。他师从于多位行业大师，通过日复一日的刻苦学习和实践，逐渐掌握了精湛的木工技艺，成为了锛凿斧锯样样精通的行家里手。

刘更生的技艺特点在于他对木材的珍惜和对工艺的精细追求。他深知每一块木材都来之不易，因此在制作过程中总是力求完美，将每一块木材的作用发挥到极致。他的刨花薄如纸张，展现了他对木工技艺的精湛掌握。同时，他还注重传承和创新相结合，不断将传统技艺与现代审美相结合，创作出既具有传统韵味又不失现代感的家具作品。

除了个人的技艺成就外，刘更生还致力于传承和推广传统家具制作技艺。他创立了刘更生创新工作室并担任领军人，通过开展技艺培训、技艺交流等活动培养了一批批优秀的传承人才。他还积极参与社会公益活动，让更多的人了解和体验传统家具制作技艺。

刘更生的故事不仅仅是一个工匠的成长历程，更是一个工匠坚守初心、追求卓越、传承创新的奋斗史。他用自己的实际行动诠释了什么是对工艺的热爱和执着，也为传统家具制作技艺的传承和发展作出了卓越的贡献。

(三)责任担当是工匠精神的积极行动

工匠精神的责任担当是指工匠们在工作中对自己的责任和担当的高度认识和积极行动。工匠们深知自己的工作影响着社会和他人的生活,因此他们对自己的工作负责任,承担起了保障产品质量和安全的责任。工匠精神的执着、专注内涵丰富而深远,体现了工匠们对工作的高度责任感和追求卓越的态度。

工匠们时刻警醒,他们明白只有通过严格把控每一个环节,才能确保产品的品质。工匠们追求卓越,注重细节,从原材料的选择到生产过程的监控,他们精益求精,不断追求更高的质量标准。他们不仅关注产品的外观和功能,更注重产品的安全性和可靠性。工匠们深知自己的工作直接关系到用户的生命财产安全,因此他们不敢有丝毫懈怠。其次,工匠精神的责任担当还体现在工匠们对社会和他人的尊重和关怀。工匠们深知自己的工作不仅仅是为了自己,更是为了社会和他人的福祉。他们以社会责任感为引领,关注环境保护和可持续发展,努力推动产业的绿色化和可持续发展。工匠们还积极参与公益事业,回报社会,关心弱势群体,用自己的力量为国家和社会发展作出贡献。总之,工匠精神的责任担当体现了工匠们对工作的高度责任感和追求卓越的态度。工匠们以自己的实际行动诠释着责任与担当,他们用心做好每一个细节,保障产品质量和安全,为社会和他人的生活作出积极贡献。工匠精神的责任担当不仅是工匠们的职业要求,更是一种社会价值观的体现,值得我们每个人学习和倡导。

人物卡片

2022年"大国工匠年度人物"——郭汉中

郭汉中,1968年出生,来自德阳广汉市三星堆博物馆,担任陈列保管部副部长、副研究馆员,同时还是一位文物修复高级技术工。

郭汉中的文物修复之路始于他的青少年时期。16岁时,他就对考古发掘产生了浓厚的兴趣,并开始跟随四川省考古队的专业人员学习陶器修复。他的天赋和勤奋很快得到了认可,不久之后,他就开始参与三星堆遗址的考古发掘工作。

1986年,三星堆发现了一、二号祭祀坑,出土了大量青铜器、玉器等珍贵文物。郭汉中被调入四川省考古研究所,跟随文物修复大师杨晓邬开始了长达30余年的文物修复工作。他共计完成了6000余件文物的修复,其中包括三星堆博物馆内陈列的青铜神树、青铜大立人像、青铜大面具、戴金面罩青铜人头像等文物重器。

郭汉中最引以为傲的作品是成功修复的一号青铜神树。这棵神树高达3米多,发掘出土时大部分枝叶已成为残片。郭汉中与师父杨晓邬对一块一块残片进行分类,结合残片的大小、材质、颜色、缺陷等具体特征,探讨辨析其所在位置,推测其原本属性。经过长达6年的努力,青铜神树终于修复完成,以笔直、优美的姿态呈现在世人面前。

郭汉中的故事展示了文物修复工作的艰辛和不易,也展现了他对文物修复事业的热爱和执着。他的精湛技艺和无私奉献为三星堆乃至四川省的文物保护与修复事业作出了卓越贡献。

（四）追求卓越是工匠精神的核心内涵

工匠精神的精髓在于不断精进。工匠们明白，持续地努力与提升是他们在激烈市场竞争中立足的基石，从而为社会贡献更多价值。这种不断精进的特质体现了他们坚定的毅力。他们面对困难无所畏惧，在挑战面前勇往直前，始终维持正面的心态。他们持续努力，自我超越，向更高的目标发起冲击。他们深知，唯有坚持与努力，方能实现更高的境界。

在现代社会，工匠精神的不断精进不限于传统手工艺，而是广泛应用于各个行业和领域。无论是制造业、服务业还是创意产业，都需要工匠们不断精进，提高技能，为社会增添更多价值。只有不断精进，我们才能持续创新、持续进步，推动社会不断向前。工匠精神的不断精进是工匠们的责任与使命，也是社会进步的驱动力。只有当每一位工匠都能持续精进，担起自己的责任，我们才能共同构建一个更加美好、充满活力的社会。

人 物 卡 片

2022年"大国工匠年度人物"——田得梅

田得梅是中国水利水电第四工程局有限公司机电安装分局的一名桥式起重机司机。她于2022年被评为"大国工匠年度人物"，是这一荣誉中唯一的女性获得者，也是青海首位获此殊荣的工匠。

田得梅的故事充满了坚持与突破。自17岁从青海水电高级技工学校（现青海水电技师学院）毕业并加入中国水电四局以来，她一直在水电工程建设一线奋战。她以过硬的技术本领和精湛的操作技能，在发电机组安装过程中完成了许多重大任务。

在2020年白鹤滩水电站全球首台百万千瓦水电机组转子的吊装过程中，田得梅主动请缨，接受了这项艰巨任务。面对无法用眼睛直接看到的困难，她凭借多年的吊装操作经验，在77分钟内成功将重达2100吨的转子吊入机坑，一次性完成了全球首台百万千瓦水电机组转子的吊装，为整个项目的成功奠定了坚实基础。

田得梅的精湛技艺和卓越表现不仅体现在大型设备的吊装操作上，更体现在她对工作的热爱和执着追求上。她坚信："成为一名天车司机，有一定的偶然性，但却是人生的关键一步。"她以"平稳驾驶"为准则，通过不断摸索和实践，总结出了"眼看、耳听、脑想、心静、手动"的"人机一体"操纵技巧。每一次操作前，她都会提前半小时上桥机进行试车，对桥机状况进行全面检查，确保每一次操作都万无一失。

田得梅的故事传递了对工作的热爱、对技术的追求和对责任的担当。她以实际行动诠释了什么是真正的工匠精神，为水电工程建设和工匠精神的传承树立了典范。

二、工匠精神的突出要义

（一）工匠精神体现自我超越

随着科学技术的不断发展，工匠精神也在与时俱进。工匠精神是一种追求卓越的态度和价值观，它强调对工作的热爱、专注和创新，以及对质量的追求和自我超越的精神。

在新的时代背景下，工匠精神与科技的结合成为了一种新的趋势。随着人工智能、大数据、云计算等技术的快速发展，科技创新已经成为了推动社会进步的重要力量。工匠们通过应用科技手段，不断提升产品和服务的质量，满足人们日益增长的需求。工匠精神的发展也带动了传统行业的转型升级。比如，在制造业领域，传统的手工业正在逐渐被智能制造所取代。除了在制造业中，工匠精神也在其他领域发挥着重要作用。在建筑业中，工匠们通过运用新材料、新技术，建造出更加美观、安全、环保的建筑物。在艺术领域，工匠们通过独特的技艺和创意，创作出令人惊叹的艺术品。在服务行业，工匠们通过提供个性化、高质量的服务，赢得了客户的信任和口碑。

（二）工匠精神彰显时代工人新风

无论是在技术领域还是在服务领域，工匠们都追求极致的品质和表现。他们不满足于平庸，不断地挑战自己，追求更高的标准。他们注重细节，精益求精，力求将每一个细节做到最好。正是随着科学技术的不断发展，工匠精神作为一种宝贵的文化遗产，与时俱进地焕发着新的活力。工匠精神是一种追求卓越、追求完美的态度，是对工作的热爱和执着，更是对社会责任的担当。在当今社会，工匠精神已经不再局限于传统的手工艺领域，而是融入了各行各业，成为一种普遍的价值追求。

随着科技的进步，新时代工匠们不断学习和掌握新的知识和技能，新的工艺和工具不断涌现，工匠们需要不断更新自己的技术和知识，以适应新的生产方式和需求。他们积极参与培训和学习，不断提升自己的专业水平和技能素养，以确保自己在行业中的竞争力。在全球环境问题日益严峻的背景下，工匠们积极探索绿色生产方式和可持续发展的路径。他们注重资源的节约利用，推动循环经济的发展，致力于减少对环境的负面影响。工匠们通过自己的努力，为社会创造了更加可持续的生产和消费方式。工匠精神与时俱进，不仅是一种精神追求，更是一种社会价值。它代表了人们对工作的热爱和追求，代表了对品质的执着和追求，代表了对社会责任的担当和奉献。工匠精神的传承和发扬，将为社会的进步和发展注入新的动力和活力。

三、工匠精神的时代价值

2016年，"工匠精神"首次写入《政府工作报告》。2015年，中央电视台大型纪录片《大国工匠》将镜头对准了岗位特殊、技艺过人、身份平凡的劳动者，用震撼人心的影像向他们致敬。习近平总书记在党的十九大报告中强调，应"建设知识型、技能型、创新型劳动者大军，弘扬劳模精神和工匠精神，营造劳动光荣的社会风尚和精益求精的敬业风气"，进一步指出了在新时代弘扬工匠精神的重要性。

（一）工匠精神打造制造强国

工匠精神是一种对工作的态度和追求卓越的精神风貌，它强调对细节的关注、对质量的追求、对技艺的精进以及对工作的热爱。这种精神在现代社会中仍然具有重要的时代价值，特别是在我国打造制造强国的进程中。

首先,工匠精神有助于提升产品质量。在制造业中,产品质量是企业竞争力的重要因素。工匠精神注重细节,追求卓越,能够保证产品的精细制作和高品质。通过培养和弘扬工匠精神,我们可以提高产品的质量水平,提升产品的附加值,从而增强我国制造业的竞争力。

其次,工匠精神还有助于提升劳动者的素质和价值。工匠精神强调对工作的热爱和追求卓越,这种精神激发了劳动者的工作热情和创造力。通过培养和弘扬工匠精神,我们能够提升劳动者的技能水平和职业素养,提高劳动者的综合素质和价值,为实现中华民族伟大复兴的中国梦作出更大的贡献。

最后,弘扬工匠精神有助于提升中国品牌国际形象。品牌是企业走向世界的通行证,也是国家竞争力的重要体现、国家形象的亮丽名片。提升品牌形象,要求把工匠精神融入设计、生产、经营的每一个环节,做到精雕细琢、追求完美,实现产品从"重量"到"重质"的提升。弘扬工匠精神,让每个劳动者恪守职业道德,崇尚精益求精,进而培育众多大国工匠,不断提高产品质量,打造更多享誉世界的中国品牌,建设品牌强国。

总之,工匠精神是一种追求卓越、注重细节、热爱工作的精神风貌,它在我国打造制造强国的进程中具有重要的时代价值。通过培养和弘扬工匠精神,我们能够提升产品质量,推动技术创新,提升劳动者的素质和价值,提升中国品牌国际形象。

(二)工匠精神传承文化品质

在漫长的历史长河中,中国的工匠们以其精湛的技艺、严谨的态度和不懈的追求,创造了无数令人叹为观止的工艺品和建筑。工匠精神是一种追求卓越、注重细节和品质的态度,它在社会层面扮演着重要的角色。工匠精神不仅仅是一种工作态度,更是一种价值观念和生活方式,它体现了对工作的热爱、专注和创造力。

一方面,工匠精神有助于传承文化与技艺。许多传统的手工艺技术在现代工业化的浪潮中逐渐被淘汰,然而,这些技艺却蕴含着丰富的文化内涵和历史价值。工匠精神的传承者通过对技艺的学习和实践,将这些宝贵的文化遗产传承给后代。他们致力于保护和弘扬传统技艺,让人们能够感受到传统文化的魅力和独特之处。

另一方面,工匠精神有助于提升产品质量与用户体验。在大规模生产和快速消费的时代,工匠精神强调的是对细节的关注和对品质的追求。工匠们注重每一个环节的精益求精,从原材料的选择到制作工艺的精细,力求打造出高品质的产品。这种注重细节和品质的态度使得产品更加耐用、实用,提升了用户的使用体验。

(三)工匠精神完善个人品格、提高个人价值

工匠精神是一种追求卓越、追求完美的态度和价值观,它强调对工作的热爱、专注和细致的态度。在个人层面,工匠精神是一种工作态度,也是一种生活方式和追求。它可以帮助我们在工作中取得更好的成果,同时也能够提升我们的个人价值和生活品质。

首先,工匠精神能够帮助我们在工作中取得更好的成果。只有对工作充满热爱和投入,才能够持续地提高工作质量和效率。只有保持专注,才能够避免错误和失误。只有追求卓越,才能够不断超越自我,取得更好的成绩。

其次，工匠精神鼓励个人在学习中注重细节。工匠们深知细节的重要性，他们相信细节决定成败。在学习中，个人也应该注重细节，从基础知识的学习到实践操作的细节，都需要认真对待。只有通过对细节的把握和理解，才能够真正掌握所学知识和技能。

最后，工匠精神能够提升我们的个人价值和生活品质。工匠精神要求我们将工作做到最好，这种追求卓越的态度会得到他人的认可和赞赏，从而提升我们的社会地位和个人价值。同时，工匠精神也能够帮助我们在生活中追求完美，提升生活品质。在追求专注和细致的状态中，体会身心劳作，达到身心和谐，实现人生价值。

四、加强培育和弘扬工匠精神

工匠精神要求每个从事技术和制造工作的人都要以极高的标准要求自己，不断提高自己的技能和专业水平。工匠精神强调细节，注重精益求精，追求完美，这种精神不仅体现在产品的设计和制造过程中，也体现在工作态度和职业素养上。在当前，我国经济发展正处于转型升级的关键时期，培育和弘扬工匠精神对于提升我国产品质量、建设质量强国和制造强国具有特殊重要的意义。2017年的《政府工作报告》提出：要大力弘扬工匠精神，厚植工匠文化，恪尽职业操守，崇尚精益求精，完善激励机制，培育众多"中国工匠"，打造更多享誉世界的"中国品牌"，推动中国经济发展进入质量时代。党的二十大报告提出：要深入实施人才强国战略，发挥工匠精神，培育民族情怀。培育和弘扬工匠精神，政府、企业与个人应发挥各自作用，齐心协力培育"中国工匠"、打造"中国品牌"。

（一）发挥政府的引导作用

中华民族从古至今就是一个具有工匠精神的民族，很多著名工匠名垂青史。但近些年来，在国际经济和思潮的冲击下，一些地方企业存在急功近利的心理，忽视了弘扬工匠精神。在新的时代条件下培育和弘扬工匠精神，政府应采取有效举措加强引导。

政府可以制定相关政策，鼓励企业和个人发展工匠精神。政府可以通过提供税收优惠、贷款支持等方式，激励企业投入更多资源和精力，培养和吸引更多的工匠型人才。同时，政府还可以加大对工匠技能培训的投入，提供更多的培训机会和资源，帮助广大劳动者不断提升自身技能水平，培养更多的技术精英。

政府可以加强对工匠精神的宣传和推广。通过举办工匠技能大赛、工匠技能展览等活动，展示工匠精神的力量和魅力，激发广大人民群众对工匠精神的认同和追求。政府可以利用媒体、网络等渠道，宣传工匠精神的价值和意义，引导社会舆论关注和支持工匠精神的发展。

政府还可以加强对工匠型企业的支持和扶持。通过提供政策支持、技术支持、市场拓展等方式，帮助工匠型企业克服发展中的困难和挑战，推动其健康发展。政府可以加大对工匠型企业的资金投入，提供更多的财政支持，推动其技术创新和产品升级，提高产品质量和竞争力。

政府还可以加强对工匠精神的法律保护。通过制定相关法律法规，明确工匠精神的价值和地位，保护工匠型人才的合法权益，营造良好的创新创业环境。政府通过建立健全评价机制，对工匠型人才进行公正、客观的评价，激励他们更加努力地工作和创新。

发挥政府的引导作用，培育和弘扬工匠精神对于提升我国产品质量、建设质量强国和制造强国具有特殊重要的意义。只有在政府的引导下,工匠精神才能得到更好的发扬,为我国的发展注入更多的活力和动力。

(二) 发挥企业的主体作用

企业作为经济活动的主体,发挥着至关重要的作用。在弘扬工匠精神的过程中,企业应该承担起主体责任,积极引领和推动。

企业应该树立正确的价值观。弘扬工匠精神需要企业从顶层设计开始,树立正确的价值观和发展理念。企业应该明确产品质量和技术创新的重要性,将其纳入企业发展战略和目标体系中。只有在价值观的引领下,企业才能真正理解和践行工匠精神。

企业应该注重人才培养和激励。工匠精神的培育需要依托于高素质的人才队伍。企业不仅要加强对员工的技能培训和职业发展规划,提供良好的学习环境和机会。同时,企业还要建立激励机制,通过奖励和荣誉来激发员工的创新潜能和工作热情,使他们能够在工作中发挥出最大的潜力。

企业应该注重质量管理和工艺创新。工匠精神强调细节,注重精益求精,追求完美。企业不仅要加强质量管理,建立完善的质量控制体系,确保产品质量的稳定和可靠。同时,企业还要注重工艺创新,不断引进先进的生产设备和工艺技术,提升产品的技术含量和附加值。

企业应该加强与高校和科研机构的合作。工匠精神的培育需要依托于科学研究和技术创新。企业要加强与高校和科研机构的合作,共享科研成果和技术资源。通过开展产学研合作,企业可以更好地吸收和应用科研成果,推动技术创新和产品升级。

企业作为经济活动的主体,在弘扬工匠精神的过程中承担着重要的责任和使命。只有通过企业的努力,才能够真正提升我国产品质量,建设质量强国和制造强国。

(三) 发挥学校的教育功能

学校作为教育的重要场所,承担着培养人才和传承文化的重要责任。在弘扬工匠精神的过程中,学校应发挥其教育功能,培养学生的工匠精神,为建设质量强国和制造强国作出贡献。

学校应注重工匠精神的教育和宣传。学校可以通过课程设置、教材编写等方式,将工匠精神融入教育教学中。开设相关的专业课程和实践活动,让学生了解和体验工匠精神的内涵和价值。学校作为教育的重要场所,承担着培养青年学生的重要责任。在弘扬工匠精神的过程中,学校应该发挥其教育功能,积极培养和弘扬工匠精神。

学校应该注重培养学生的实践能力和创新精神。工匠精神强调实践和创新,学校通过开展实验课程、实习实训、科技创新项目等方式,培养学生的实践能力和创新精神。学校通过提供实践平台和资源支持,让学生能够在实践中感受到工匠精神的魅力,培养他们解决问题和创新的能力。

学校应该注重职业教育和职业道德的培养。工匠精神强调专业技能和职业道德,学校通过职业教育课程和职业道德教育,培养学生的职业素养和职业道德观念。学校可以引导学生树立正确的职业价值观,培养他们对工作的热爱和责任感,让他们能够在未来的工作中发扬工匠精神。

学校应该加强与企业的合作。通过与企业的合作,学校可以更好地了解行业需求和发展趋势,为学生提供更贴近实际的教育资源和实践机会。学校可以与企业建立实习基地、校企合作项目等合作模式,让学生能够在实际工作中学习和实践工匠精神。

学校作为教育的重要场所,应该发挥其教育功能,积极培养和弘扬工匠精神。只有通过学校的努力,才能够培养出更多具有工匠精神的优秀人才,为我国的发展贡献力量。

(四)发挥个人的主观能动性

弘扬工匠精神是每个个人的责任和使命,只有发挥个人的主观能动性,才能真正将工匠精神融入自己的工作和生活中。工匠精神要求我们在工作中严谨认真、精益求精、追求完美,不断提升自己的专业水平和技能,为实现我国建设质量强国和制造强国的目标贡献力量。

个人应该树立正确的工匠精神观念。要认识到工匠精神的重要性和价值,明确自己的职责和使命。我们要理解工匠精神不仅仅是一种工作态度,更是一种价值追求。只有心怀敬畏之心,对待工作充满热情和责任感,才能真正发挥工匠精神的力量。

个人要不断提升自己的专业素养和技能水平。工匠精神要求我们精益求精,追求卓越。我们要不断学习和掌握新的知识和技术,关注行业的发展动态,积极参与培训和学习活动,提高自己的综合素质和竞争力。只有不断提升自己,才能在激烈的竞争中脱颖而出,为实现建设质量强国和制造强国的目标作出贡献。

个人要注重工作中的细节和质量。工匠精神要求我们在每一个细节上都精益求精,力求做到最好。我们要注重工作中的每一个环节,严格把控质量标准,不允许出现马虎和粗制滥造的情况。只有在每一个细节上都追求卓越,才能打造出更多高质量的产品和工程,提升我国的整体竞争力。

个人要保持积极的工作态度和职业道德。工匠精神要求我们对待工作充满热情和责任感,保持积极的工作态度,不断追求进步和创新。我们要遵守职业道德,保持诚信和正直,不做虚假宣传和不良行为。只有以良好的职业道德为准则,才能真正发挥工匠精神的力量。

弘扬工匠精神需要每个人发挥主观能动性,将工匠精神融入自己的工作和生活。只有每个人都发挥自己的力量,才能真正弘扬工匠精神,为实现建设质量强国和制造强国的目标贡献自己的力量。

第三节 城市建设中的劳动精神

在人类社会发展的历史长河中,城市作为文明进步的标志,始终承载着人们对美好生活的向往与追求。而在这背后,无数劳动者的辛勤付出与智慧结晶,共同绘制出了一幅幅壮丽的城市画卷。劳动精神,作为一种深植于人们内心的力量,不仅支撑着城市建设者的日常劳作,更是推动城市不断向前发展的强大动力。

人 物 卡 片

2023年"大国工匠年度人物"入围人物——王小颖

王小颖,来自中建七局中建海峡建设发展有限公司,是一位建筑信息模型(BIM)技术工程师。她1994年出生,2019年研究生毕业后,于2020年加入中建海峡厦门公司的BIM中心。

作为一名BIM技术工程师,王小颖的主要工作是使用专业的BIM软件将建筑项目的各种细节和数据输入到模型中,为项目提供高效、精确、创新的解决方案。她在这个领域取得了显著的成就,获得了4项国际级BIM应用类比赛的奖项、6项国家级奖项和2项省级奖项。此外,她还取得了一级建造师、全国BIM技能等级考试二级证书和BIM教员证等资质,是福建省住房和城乡建设行业BIM技术能手和中建七局的技术能手。

王小颖的职业生涯充满了不断学习和成长的过程。虽然她最初并不从事BIM工作,但凭借着对技术的热爱和刻苦钻研,她成功转型为一名BIM技术工程师,并在短时间内取得了显著的成就。她的努力得到了认可,不仅在2023年厦门市职工文化节上获得了"十优产业工人"的荣誉,还在2023年全国职工数字化应用技术技能大赛决赛中获得了建筑信息模型(BIM)技术员工种冠军。

王小颖的故事展示了一个普通职工通过不断学习和努力,成长为行业精英的过程。她的经历也体现了工匠精神的核心价值:精益求精、追求卓越、勇于创新。同时,她也用自己的实际行动证明了,只要有梦想和坚持,每个人都能在自己的岗位上创造出非凡的成就。

一、城市规划中的和谐与智慧

城市规划,作为城市建设的先导,要求规划者具备前瞻性的视野和统筹全局的能力。城市规划师们深知,他们规划中的每一笔都关乎着城市的未来走向和居民的生活质量。作为塑造未来城市面貌和发展方向的重要工作,不仅需要科学的理念和先进的技术,更离不开劳动精神的支撑。劳动精神在城市规划中体现为对工作的热爱、对细节的关注、对创新的追求以及对和谐的向往。正是这种精神,赋予了城市规划以生命和灵魂,确保了城市的可持续发展和居民的幸福生活。

(一)劳动精神是城市规划的基石

城市规划是一项复杂而艰巨的任务,涉及经济、社会、文化、生态等多个领域。规划师们需要在纷繁复杂的数据和信息中找寻规律,制定出科学合理的规划方案。这一过程需要付出大量的劳动和心血,没有劳动精神的支撑是难以完成的。劳动精神在城市规划中的首要体现是对工作的热爱和敬业精神。规划师们深知自己的责任重大,他们以高度的责任感和使命感投入到工作中,为城市的未来发展贡献自己的智慧和力量。他们不辞辛劳地收集资料、调研现场、分析数据,确保规划方案的科学性和可行性。这种对工作的热爱和敬业精神是城市规划成功的重要保障。

(二)劳动精神确保城市规划注重细节与品质

城市规划的成功与否往往取决于对细节的关注和处理。一个优秀的规划方案不仅要考虑宏观的战略布局,更要关注微观的空间尺度和人文关怀。劳动精神在这方面发挥着至关重要的作用。具有劳动精神的规划师们会深入到城市的每一个角落,亲身体验和感受城市的生活和文化。他们关注居民的需求和诉求,注重空间的舒适度和便捷性。在规划过程中,他们精益求精,追求卓越,确保每一个细节都能得到妥善处理。这种对细节的关注和处理能力,使得城市规划更加贴近实际、更加人性化,为城市的居民创造了更加美好的生活环境。

(三)劳动精神推动城市规划不断创新与发展

城市规划是一个不断发展的过程,需要不断适应新的形势和需求。劳动精神在推动城市规划创新方面发挥着重要作用。具有劳动精神的规划师们不满足于现状,他们勇于探索、敢于创新,为城市规划注入新的活力和动力。在创新的过程中,劳动精神体现为对新技术、新理念、新方法的积极尝试和应用。规划师们不断学习新知识、掌握新技能,将最新的科技成果应用到城市规划中,提高了规划的科学性和前瞻性。同时,他们还注重对传统文化和历史遗产的保护和传承,将传统与现代相结合,创造出具有独特魅力的城市空间。这种创新精神不仅推动了城市规划的进步,也为城市的可持续发展奠定了坚实基础。

(四)劳动精神促进城市规划的和谐与共赢

城市规划涉及多个利益相关方的诉求,如何实现各方的和谐共赢是一个重要的问题。劳动精神在这方面发挥着独特的作用。规划师们注重与各方的沟通和协作,尊重各方的意见和诉求。他们通过召开听证会、研讨会等方式,广泛听取居民、企业、政府等利益相关方的意见和建议,确保规划方案能够最大限度地满足各方的需求。这种注重沟通和协作的精神,不仅增强了规划的民主性和科学性,也促进了城市的和谐与稳定。同时,劳动精神还体现为对弱势群体和边缘地区的关注和支持。规划师们在规划过程中注重社会公平和正义,努力为弱势群体和边缘地区争取更多的资源和机会。他们通过优化空间布局、完善公共设施等方式,改善弱势群体的生活环境,提高他们的生活质量。这种关注弱势群体的精神,体现了城市规划的人文关怀和社会责任。

二、土木试验中的求实与奉献

土木试验作为工程建设的基础环节,对于确保工程质量和安全具有不可替代的重要作用。在这一领域中,劳动者的求实精神和奉献精神尤为突出。他们严谨细致地进行每一项试验,不放过任何一个可能影响工程质量的细节。无论是酷暑还是严寒,他们都坚守在试验一线,用自己的汗水和智慧为城市的稳固与繁荣默默奉献。

(一)劳动精神:土木试验的灵魂

试验前的准备工作是确保试验顺利进行的基础。试验人员需要根据试验目的和要求,精心设计和制定试验方案。这包括对试验对象的选取、试验设备的调试、试验材料的准备等。在这个过程中,劳动精神体现为对工作的认真负责和对细节的精益求精。试验人员需要充分了解试验对象的特性和要求,选择合适的试验方法和设备,确保试验方案的科学性和可行性。同时,他们还需要对试验过程中可能出现的问题进行充分预估和准备,确保试验能够顺利进行。

试验过程的执行是土木试验的核心环节。在这个过程中,试验人员需要严格按照试验方案进行操作,对试验数据进行实时记录和监控。劳动精神在这个环节中体现为对工作的专注和耐心。试验过程往往繁琐而枯燥,需要试验人员长时间保持高度的注意力和专注力。同时,他们还需要具备耐心和毅力,面对试验过程中出现的各种问题和困难,能够保持冷静、认真分析,并寻求有效的解决方案。

试验后的数据分析与总结是对试验成果进行提炼和升华的关键环节。在这个过程中,劳动精神体现为对工作的严谨和细致。试验人员需要对试验数据进行科学分析,提取有用信息,形成准确的结论。同时,他们还需要对试验过程进行总结和反思,分析试验的成功经验和不足之处,为今后的工作提供有益的参考和借鉴。

(二)求实:土木试验的准则

求实精神是土木试验的重要准则,它要求试验人员以客观、真实的态度对待试验数据和结果。在土木试验中,求实精神不仅体现在对试验数据的严格把控上,更体现在对试验结论的谨慎推导上。在试验数据方面,求实精神要求试验人员保持客观公正的态度,不捏造、不篡改试验数据。他们需要对试验数据进行仔细核对和验证,确保数据的真实性和准确性。同时,在试验过程中,他们还需要对可能影响试验结果的各种因素进行充分考虑和控制,以减小误差和干扰,提高试验的精度和可靠性。在试验结论方面,求实精神要求试验人员以科学、严谨的态度进行推导和论证。他们需要根据试验数据和结果,结合相关理论知识和实践经验,进行深入分析和思考,形成具有科学性和前瞻性的结论。同时,他们还需要对结论的适用范围和局限性进行充分说明和讨论,以避免误导和滥用。

(三)奉献:土木试验的动力

奉献精神是土木试验的重要动力源泉。在土木试验中,奉献精神体现为试验人员对工作的全身心投入和无私奉献。他们以高度的责任感和使命感对待每一项试验任务,不计个人得失,始终以大局为重。奉献精神激励着试验人员不断追求卓越和创新。他们不满足于现状,勇于挑战传统观念和技术瓶颈,努力寻求新的突破和发展。在试验过程中,他们敢于尝试新方法、新技术、新设备,为土木试验注入新的活力和动力。同时,他们还注重与同行之间的交流和合作,共同推动土木工程领域的进步和发展。除了对工作的奉献外,奉献精神还体现为对社会和人民的关爱和贡献。试验人员深知自己的工作对于社会进步和人民幸福的重要作用,他们以自己的劳动成果为社会创造价值,为人民的幸福生活贡献力量。这种对社会和人民的关爱和贡献,使得试验人员的工作更加具有意义和价值。

（四）劳动精神在土木试验中的综合体现

劳动精神是土木试验的基础和前提。没有劳动精神的支撑，试验人员就无法保持对工作的热爱和敬业，也就无法完成繁重的试验任务。同时，劳动精神也是求实精神和奉献精神的基础。只有具备劳动精神，试验人员才能够以客观、真实的态度对待试验数据和结果，才能够以科学、严谨的态度进行推导和论证，才能够以全身心投入和无私奉献的精神对待工作。劳动精神在土木试验中发挥着重要的作用和意义。它是土木试验的灵魂和动力源泉，确保试验工作的顺利进行和行业的稳步发展。在未来的土木试验中，我们应该继续弘扬劳动精神、求实精神和奉献精神，推动土木工程领域的持续进步和发展。

三、地铁空间里的奋斗与拼搏

地铁建设是城市现代化的重要标志，也是劳动精神展现的又一个舞台。在地铁建设的每一个环节，无论是挖掘隧道、铺设轨道，还是安装设备、调试系统，都需要劳动者们日以继夜地奋斗与拼搏。劳动者们不仅面临着技术和安全上的挑战，还要应对恶劣的工作环境和紧张工期的压力。正是凭借着坚定的意志和不懈的努力，他们一次次攻克难关，确保地铁建设的顺利进行。这种奋斗与拼搏的劳动精神，不仅体现在地铁建设的速度和效率上，更体现在地铁运营的安全和便捷上。每一条地铁线路的开通，都是对劳动者们辛勤付出的最好回报。从建设者的辛勤付出到运营者的日夜坚守，每一个岗位都凝聚着劳动者对工作的热爱和执着。正是这份劳动精神，赋予了地铁空间独特的魅力和生命力。

同时，地铁作为城市文明的窗口之一，展示着一个城市的精神风貌和文化底蕴。在这个过程中，劳动精神是地铁文化的重要组成部分，它引领着地铁员工树立正确的价值观和职业观，激励着他们为地铁事业的发展贡献自己的力量。同时，劳动精神也通过地铁这个载体传递给广大乘客和社会公众，引领着更多的人崇尚劳动、尊重劳动、热爱劳动。

（一）劳动精神是地铁建设的基石

地铁建设是一个庞大而复杂的系统工程，需要众多劳动者的共同努力。在这个过程中，劳动精神发挥着至关重要的作用。它激励着建设者们克服重重困难，攻克技术难关，确保工程质量和进度。无论是挖掘隧道的艰辛，还是安装设备的精细，都需要劳动者们付出极大的努力和汗水。正是他们的这种拼搏精神，才使得地铁建设能够顺利进行，为城市的交通发展奠定了坚实基础。

（二）劳动精神是地铁运营的保障

地铁运营是一个需要 24 小时不间断工作的领域，对劳动者的品质要求极高。在这个岗位上，劳动精神体现为对工作的敬业和专注。运营者们需要时刻保持警惕，确保地铁列车的安全、准时和舒适。他们需要在繁忙的工作中保持冷静和耐心，处理各种突发情况和乘客需求。正是他们的这种劳动精神，才使得地铁运营能够高效有序，为乘客提供便捷可靠的出行服务。

(三)劳动精神是地铁文化的灵魂

地铁不仅仅是一种交通工具,更是一种文化的载体。在地铁空间里,劳动精神是这种文化的灵魂。它体现在每一个劳动者的身上,通过他们的工作态度和职业精神传递给乘客。当地铁列车穿梭于城市之间,它所承载的不仅仅是乘客的出行需求,更是一种对劳动精神的传承和弘扬。这种精神激励着每一个人在自己的岗位上努力奋斗,为社会的进步和发展贡献自己的力量。

(四)劳动精神是地铁发展的动力

随着城市的不断发展,地铁建设也在不断推进。在这个过程中,劳动精神是地铁发展的重要动力。它激励着建设者们不断创新和突破,探索更加高效、环保、智能的地铁建设方案。同时,它也激励着运营者们不断提升服务水平和运营效率,为乘客提供更加优质、便捷的出行体验。正是这种劳动精神,推动着地铁事业不断向前发展,为城市的现代化建设注入新的活力。在未来的地铁发展中,我们应该继续弘扬劳动精神,让这种精神在每一个劳动者的心中生根发芽,为地铁事业的发展贡献更多的智慧和力量。

四、桥梁建设中的勤奋与突破

桥梁作为连接城市各个部分的纽带,其建设过程充分体现了劳动精神中的勤奋与突破。桥梁建设者们不仅要具备扎实的专业知识和精湛的技能,还要有勇于创新的精神。他们不断优化设计方案,改进施工工艺,只为建造出更加坚固、美观的桥梁。同时,他们还勇于突破传统,大胆尝试新材料、新技术和新工艺,为桥梁建设注入新的活力。

(一)劳动精神:桥梁建设的基石

在桥梁建设的漫长过程中,劳动精神始终贯穿其中。这种精神体现在建设者们对工作的热爱、对技术的追求以及对质量的坚守上。他们不畏艰难,不惧挑战,以极大的毅力和决心投入到桥梁建设中,为社会的交通发展贡献着自己的力量。

劳动精神在桥梁建设中的体现之一便是勤奋。桥梁建设需要投入大量的劳动力,无论是前期的勘探设计,还是中期的施工建设,抑或是后期的维护保养,都离不开建设者们的辛勤付出。他们日夜兼程,风雨无阻,以高度的责任心和敬业精神对待每一项工作。正是这种勤奋精神,推动着桥梁建设不断向前发展。

劳动精神在桥梁建设中的另一种体现是突破。桥梁建设是一个不断创新、不断突破的过程。随着科技的进步和社会的发展,桥梁建设的难度和要求也在不断提高。在这个过程中,建设者们需要不断学习新知识、掌握新技术,以应对各种复杂多变的工程问题。他们勇于探索,敢于创新,以劳动精神为动力,不断攻克技术难关,实现桥梁建设的突破与发展。

(二)劳动精神的意义与价值

劳动精神在桥梁建设中的意义与价值不言而喻。首先,劳动精神是桥梁建设的质量保障。桥梁作为重要的交通设施,其质量直接关系到人民群众的生命财产安全。建设者们以劳动精神为指引，严把质量关，确保每一座桥梁都能够经得起时间和自然的考验。其次，劳动精神是桥梁建设的技术支撑。在桥梁建设中，技术是关键。建设者们通过不断学习、实践和创新，将劳动精神转化为技术进步的动力，推动着桥梁建设技术的不断革新与发展。这不仅提高了桥梁建设的效率和质量，也为我国桥梁建设事业在国际上赢得了声誉和地位。

此外，劳动精神还是桥梁建设的精神动力。桥梁建设是一项长期而艰巨的任务，需要建设者们付出巨大的心血和努力。在这个过程中，劳动精神发挥着凝聚人心、鼓舞士气的作用。它激励着建设者们勇往直前，克服困难，实现自我价值和社会价值的统一。

要不断加强对劳动精神的宣传和弘扬。通过表彰先进典型、宣传感人事迹等方式，让更多的人了解劳动精神在桥梁建设中的重要作用和意义，从而激发全社会对劳动精神的认同和尊崇。这将为我国桥梁建设事业的繁荣发展提供更加坚实的社会基础和精神支撑。

五、城市传承与创新中的匠心传承

随着时代的变迁，城市的发展一方面是传承历史，另一方面是根据现代需求更新。在传承和创新的过程中，劳动精神再次焕发出新的生机。匠心与传承成为了劳动精神的重要体现，它们不仅让古老的建筑重获新生，更在传承中赋予了这些建筑新的时代价值。

传承，是对历史的尊重和文化的延续。在城市更新中，劳动精神的传承作用体现在对既有建筑、街区、文化的细心保护和精心修复上。劳动者们通过深入研究和不断提升技艺水平，努力保留和再现城市的历史风貌和文化底蕴。他们不仅修复了物质空间，更在精神层面传承了城市的记忆和情感，让城市在更新中不失其根和魂。创新，则是对未来的探索和引领。在城市更新中，劳动精神的创新作用体现在对新理念、新技术、新材料的积极应用上。劳动者们勇于突破传统思维，大胆尝试新的更新模式和方法，以科技和创新为驱动，推动城市功能和品质的全面提升。他们不仅创造了新的物质空间，更在理念层面引领了城市的发展方向和未来趋势。

匠心，是一种对工艺的极致追求。在建筑复兴中，它体现为对每一处细节的精雕细琢。无论是修复破损的雕梁画栋，还是复原失传的建筑技艺，都需要劳动者们以匠心对待。他们不仅要深入理解传统建筑的风格和特色，还要掌握精湛的技艺和丰富的经验。正是这种匠心精神，让复兴的建筑得以重现往日的辉煌，甚至在某些方面超越了原作。

劳动精神在传承与创新中的意义重大，它推动了传统建筑技艺的传承和发展。首先，通过复兴项目，许多濒临失传的技艺得以重新焕发生机，为传统建筑文化的传承奠定了坚实的基础。劳动精神提升了复兴建筑的质量和价值。在匠心和传承的指引下，复兴的建筑不仅恢复了原有的风貌，更在细节和品质上达到了新的高度。劳动精神在城市更新中的意义重大而深远。其次，它促进了城市的有机更新和持续发展。通过传承与创新相结合，城市在保留历史文脉的同时，不断注入新的活力和动力，实现了城市的持续繁荣和进步。再次，劳动精神提升了城市更新的品质和效益。在传承与创新的指引下，城市更新更加注重人文关怀和生态环保，提高了居民的生活质量和幸福感。最后，劳动精神推动了城市更新行业的进步和发展。通过不断探索和实践，劳动者们在传承中创新，在创新中传承，为城市更新行业提供了宝贵的经验和智慧。

实例

实例一：历史街区的保护性更新

在一座历史悠久的城市中，一个老旧的街区亟须更新。为了保护街区的历史风貌和文化底蕴，同时满足现代居民的生活需求，一群具有劳动精神的建筑师、规划师和工匠们投入到了更新工作中。

他们首先对街区的历史建筑进行了详细的测绘和记录，利用传统工艺和材料修复了受损的部分，保留了原有的外观和特色。同时，他们还引入了现代设施和技术，如节能照明、雨水收集系统等，提升了建筑的舒适性和可持续性。

在街区规划中，他们注重保持原有的街巷肌理和空间尺度，同时增设了公共绿地、文化设施和便民服务点，为居民提供了更加宜居和便利的环境。这一保护性更新的实例不仅让历史街区焕发出新的生机和活力，更在传承中创新，实现了历史与现代的和谐共生。

实例二：工业遗址的创意再利用

在一座工业城市中，一个废弃的工业遗址占据着重要的地理位置。为了将其重新利用起来，一群具有创意和劳动精神的设计师和艺术家们投入到了更新工作中。

他们对遗址进行了深入的调研和评估，保留了原有的工业元素和结构特色，同时引入了新的功能和业态。例如，将废弃的厂房改造为文化创意产业园，设置了艺术展览、设计工作室、咖啡馆等空间，吸引了众多创意开发人才和游客前来参观和交流。

在更新过程中，他们还注重生态环保和可持续发展。通过植被修复、雨水花园等生态措施，改善了遗址的生态环境；通过太阳能利用、废物循环等绿色技术，降低了建筑的能耗和排放。这一创意再利用的实例不仅让工业遗址焕发出新的文化价值和经济价值，更在创新中传承了工业历史和城市记忆。

实例三：社区公园的共建共治

在一个城市社区中，一个老旧的公园已经无法满足居民日益增长的休闲需求。为了提升公园的品质和功能性，社区居委会发起了公园更新项目，并号召居民们共同参与。

一群具有劳动精神的居民志愿者们积极响应号召，投入到更新工作中。他们与设计师一起对公园进行了重新规划，增设了儿童游乐区、健身设施、步行道等空间；他们亲自动手进行环境整治和绿化种植，改善了公园的生态环境；他们还组织了各种文化活动和社区聚会，增强了公园的社交功能和文化氛围。

这些共建共治的措施不仅提升了公园的品质和居民满意度，更在劳动中传承了社区互助和共建共享的精神。通过共同的努力和创造，居民们将城市更新转化为社区发展的契机，增强了社区的凝聚力和归属感。

实践与思考

1. 以小组为单位，结合实际，探访一位身边的劳模或工匠，写一篇关于他的人物介绍。
2. 新时代大学生如何发扬劳动精神，投身于城市建设之中？

第五章　新时代大学生劳动教育典型做法

🎯 学习目标

- 熟悉新时代大学生劳动教育的典型做法。
- 了解不同做法中劳动教育理论和实践的可行性。
- 掌握劳动建校的内容和育人价值。

本章介绍了大学生劳动教育的典型做法。一是课堂教学与实践相结合,即通过课堂教学传授劳动理论知识,同时组织学生参与校内外实践活动,让学生在实践中掌握劳动技能,领悟劳动精神。二是校内劳动与校外实践相结合的模式,即通过校园文化建设活动,营造崇尚劳动、尊重劳动的氛围,让学生在潜移默化中接受劳动教育。通过校企合作与劳动教育相结合,即通过校企合作项目,让学生参与企业生产实践,了解企业运作模式和劳动规范,增强学生的职业素养和就业竞争力。三是劳动教育与素质拓展相结合的模式,素质拓展活动则被视为培养学生团队协作、创新思维、沟通能力和心理素质等综合素质的重要手段。通过挖掘素质拓展活动中的劳育因素,让学生在参与过程中锻炼自己、提升劳动能力。四是思想政治教育与劳动教育相结合的模式,通过思想政治理论学习引导学生树立正确的劳动观念和劳动价值观。这种模式将思想政治教育和劳动教育相结合,使学生在接受思想政治教育的同时,也得到了劳动实践的锻炼。此外,这种模式还注重学生的个性化发展,通过提供多样化的思想政治教育和劳动实践活动,满足不同学生的兴趣和需求,促进学生的全面发展。五是结合校园文化、地域文化特点的劳动建校与校史文化涵育劳动教育模式,这种模式的历史可以追溯到中国现代教育的初期,它体现了学校师生自力更生、艰苦奋斗的精神,也为后来的教育实践提供了宝贵的经验和启示。

第一节　课堂教学与实践相结合的模式

课堂教学与实践相结合的模式是一种将劳动教育与课程设置相结合的教育模式,通过在课堂上学习劳动技能,并将其应用于实践中,促进学生全面发展。这种模式的特征在于强调学生的实际操作能力和实践经验的积累,注重培养学生的实践能力和创新精神。

这种模式的积极意义体现在多个方面。首先,通过将劳动教育与课程设置相结合,学生能够在课堂上系统地学习和掌握各种劳动技能,提高他们的实践能力。其次,通过在实践中应用所学的技能,学生能够更好地理解和巩固所学的知识,培养他们的动手能力和解决问题的能力。再次,这种模式还能够激发学生的学习兴趣和积极性,使他们更加主动地参与到学习中来。最后,通过实践锻炼,学生能够培养团队合作精神和沟通能力,提高他们的综合素质。

以北京大学、中国海洋大学和北京化工大学为例,它们都采用了课堂教学与实践相结合的模式。北京大学通过打造沉浸式课堂,引领创造性实践,让学生在实践中深入理解知识并培养创新能力。中国海洋大学依托通识课程,培养时代新人,通过开展实践项目和社会实践活动,提升学生的综合素养和社会责任感。北京化工大学则打造劳育金课,耕耘后勤事业,通过参与校园后勤工作,学生不仅学到了实际技能,还培养了服务意识和团队合作精神。

一、北京大学:打造沉浸式课堂,引领创造性实践

为加强劳动教育,北京大学根据相关文件精神,结合学校教育教学实际,于2021年7月公布《北京大学关于全面加强新时代劳动教育的实施方案(试行)》,要求加强马克思主义劳动观教育,着重围绕创新创业,结合学科专业开展生产劳动和服务性劳动,积累职业经验,培育创造性劳动能力和诚实守信的合法劳动意识,着力构建北大特色的德、智、体、美、劳全面培养的教育体系。其中,学校要开设劳动教育专题课程,自2021级本科生起,劳动教育纳入各专业培养方案必修要求,且在本科阶段劳动教育学时累计不少于32学时。2021年秋季学期,《北京大学本科劳动教育教学实施方案》出台,各院系经过两轮申报和两轮评审,首批劳动教育课程目录确定。70门课程中,包括1门理论课程"北京大学新时代劳动教育理论"和69门专业劳动教育课程。

1. 与专业实习实践结合,引领学生沉浸式劳动实践

劳动教育与专业实习实践相结合,有助于提高教育教学质量,深化产教融合。通过实践教学,让学生在实践中掌握专业知识,提高教育教学成果,学生也可以在实习实践中了解企业需求,为企业输送符合实际的人才。例如,北京大学的考古文博学院"田野考古实习"课程是考古专业必修课,为期一个学期,均在野外考古现场,是开展劳动教育的良好载体。课程内容分为田野发掘、室内整理、田野调查、报告编写四部分,学生充分参与一线发掘,动手动脑紧密结合,在劳动实践中体悟理想信念、政治认同、国情教育、家国情怀、文化素养、法治意识、道德修养、团队意识和求真精神等内核,在每一滴汗中品尝劳动艰辛,从每一锹土中体会民生民情。经济学院"经济学综合实践"课程依托学院现有的实践基地,设置老龄经济和农业经济两个综合实践组,在开展专业实践的同时开展实际劳动,在体验中提升学生专业认知,比如老龄经济组要引导学生了解适老化设计的基本规律,调研老人消费习惯,研究医养结合模式发展面临的痛点和要点。社会学系"社会调查实践"课程设置农业、工业、服务业三个组,在调查实践中专门向一线劳动者学习相关劳动技能,并组织学生亲身投入相关劳动,在实践中思考,打通读书和田野。城市与环境学院"人文地理专业综合实习"开展参与式现代产业新业态劳动,如设施农业和有机农业生产、新型农村社区人居环境建设维护、世界非物质文化遗产保护或地方特色文化产品生产实践等。

2. 与科研训练和创新创业结合,挖掘学生创造性实践能力

劳动教育旨在促进学生全面发展,而科研训练和创新创业能力的培养是其中的重要组成部分,通过将三者相结合,有助于培养具备劳动素养、科研能力和创新精神的优秀人才。通过参与科研项目,学生在实践中不断丰富自己的研究方法并提高研究技能,学生可以充分

发挥创造力,解决实际问题,培养创新思维和创新能力,为未来的科研工作奠定基础。例如,北京大学生命科学学院的"创意性实践"课程目标是培养新时代的创新型人才,实施以项目为导向的教学,通过文创产品设计及制作和科普产品开发及研制的动手过程,在对学生创造性思维方式进行发掘、唤醒和扶持的同时,进一步加强对其创造性实践能力的培养。化学与分子工程学院"化学应用与实践"课程设置化学应用、金工实习、社会服务、开放实践四个劳动模块,开展富有化学特色的劳动实践,比如化学应用模块的"废油变肥皂",学生可以从食堂取得废油,进行成分分析鉴定,处理后制作肥皂。物理学院"物理应用与实践"课程,遴选近20个与生活相关的物理实验项目,分为力学、热学、光学和电学四个模块,同学们自行选题后至少独立完成一个实验项目,并完成作品制作展示。

3. 与生产劳动结合,引导学生明晰个人职业规划

生产劳动实践是将理论知识与实际操作相结合的过程,有助于学生更好地将所学知识应用于实际工作中,培养学生具备实际操作能力和动手能力,增强实践育人效果,为我国经济社会发展输送应用型人才,为产业发展提供有力的人才支撑,促进教育链、产业链有机衔接。例如,北京大学生命科学学院的"大学生种植实践"和"产业实习实践"课程,分别面向农业和工业生产劳动,如图5.1所示。"大学生种植实践"利用校园内的种植基地,每位学生独立完成一定面积的种植过程,建立种植日志,全过程观察记录作物(蔬菜)的生长状况。"产业实习实践"要求学生在生物产业企业进行不少于4周的全职实习,且必须是在生产一线岗位,旨在引导学生通过亲身实践深入了解产业运作模式和发展方向,树立个人职业发展目标,进而合理规划学业和职业生涯。中国语言文学系"民间文学田野调查实习"利用现有的实习课,专门安排了一周的农业生产劳动,包括一天的熟悉环境、结识村民、了解方言和民俗知识,五天的锄草、采摘、翻地等下田劳动和一天的总结讨论,之后再开展两周的民间文学专业调查,通过先了解当地环境、当地社会和农民的生产生活情况,从而对后续的民间文学调查记录有更深刻的认知。

图 5.1　北京大学学生农事劳动体验

4. 与服务型劳动结合,促进学生专业性技能提升

服务型劳动是一种社会责任和义务,通过参与服务型劳动,学生可以培养自己的社会责任感和公民素养,增强对社会的关爱和奉献精神。服务型劳动往往需要实际操作,学生在这个过程中可以锻炼自己的动手能力和实践能力,提高专业技能。同时,在这个过程中往往需要团队协作,学生可以学会与他人合作,培养团队精神。例如,北京大学护理学院通过开设"儿童照护技能实践""老年护理与康复""失能老人照护技术与实践"等课程,开展对特定人群的服务型劳动,比如通过对儿童衣、食、玩、学四个方面的实践操作,认知儿童的生长发育特点,学习儿童照护、营养及沟通等方面的知识和技能,为儿科护理学习及工作打下必备的基础。

二、中国海洋大学:依托通识课程,培养时代新人

为深入贯彻落实《关于全面加强新时代大中小学劳动教育的意见》精神,实现以劳树德、以劳增智、以劳强体、以劳育美的教育目标,中国海洋大学准确把握劳动教育工作方向,结合学校文化积淀和青岛地域特色,通过系统谋划、逐步推进,探索性构建培养时代新人的高质量劳动教育实施体系,朝着以"劳"促全的目标大步迈进。

1. 完善顶层设计,让劳育成为学校立德树人的"内动力"

由分管教务和后勤的校领导牵头,由后勤保障处联系教务处,成立劳动教育课程研讨组;由后勤党委联系相关学院党委,成立劳动实践岗位研讨组,全面构建"2+N"后勤劳育队伍建设模式,即以2个研讨组牵头课程和岗位设计,着力推进劳育品牌建设,打造"以后勤职工为主,以社会化选聘为辅"的由N名教师构成的劳动教育师资队伍,并通过"外带内、老带新"的形式,让更多的后勤职工加入到教授劳动技能队伍中来。

2. 依托通识课程,让劳育成为撼动传统育人导向的"撬杠"

在梳理、整合现有课程资源的基础上,开设了劳育类通识选修课程。首期开设两类3门课程,每门课程12.5~24课时不等、0.5~1学分不等,内容涵盖厨艺、茶艺、急救与自救等生活常用劳动技能,并根据同学们对技能的接受程度进行了由易向难的循序设计。劳育课不仅可以引导学生崇尚劳动、尊重劳动,全面提高学生的劳动能力和劳动素养,还有助于培养学生的社会责任感和创新精神。

3. 打造实训基地,让劳育成为学校文化与地域特色的"黏合剂"

结合学校实际情况和青岛风物特产,对劳动课进行统筹实施,设置专门的劳动实践基地。"中国茶文化与实训"课在校内、外各有实习实践基地一处,其中校外选址更是脱离了学校自发组织层面,充分利用社会优质企业资源,直接选址在有机茶基地,将识、采、制、品等相关实训环节进行整合,实现研学一体化。此外,校内也设置了"海大味道"饮食文化与实践课教学基地一处,结合学校海洋文化积淀和青岛地域特色,在理论教学和烹饪实训中添加了学校餐饮文化、海鲜制作等内容,让"海味"与经典鲁菜在同学们的厨具下碰撞出独具魅力的火花;对校内茶园进行系列改造,开设劳动基地一处,联合学院组织学生开展采茶义务劳动,参与人次年平均500人次。

4. 开设公益岗位,让劳育成为增进知行合一的"淬炼炉"

设立后勤劳动教育公益岗位,结合学生专业特点,强化分类施策,加强劳动体验,强化志

愿服务,以统一集体劳动、个人分散劳动相结合的方式,鼓励学生自觉行动、自己动手,参与到校园公共区域的卫生保洁和秩序维持中来,参与到食堂、超市服务甚至计财工作中来,让同学们懂劳动之义、明劳动之理,更让同学们在劳动中将自身所学知识运用于实践中,在躬身修行中精益求精。例如,中国海洋大学志愿服务队走进小学课堂,为小学生们答疑解惑,如图5.2所示。

图 5.2　中国海洋大学志愿服务队走进小学课堂

5. 加强条件保障,让劳育成为耕耘后勤事业的"新阶梯"

学校教务处设置专项劳育经费,并将劳动教育投入纳入年度经费支出计划,为劳动教育课程建设、劳动教育硬件设施与实践平台建设等提供充足经费支持;多方面强化劳动安全保障,认真排查、清除学生劳动实践中的各种隐患,强化对劳动过程每个岗位的管理,特别对烹饪教学基地进行了改造,升级了卫生和安全防护措施。

6. 推进文化建设,让劳育成为弘扬校园文明新风尚的"助推器"

多渠道宣传,提高认识,形成良好的劳动教育氛围。通过网站、新媒体等对学生进行劳动教育重要性的宣传,引导同学们认识劳动对培养自身优秀的思想品质、养成良好行为习惯的作用,并能积极参与劳育课程、能主动配合各项劳育活动。

三、北京化工大学:打造劳育金课,耕耘后勤事业

北京化工大学于2019年启动建设"北京化工大学后勤学校"劳动教育实践平台。"后勤学校"坚持需求导向,依照学校的劳育工作要求,开展劳动教育课程建设。在课程建设的实践中,后勤学校形成了讲座式课程与选修课相结合的劳育课程形式。截止到2022年底,后勤学校结合学校多校区办学的特点,覆盖了本科生、研究生等不同类型学生,已开设劳育系列课程338学时,累计4700余人次参与。授课内容包括厨艺、园艺、生活技能、卫生防疫、商贸管理、会场礼仪、能源维修等7个方面。2022年,后勤学校在已有劳育课程经验积累的基础上,加强协作与创新,积极推进劳动教育课程建设。后勤学校"厨艺课堂""园艺课堂"和

"现代化科研建筑物的能源运行与安全"成功申报本科生及研究生课程。

1. 注重顶层设计,明确育人目标

后勤学校在顶层设计上,坚决贯彻《北京化工大学构建德智体美劳全面培养的教育体系,形成更高水平的人才培养体系的实施意见(试行)》和《北京化工大学劳育工作实施细则》文件精神,按照"坚持以劳塑人,构建体现时代特征、学科特点、学校特色的劳育工作体系"要求,围绕学校人才培养方案,明确"后勤学校"的劳动育人目标,构建劳动教育课程体系。为了更好地实现劳动育人的目标,又在2021年制定了《"后勤学校"建设工作方案》,明确后勤学校的组织机构与职能定位,点面结合抓覆盖,完善劳动教育目标内容、组织保障和考核评价办法,实现学生劳动教育全覆盖,为劳动教育课程建设提供指导与支持。在实践层面,后勤学校坚持把劳动教育融入立德树人全过程的理念,紧紧围绕教学目标,深入挖掘学校后勤劳动教育资源,注重劳动教育课程的情境性、学生的参与性,引导学生在课程中树立劳动意识,在劳动实践中感受知行合一,逐步实现人的全面发展。

2. 渐进式发展模式,劳动教育课程化

后勤学校的劳动教育课程建设不是一蹴而就的。自2019年建设至今,后勤学校逐步形成了劳动教育课程渐进式发展模式。后勤学校建设初期,结合后勤场地资源和行业特点,劳动教育课程主要以讲座的形式开展,在教学过程中注重了解学生的感受及课堂效果,不断丰富课堂教学内容,增强课堂效果。厨艺课堂、园艺课堂在讲座式教学的过程中实现了授课内容、师资队伍的日趋成熟,授课效果日益显著。随后,后勤学校在学校党委的指导下,教务处、学院等相关部门的支持下,尝试申报劳动教育选修课,推进劳动教育的课程化。后勤相关行业的专业老师围绕后勤学校的办学理念,精心制定符合学校校情和学生特点的课程大纲,在2022年分别成功申报"厨艺课堂""园艺课堂"和"现代化科研建筑物的能源运行与安全"本科生及研究生课程。

3. 以"劳育金课"为核心,打造全链条课程体系

后勤学校在课程建设过程中注重学校、教师、学生三个主体的协作配合。在学校层面,后勤学校作为学校劳动育人的"着力点"和"支撑点",得到了学校党委、相关部门和学院的支持。后勤系统作为劳动课程的建设主体,在教学过程中坚持目标导向、需求导向,组建课程设计团队,持续开发系列劳育课程,打造以"劳育金课"为核心的全链条课程体系。同时进一步整合校内外资源,为课程开展提供物质保障。在教师层面,后勤学校师资队伍分为两部分:一是校内后勤相关领域的专业工程师、行业技术骨干。特别是行业技术骨干,如厨师、驾驶员等,不仅要完成后勤日常工作,还要承担教学任务,面临着巨大的挑战。二是外聘的劳动模范、大国工匠、传统文化传承人等行业精英。通过劳模故事、事迹宣讲、实操指导等形式弘扬劳动精神,增强育人效果。在师资队伍的建设上,一方面注重教师的专业培训,提高教师的劳动教育敏感度,能灵活有针对性地开展教学活动;另一方面要求教师在教学中要注重学生的反馈和课堂评价,注重创新性地搭建课程大纲,进一步优化课程体系。在学生层面,后勤学校劳动课程始终坚持以学生需求为导向。后勤学校通过问卷调查的方式,征集学生们感兴趣的劳动教育课程内容,及时了解学生的需求与兴趣点,有针对性地进行课程试点。在授课过程中,重视学生的体验感,让他们在动手动脑的过程中"劳有所得";注重聆听学生的课堂反馈与感受,集思广益,提升学生对劳动课程的参与感。

第二节 校内劳动与校外实践相结合的模式

校内劳动与校外实践相结合的模式是一种将学生的劳动教育扩展到校外,并与企事业单位、社区等合作,开展社会实践活动的教育模式。这种模式的特征在于强调学生在真实社会环境中的实践体验和实际操作能力的培养,注重理论与实践的有机结合。

这种模式的积极意义体现在多个方面。首先,通过与企事业单位、社区等合作,学生能够接触到真实的工作环境和社会问题,增强他们的社会责任感和使命感。其次,通过参与社会实践活动,学生能够将所学的知识应用于实际问题的解决,提高他们的实践能力和创新能力。再次,这种模式还能够拓宽学生的视野,增加他们的社交经验和人际交往能力。最后,通过与社会资源的有效整合,学生能够获得更多的实践机会和资源支持,提升他们的综合素质和竞争力。

以华中农业大学、对外经济贸易大学和百色学院为例,其都采用了校内劳动与校外实践相结合的模式。华中农业大学拓展实践基地,践行勤耕重读的理念,通过与企业合作开展农业实践活动,培养学生的实践能力和创新精神。对外经济贸易大学则在田间地头筑基地,强调实践与体验的重要性,通过参与国际贸易实践活动,提升学生的国际视野和跨文化交流能力。百色学院则整合碎片化课外实践,强调理论实践一体化,通过开展社区服务和社会调研活动,培养学生的社会责任感和问题解决能力。

一、华中农业大学:拓展实践基地,践行勤耕重读

2021年9月,教育部印发的《加强和改进涉农高校耕读教育工作方案》强调,耕读教育是涉农高校进行劳动教育的重要内容,并且对涉农高校加强和改进耕读教育作出部署,提出"构建耕读教育课程教材体系、建设专兼结合的耕读教育教师队伍、多渠道拓展实践教学场所"等任务举措。近年来,华中农业大学以问题为导向,以立德树人为根本,以强农兴农为己任,对农耕文化融入涉农高校劳动教育进行了有效的实践探索。从完善课程教学体系、利用实践空间和借助文化符号出发,提高农耕文化融入涉农高校劳动教育的针对性和实效性,培养更多知农爱农新型人才。

1. "涓涓细流":完善课程教学体系,厚植学生知农爱农情怀

华中农业大学立足厚植学生知农爱农情怀、增强学生农耕文化自信,建立涉农专业全覆盖、具有校本特色的课程教学体系。

一方面,以课程建设为抓手,筑牢"主战场"。科学的课程设置是农耕文化融入涉农高校劳动教育教学的基本环节。一是修订专业人才培养方案。华中农业大学将劳动教育纳入人才培养全过程,设置不少于32学时的劳动教育课程,确保每个学生参加劳动实践。二是打造多元化劳动教育通识课程。华中农业大学开设了"耕读中国"等耕读类课程25门,"中国农业文明史"等农耕文化类课程18门。三是建设多类型劳动教育实践课程。华中农业大学开设了耕读实践示范课20门,"三田实习"等专业实践课41门,玫瑰栽培等知识技能课126门,"水稻全程机械化生产过程"等虚拟仿真课程31门。科学的课程设置,激发了大学生的

学习兴趣,筑牢了农耕文化融入劳动教育的"主战场"。

另一方面,以师资培育为中心,建强"主力军"。教师是立教之本、兴教之源。一是"引进来""走出去",优化师资力量。华中农业大学在农耕文化融入涉农高校劳动教育进程中,加大"双师型"教师建设和行业企业导师选聘力度。聘请280名政府部门农艺专家、乡村工匠和种养能手等担任校外兼职教师,承担课程教学任务,指导学生开展劳动实践活动。同时,每年选派20余名教师到农业部门等基层挂职锻炼,提升教师指导学生开展耕读实践的能力。二是重培育、强队伍,提升师资水平。华中农业大学依托教师发展中心开展劳动教育专项培训,每年组织师资培训近50场,提升教师耕读育人专业化水平。只有提升教师的农耕文化素养,才能更好地将农耕文化融入涉农高校劳动教育的课堂教学,从而使农耕文化有效融入涉农高校劳动教育。

2. "田间地头":利用实践空间,践行勤耕重读知行合一

实践空间是社会成员能够开放获取、自由参与、互动交流的实践领域。实践基地是实践空间的重要组成部分,不仅具有文化传承功能,还具有教育推广的作用。

一方面,以实践基地为依托,打造学习教育"好去处"。涉农高校可以依托农业科教基地、农耕文化博物馆、农业文化遗产地等社会资源,拓展劳动教育实践基地。建设多元化劳动教育实践基地,为大学生体悟农耕文化和劳动的价值提供实践平台。华中农业大学整合校外资源,深化产教融合,强化与地方政府和企业的合作深度,形成育人合力,推动劳动教育发展。华中农业大学建设了439亩校内劳动教育教学基地、93个与神农架林区等合作的校外劳动教育实践基地、4个"智慧农业"劳动教育实践平台,强化农耕文化融入劳动教育的实践教学。华中农大志愿者在茶业生产基地参加劳动教育如图5.3所示。

图 5.3 华中农大志愿者在茶业生产基地参加劳动教育

另一方面,以社会实践为载体,推动"所学"向"所为"跨越。劳动教育社会实践是依托劳动教育实践基地开展的活动,是对农耕文化的"活态"传承以及劳动教育实施的具体展开。劳动教育社会实践不仅能增强学生对农耕文化的主体性认知,而且能提升学生与劳动人民的共情能力。华中农业大学创新农耕文化融入劳动教育的形式,打好社会实践"组合拳"。

一是开展以学生为主体,师生共同参与的"耕读路上"社会实践。包括以传承农耕文化为主题,深入"三农"一线的耕读实践锻炼以及让学生深入了解国情农情的"大国三农"调研。二是组织以教师为主导,师生共同助力乡村振兴的"耕读同行"产业实践。例如师生同吃同住同劳动的"与岗位科学家同行"活动以及在田间地头给学生开展教学科研实践的"百校连百县活动"。劳动教育社会实践让大学生走出教室、走进田园,体悟农耕文化和劳动的价值,是对农耕文化融入劳动教育所蕴含的"勤耕重读、知行合一"理念的积极践行。"青年学子襄阳行"实践专项中教授带领志愿者在神农架林区开展鱼资源调查如图5.4所示。

图 5.4 "青年学子襄阳行"实践专项中鱼资源调查

3. "润物无声":借助文化符号,涵养校园育人文化氛围

文化符号是传统文化的重要载体和表述形式,通过器具、节日等形式呈现,具有鲜明的文化特色。校园文化以校园为空间,以教育者和受教育者为主体,包括校园物质文化和校园精神文化。教育功能是校园文化的首要功能。借助农耕文化符号,涵养校园劳动教育文化氛围,对农耕文化融入涉农高校劳动教育具有重要作用。

一方面,借助具象表征,打造"浸润式"校园物质文化。农耕文化的具象表征即农耕文化具体的地理情境、优秀人物及农业器具等。校园物质文化是校园文化的外在表现,包括学校的艺术雕塑、建筑设施和校园环境等,对学生的发展具有"润物细无声"的作用。利用农耕文化的具象表征,搭建多层次农耕文化展示平台,优化农耕文化融入劳动教育的校园文化环境。华中农业大学打造耕读文化景观"二十四节气柱",建设"五谷丰登"农作物展厅,以此来唤醒大学生对农耕文化的记忆,使之感悟劳动之美,为农耕文化融入劳动教育营造文化氛围。

另一方面,利用多元活动,营造"沉浸式"校园精神文化。校园精神文化具有隐性教育功能,对大学生的价值引导和道德塑造具有潜移默化的作用。校园文化活动是校园精神文化的重要组成,是加强校园精神文化建设的支点和平台。华中农业大学组织多样的校园文化活动,提升农耕文化融入涉农高校劳动教育的吸引力和感染力。一是举办耕读常规活动。华中农业大学通过举办耕读第一课、耕读教育月、"耕读之美"讲座、经典读书节、狮山文谷、现代农机毕业巡游等活动来涵育校园农耕文化。二是打造耕读特色活动。华中农业大学利用专业优势,举办了如茶文化体验、甜柿采摘、渔文化节等一系列特色活动,让大学生在活动中体验农耕文化。耕读文化活动的开展,让大学生在实践中提高了对农耕文化的认同,弘扬了正确的劳动观,有效推动了农耕文化融入涉农高校劳动教育。

二、对外经济贸易大学:田间地头筑基地,强调实践与体验

对外经济贸易大学将劳动教育的课堂从学校搬到了"田间地头"。通过将果园、农田和蔬菜大棚作为学生劳动教育基地,对外经贸大学为学生提供了一种独特的劳动教育模式。这一模式结合了实际农业生产,并通过多种形式的教学活动,为学生提供了更直接的带有实践性的学习机会。通过学生们的参与和努力,农产品销售渠道得以拓宽,为当地农业品牌的发展提供了新的机遇。学生们通过直播带货等方式,将农产品推销到更广泛的市场,增强了产品的知名度和竞争力。这种与当地农业产业的深度融合,使得劳动教育不仅仅是学生们的学习经历,更为当地农业发展作出积极贡献。

1. 强调实践与体验,注重劳动教育基地的选择与时令教学计划

对外经贸大学将1665亩的果园、大田地块和蔬菜大棚作为学生劳动教育基地。这些基地在地理位置和农作物种类上具有多样性,为学生提供了广泛的实践机会。学生们可以在不同的农作物种植区域中学习和参与实际的农业生产活动。为了与实际生产相结合,对外经贸大学根据农作物的生长季节和时令,制定了相应的教学计划。这使得学生们可以在适宜的时间参与农作物的种植、管理、采摘等环节,了解并体验不同农作物的生长过程。学生们有机会深入参与各类农作物的生产、采摘和管理等环节。通过亲身参与农业生产,他们可以更直接地了解农作物的生长习性和农业生产的全过程。这种实践与体验的教学方式,使学生们能够将理论知识与实际操作相结合,提升他们在农业生产方面的技能。

2. 注重专业导师的引导,引入劳动导师角色

学校聘请了多位劳动模范作为劳动导师,导师在劳动教育基地的实践活动中指导学生。这些劳动导师具有丰富的农业生产经验和专业知识,指导学生们深入参与各个环节,帮助学生掌握农业生产技能,并分享实践中的经验和知识,帮助学生们更好地理解和掌握农业生产技能。劳动导师的指导使学生们能够从实践中获得更多的经验和启示,并提供专业的指导和建议。

3. 注重综合能力的培养,关注学生发展竞争力的提升

除了农业生产技能外,学生们还会学习产业经济、数字经济和市场营销等领域的专业知识。通过直播带货、举办营销大赛、创作文创产品等方式,学生们将学习如何将专业知识应用于实际情境中,并拓宽农产品销售渠道。劳动教育模式鼓励学生们通过实践来培养创新意识。学生们在实际生产中将面临各种挑战和问题,需要运用创造性思维解决问题。这种实践与创新意识的培养将使学生们在未来的职业发展中更具竞争力,并为他们未来的职业发展奠定坚实的基础。通过实践与体验、专业导师的引导、综合能力的培养以及对当地农业品牌化发展的推动,这一模式为学生们提供了全面发展的机会。劳动教育不仅仅是学生们获得知识和技能的途径,更是培养他们实践能力、团队合作意识和创新思维的平台。

三、百色学院:整合碎片化课外实践,强调理论实践一体化

百色学院积极探索劳动教育的育人路径,构建创新育人体系,不断建立完善的劳动教育课程体系,积极推行产学研结合的劳动教育模式,与企业和科研机构合作,建立劳动教育实验室和实践基地,为学生提供实践机会,致力于开展具有专业特色的劳动教育,致力于培养具有实践能力和创新精神的高素质人才,为经济社会发展作出贡献。

1. 加强劳动精神的宣传,鼓励学习劳动模范事迹

百色学院从加强劳动教育宣传方面着手,引导青年学生从自身做起,热爱劳动、勤奋实干。学校开展各类劳动教育宣传活动。各学院以班级为单位,结合时代议题和典型案例学习劳动模范事迹。例如,"杂交水稻之父"袁隆平等科学家,以及浙江吉利控股集团董事长李书福、小米科技有限责任公司董事长雷军等企业家都是具有典型意义的行业的劳动模范。学校在通过讲座、展览等方式开展劳动模范事迹教育的同时,还鼓励学生通过阅读相关书籍和资料,深入了解劳动模范事迹所蕴含的精神,从多方让学生感受工匠精神、学习劳模风范。

2. 优化劳动教育的课程设置,强调理论与实践一体化

百色学院对当前各专业人才培养方案进行修订,明确劳动教育在人才培养方案中的重要地位,增加劳动教育理论讲授与实践的环节,设置理论与实践一体化的劳动教育课程。学校劳动教育课共设置2个学分,不少于32学时。其中,劳动理论教学不少于2个学时,1个学期内完成。劳动实践教学不少于30学时,分6个学期完成。劳动理论教学主要由各二级学院通过线上或线下课程的形式组织开展。理论教学内容主要与"思想道德修养与法律基础""毛泽东思想和中国特色社会主义理论体系概论""马克思主义基本原理概论"等思政课,以及专业课程进行融合;劳动实践教学内容分校内和校外,校内以班级为单位开展创建文明宿舍实践活动、教室卫生大扫除实践活动,组织开展宿舍及教学楼区域卫生大扫除活动等。校外以劳动实践进行。寓思想教育于劳动实践之中,把思想教育与培养良好的行为习惯和掌握知识、技能有机地结合起来,努力做到实践性、教育性相统一。

3. 发挥实践教育基地的劳动育人功能,培养新时代新农人

百色学院借助实践教育基地,组织学生开展各种社会实践活动。学校结合不同专业的学生提出具有针对性的劳动实践要求,将专业技能实训与劳动教育有机结合,例如,农学院设施农业科学与工程专业在位于百色市右江区的实践教学基地开展综合技能实训课程,在田间开展学生"知农、爱农、为农"的劳动育人大课,如图5.5所示。教师探索把劳动教育有机融入专业实践教学中,让学生将理论知识运用于实践,提高了学生的动手实践能力,也让学生通过劳动铭记"一粥一饭来之不易",在培养学生吃苦耐劳、埋头实干劳动精神的同时,引导学生成为扛起强农兴农使命的新时代"新农人"。

4. 将劳动教育纳入"第二课堂成绩单",整合碎片化课外实践

学校依托第二课堂对学生开展劳动实践活动,并根据《百色学院实施"第二课堂成绩单"制度管理办法(试行)》的有关规定,对第二课堂成绩进行认定。学校依托"到梦空间"(共青团"第二课堂成绩单"网络管理系统)平台,将劳动活动纳入第二课堂,学生可以根据兴趣爱好选择其中的劳动活动,生成自己的第二课堂日程表,按照日程表参加第二课堂中的劳动活

动并及时形成信息记录,教师再根据学生的参与表现进行打分。该方式整合了碎片化的课外实践活动,契合学生需求,有效服务学生成长。

图 5.5　百色学院在实践教育基地开展综合技能实训课程

第三节　劳动教育与素质拓展相结合的模式

劳动教育与素质拓展相结合的模式是一种通过开展各种劳动技能竞赛、创新创意项目等活动,激发学生的劳动兴趣,培养他们的创新能力和动手能力的教育模式。这种模式的特征在于以素质提升为引导,通过多元化的活动形式,为学生提供全面发展的机会。

这种模式的积极意义体现在多个方面。首先,通过开展技能竞赛和创新创意项目等活动,激发学生的劳动兴趣和积极性,提高他们的实践能力和动手能力。其次,劳动教育不是开设一门课、增加几项实践活动,这种模式可以减少劳动教育形式化的"课程"与"实践",在整合原有素质拓展活动的基础之上,挖掘或注入劳育元素,发挥课程和活动协同合力,有效促进劳动意识入耳入脑入心,发挥多系统协同合力,促进劳动教育实实在在地落地。

以同济大学、武汉大学和浙江大学为例,它们都采用了劳动教育与素质拓展相结合的模式。同济大学通过"城校共生"双创育人、多元主体全面协同的方式,培养学生的实践能力和创新创业精神。武汉大学则注重创新创业增智善用和社会服务躬身力行,通过开展创新创业项目和社会实践活动,提升学生的综合素养和社会责任感。浙江大学广开劳动实践渠道、优化劳动教育生态,通过多元化的劳动实践活动,培养学生的实践能力和创新精神。

一、同济大学:"城校共生"双创育人,多元主体全面协同

创新创业教育是深化高等教育综合改革的突破口,也是高校深化劳动教育模式改革的重要抓手。近年来,针对教育链和创新链、产业链脱节的问题,同济大学以双创教育为抓手,主动融入国家创新体系,主动对接国家发展战略和上海发展需求,形成了以"城校共生"为特色的双创教育理念与模式。"城校共生"体现为以同济大学为主体,以环同济知识经济圈为载体,以科教产教融合为手段,培养具备"通专基础、学术素养、创新思维、实践能力、全球视野、社会责任"等综合素质,担当民族复兴大任、引领未来的社会栋梁与专业精英。"城校共生"的双创育人体系拆除了校区与园区、城区之间的"围墙",形成了"城校共生"的双创育人生态,实现了三区融合、联动发展。同时,通过推动环同济知识经济圈从自发向有组织转型升级,形成了人才培养、成果转移、产业创新、城市发展的协同管理与演化机制,并通过课程学习、实践创新、国际交流的贯通,形成了全要素、全过程双创教育模式,如图5.6所示。

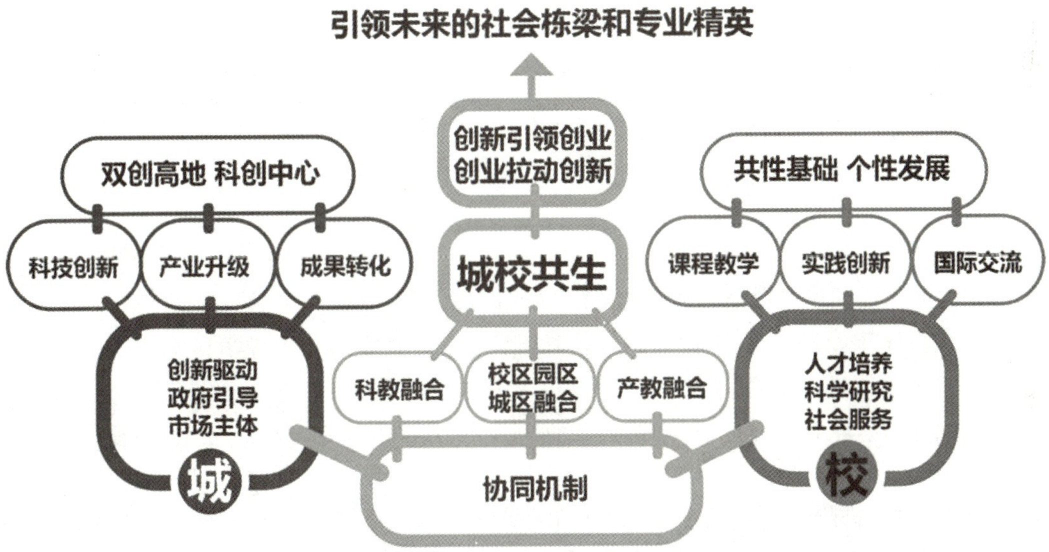

图 5.6 多维融合、城校共生、全员协同的创新创业教育体系[1]

1. 创新人才培养模式,构建双创教育教学体系

一方面,注重全要素深度融合。课程教学、实践创新、国际交流等要素融合,推动育人从知识学习走向创新思维与能力培养。修订人才培养方案,建设30多门"双创"通识课和300多门专创融合课程,夯实"双创"知识基础;通过华为等企业命题、"互联网+"等赛事活动、中国商飞等校企联培、"深空深海"等项目,提升"双创"实践能力;通过佛罗伦萨校区"双创"夏令营、中芬移动创新课堂等校内外、国内外教育教学资源,拓宽学生国际视野,提升全球胜任力。另一方面,强调全过程深度融合。构建覆盖基础教育、高等教育和终身教育的全过程"双创"教育教学。开展中学生创新"苗圃计划",贯通中学和大学教育。本科阶段,培养双创

---

[1] 图5.6~图5.9资料来源:http://xxgk.tongji.edu.cn/index.php?classid=9534&newsid=17407&t=show。

精神、意识和能力；硕士阶段，培养创造性提出和解决专业问题的能力；博士阶段，培养新兴战略科技创新能力、技术创新商业化能力；建设"同学堂"终身学习平台，支持校友创新创业与知识产权转化。将该模式称为全过程、全要素深度融合的双创育人模式，如图5.7所示。

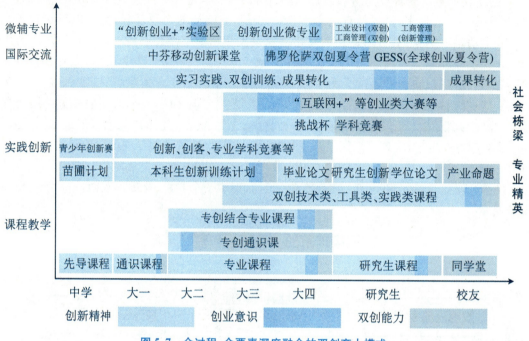

图5.7 全过程、全要素深度融合的双创育人模式

2. 以环同济知识经济圈为载体，营造"城校共生"的双创育人生态

一方面，注重创新驱动、知识外溢。依托同济大学，承接大学优势学科知识外溢和师生创业，在校区周边形成"环同济知识经济圈"，实现"创意—创造—创新—创业"的全过程、全链条贯通、融合。联合行业产业导师，开设面向全校学生和创业校友的"社会创新创业""创新创业管理""创新管理""全球领导力"等国家级、市级和校级一流课程等，以及进阶式的"创业基础班—创业进阶班—创业企业CEO高级研修班"实训课程，培养、增强学生的创新创业思维和创新创业领导力，形成知识、人才、产业与城市空间互动发展的经济高地，为区域经济增长和社会发展提供强大动能，助推"传统工业杨浦"转型"知识创新杨浦"。另一方面，强调创业拉动、产业反哺。依托环同济知识经济圈，建成了资源集聚的高水平双创人才培养基地，将产业最新发展动态、企业实际需求、学术研究前沿进行无缝连接，把产业优势转化为教育资源，共同推动学科专业建设、师资及课程建设，带动全校专业重构、内容重塑、水平提升，实现从以学科为导向转向以学术前沿及战略新兴产业需求为导向，从专业分割转向跨界交叉融合，从适应服务转向支撑引领，显著提升了学校创新人才培养能力。该模式如图5.8所示。

3. 多元主体全面协同，完善双创教育管理机制和评价体系

一方面，注重创新多元协同机制。聚焦产业发展方向，协同园区和城区，建设校地企合作的"科技成果转化概念验证平台"和"无人系统多体协同重大科技基础设施"等科技成果转化和资源共享平台。发挥学校人才培养、科学研究、社会服务的功能，利用学校创新策源、学

科支撑和知识外溢的优势,促进园区科技创新、成果转化和产业升级,赋能智慧城市建设和城区创新发展。利用城区和园区政策和资源优势,反哺学校人才培养,共建多元协同的育人机制。另一方面,强调创建"双创"育人指标。作为教育部"双创"教指委主任单位,组织制定"双创"教育标准,形成由 8 个一级指标、64 个二级指标、128 个三级指标构成的"双创"建议评价体系,推动高校实施指标导向的多维度"双创"教育及评价。形成以创新精神、创业意识和"双创"能力为核心的大学创新人才培养质量文化,推动全国"双创"教育质量提升。该模式如图 5.9 所示。

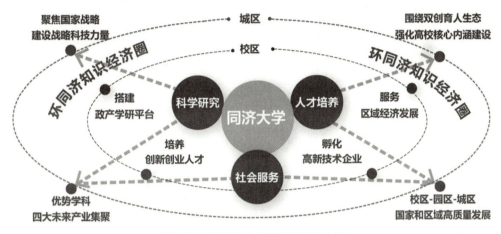

图 5.8 "城校共生"的双创育人生态

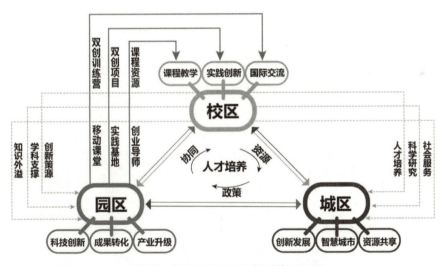

图 5.9 多元协同的双创教育管理机制

二、武汉大学:创新创业增智善用,社会服务躬身力行

武汉大学深入贯彻落实党中央、国务院关于全面加强新时代大中小学劳动教育的重要决策部署,切实发挥劳动育人功能,将劳动教育纳入人才培养全过程,在教育教学、创新创业、社会服务、校园生活中丰富、拓展劳动教育内容和形式,锻造新时代大学生劳动教育新场域、新模式,努力培养德、智、体、美、劳全面发展的社会主义建设者和接班人。

1. 增智善用,将劳动教育融入创新创业

强化科研创新训练,以科技创新类赛事为抓手,带动并提升学生自主完成创新性研究的能力。近5年学校学生共获得中国国际"互联网+"大学生创新创业大赛、"挑战杯"全国大学生课外学术科技作品竞赛等赛事奖项835项。强化创新创业实践,每年选拔专业成绩优秀、具有强烈创新创业意愿和潜质的学生开设自强创业班,系统讲授创新创业课程,开展创业项目设计、创业运营模拟、企业见习、孵化器创业体验等实践项目,进一步培育和提升学生就业创业能力。常年为100余支在校生创业团队提供专业化孵化服务,累计带动就业1000余人。强化生产实践体验,结合学科专业特点,梳理专业课程所蕴含的劳动教育元素,组织开展专业生产实习实践活动。如,生命科学学院组建水稻抗虫分子育种师生团队,长期扎根基层,把抗虫水稻播向千万亩农田,在劳动中体现科研价值、践行科技兴农。

2. 躬身力行,将劳动教育融入社会服务

增强公共服务意识,引导学生学习在防疫抗疫中的先进典型和优秀事迹,培育学生在面对重大疫情、灾害等危机时主动作为的奉献精神。如,病毒学国家重点实验室师生团队积极开展抗击新冠肺炎疫情科研攻关,取得一系列重大突破;测绘学院研究生开发疫情防控与病情监测系统,为防疫抗疫提供技术保障;测绘遥感科研团队实时提供灾区卫星数据,为河南省抗洪抢险应急救援提供信息支持。拓展社会实践场域,每年组织数百名"青马班"学员等赴基层党政机关、社区开展实习实训;积极开展"三支一扶"计划、西部计划等项目,统筹推进"三下乡"社会实践,每年组织近千支实践队伍、近万名学生赴全国各地开展社会实践活动。丰富志愿服务载体,对接大型赛事活动做好志愿服务工作,组织学生参加武汉革命博物馆党史讲解、校史馆义务解说、校园参观引导等,开展"与逆行者同行·为奉献者奉献""致敬抗疫英雄赏樱专场"等抗疫专项志愿服务,培育"清泉计划""学生党员先锋队"等22个志愿服务项目,引导青年学子在服务社会、服务群众中强化劳动观念、提升劳动技能、弘扬劳动精神。每年参与志愿服务学生达10万人次、志愿服务总时长累计40万小时。图5.10为武汉大学学子参与爱珈护珈志愿活动场景。

图 5.10 武汉大学爱珈护珈志愿行

3. 塑行赋能,将劳动教育融入校园生活

打造劳动教育校园文化,制定劳动公约、每日劳动常规、学期劳动任务单,组织开展"光盘行动"、"拾白——校园清理"、班级"校园卫生责任田"等活动,推动劳动教育生活化、常态化,引导学生在与他人合作劳动中体会劳动光荣,提升劳动能力。推动良好劳动习惯养成,定期开展寝室卫生检查,举行"寝室风采大赛",开展全校"文明宿舍"评选,不断提升学生自我管理能力。创造条件支持学生勤工助学,在全校设立1200余个勤工助学岗位,鼓励学生参与科研助教、学工助管、后勤服务、交通协管等工作,让学生在参与学校管理服务中增强劳动创造价值、创造财富、创造美好生活的认识,积累职业经验、提升就业能力,为个人生涯发展蓄力赋能。

三、浙江大学:广开劳动实践渠道,优化劳动教育生态

浙江大学深入学习贯彻习近平总书记关于教育的重要论述和全国教育大会精神,认真落实党中央、国务院关于全面加强新时代大中小学劳动教育的部署要求,聚焦"德、智、体、美、劳全面发展"的人才培养目标,大力加强劳育课程建设,着力丰富劳育实践活动,全力完善劳育评价机制,聚力打造具有特色的劳动教育体系。图5.11为浙江大学"党史青年行"社会实践团队。

图 5.11 "党史青年行"社会实践团队

1. 加强顶层设计,完善劳动教育培养机制

发挥学校学科优势,通过优化培养方案、完善课程建设等,将劳动教育有机融入人才培养全过程。制定《关于全面加强新时代大学生劳动教育的实施方案》,明确劳动教育要求,分别设定一定学时和学分,并将社会实践、志愿服务、就业创业、实习实训等纳入劳动教育认定范围。设置博士生社会实践必修环节,配备实践指导老师,全程参与指导、管理与评价,切实将劳动教育贯穿博士生培养过程。加强劳动教育课程建设,已建成"农事劳动实践"等公共劳动平台课程,多措并举推进劳动教育进课堂。明确要求各院系结合学科专业特点开设专

业实践劳动课程,支持和鼓励专业课教师在授课中结合专业内容开展劳动观教育,目前已建成72门专业实践劳动课程,实现劳育类课程在所有专业全覆盖。

2. 广开实践渠道,拓展劳动教育实施路径

将社会实践作为劳动教育的重要平台,深入推进"三下乡""青年学者社会责任行动"等社会实践活动,实施"行远""致远"等专项实践计划,每年组织近万名学生、近千支团队开展社会实践,打造学生受教育、长才干的精品实践课程。

大力推进志愿服务工作,持续创新志愿服务项目,引导广大学子在志愿服务中涵养劳动精神、提高实践能力,先后承担G20杭州峰会(图5.12)、全国学生运动会、世界游泳锦标赛等大型赛会的志愿服务工作,每年参与志愿服务的学生达12万余人次。

依托"蒲公英""挑战杯""互联网+"等创新创业赛事平台,大力支持学生开展基于创新的创业实践,引导学生在劳动中培育奋斗精神。推动劳动教育常态化、生活化,鼓励学生主动投身学生社区运营管理,积极参与教室、实验室、食堂、校园场所的卫生保洁、绿化美化、公共秩序管理等工作。充分挖掘勤工助学工作的劳动育人内涵,在校内设立2300余个勤工助学岗位,每年参与人数达1.1万余人次。

图5.12　G20峰会浙江大学志愿者出征

3. 夯实组织保障,优化劳动教育生态环境

成立劳动教育评价工作小组,细化落实《深化新时代教育评价改革总体方案》中有关劳动教育的相关要求,健全和完善学生劳动素养评价标准、程序和方法,将过程性评价和结果性评价相结合,依托信息化手段实现学生劳动教育过程记录,将劳动素养评价纳入学生评价体系,并作为衡量学生全面发展的重要内容。整合各方资源,联合地方政府、行业企业、科研院所、基层社区等协同推动大学生社会实践共同体建设,引导广大学子在服务社会经济发展中深化劳动实践、强化劳动育人。积极选树优秀志愿者、公益之星等典型,大力宣传劳动教育的典型做法、典型人物及典型事迹,弘扬"劳动光荣、创造伟大"的主旋律,营造热爱劳动、尊重劳动的浓厚氛围。

第四节　思想政治教育与劳动教育相结合的模式

思想政治教育与劳动教育相结合的模式是一种将劳动教育与思想政治教育有机融合的教育模式,通过引导学生树立正确的人生观、价值观,培养他们的社会责任感。这种模式的特征在于注重培养学生的思想道德素质和实践能力,强调思想政治教育与劳动教育的有机结合。

这种模式的积极意义体现在多个方面。首先,通过将劳动教育与思想政治教育相结合,学生能够在劳动实践中接受思想政治教育的引导,树立正确的人生观、价值观,增强社会责任感。其次,这种模式能够培养学生的实践能力和创新精神,通过实践活动,学生能够将所学的知识应用于实际问题的解决中,提高他们的综合素质。再次,这种模式还能够促进学生的团队合作精神和沟通能力的发展,通过参与团队活动,学生能够学会与他人合作、协调和沟通。最后,通过开展多样化的劳动实践活动,学生能够拓宽视野,增加社会经验,提升综合素质。

以上海交通大学、南京大学和西南大学为例,它们都采用了思想政治教育与劳动教育相结合的模式。上海交通大学丰富"双创"课程内容,实现"大思政"育人常态化,通过开展创新创业项目和社会实践活动,培养学生的实践能力和创新精神。南京大学则注重课程劳育立德树人,通过"文化劳育"提升学生的素养和社会责任感。西南大学实施五维全程实践育人,将思政教育与立德树人相结合,通过多元化的劳动实践活动,培养学生的实践能力和创新精神。

一、上海交通大学:丰富"双创"课程,思政指导劳育

上海交通大学是全国首批入选国家级"双创"示范基地的四所高校之一,学生创新中心作为主要建设单位,在"双创"人才培养中取得了卓越的建设成果,多年来在国内高校"双创"教育中发挥了示范和引领作用。2016 年,上海交通大学入选国家首批大众创业万众创新示范基地;2020 年,将创业学院融入学生创新中心,中心业务囊括了第一课堂的基础实践教学(工程训练中心)和第二课堂的创新实践体验。2021 年,学生创新中心完成了覆盖学生 5483 人次的课程教学,第一课堂课程量大面广。在第二课堂方面,学生创新中心在创业实践、校企合作、交叉学科、竞赛指导等方面提供了坚实支撑,为劳育与思政相结合的研究工作提供了扎实的基础和实践平台。

1. 提升实践教学教师素养,善用"大思政课"思想指导教学工作

上海交通大学的学生创新中心拥有丰富的实践教学教师资源,但多数教师存在对思政环节认识不够到位、理论素养不足等情况。唯有实践教学一线教师认识到思政教育的紧迫性,能将专业课程育人和思政教育有机结合起来。因此,学生创新中心尝试组织教师参与"一流课程与课程思政案例分享会",让一线教师通过学习优秀案例认识到在课堂中联系理论的重要性,同时通过统一课件增加劳动精神相关内容,双管齐下,提升实践教学教师的素养。

2. 丰富双创课程内容,挖掘"大思政课"教学资源

上海交通大学学生创新中心的工程实践类课程内容多、学时多、参与学生多,对学生劳动观、价值观的培养产生了潜移默化的影响。学生创新中心利用在创新教育、创业实践方面的资源在学生与产业前沿之间构建桥梁,提供丰富的"大思政课"形式(图 5.13)。教师以此为切入点,根据实践创新课程、创业课程等不同类型的教学内容,挖掘开展思政教育的相关资源,如基层劳动实践、志愿服务、科创项目等,同时在课程中坚持实践创新导向,重视理论与实践的结合,重视创新意识、创新精神和创新技能的培养,让学生在实践中检验、在实践中发现、在实践中创新。

图 5.13 上海交通大学积极推进大中小学思政课一体化共同体建设

以学生创新中心的实践类课程为例,在概论课环节,以面向各专业、各年级学生,结合大国重器与工程实践挖掘课程的深刻意义,激发学生的劳动精神和爱国热情,同时结合国家重点行业企业资源,以"大思政课"思想指导和丰富概论课环节的形式。在课程实践环节,着重培养学生的劳动意识、安全意识、现场管理意识,将企业 6S 管理融入课程,潜移默化地培养学生的劳动精神。在团队项目制作环节,让低年级学生提前体验科研项目的研究过程,通过企业导师、专业导师共同指导,在项目执行中增强创新意识、培养劳动精神,同时要求学生将家国情怀等融入项目主题,让"大思政"在实践中润物细无声。

3. 优化双创实践教学过程,构建与善用"大思政课"相匹配的劳育体系

"大思政课"的实践推进是一项系统性工程。善用"大思政课",需要探索在思想政治教育、专业课程教学、实践教育体系中融入劳动知识教育,建立与其相匹配的育人体系。体系的建立需要巨大的投入,上海交通大学学生创新中心现已建成了以教学、开放实验室、创业培养、科创竞赛、校企合作为业务主线,以多形式、分层次、重交叉、聚合力、求创新为发展宗旨,以培养学生创新实践能力和激发创新潜质为根本目标的创新创业教育平台。在如此强大的平台基础上进行优化,在课程、竞赛、实践、教学等多环节育人中加入劳动精神教育,顺利建设起多层次、可迭代、螺旋进阶的劳育体系。

4. 完善机制保障,劳动精神融入"大思政课"常态化

落实"大思政课"需要有坚实的体制机制作为保障。作为上海交通大学强化劳动教育的实践载体,学生创新中心作为桥梁单位,积极组织校、院两级开展企业生产劳动实践和服务性劳动,例如学生创新中心配合学校开展"电工学堂"教学工作,与后勤保障中心老师联合教学,积极参与组织面向全校学生的第二课堂劳动体验课的建设,做到校内协同、资源共享;有机结合思政教育、专业教育和劳动教育,使劳动精神能够在有效的机制保障下融入校园文化,构建"大思政"育人常态化机制,全面落实立德树人根本任务。

二、南京大学:"课程劳育"立德树人,"文化劳育"提升素养

基于对劳动教育实践探索的梳理与总结,南京大学探索构建了"劳育课程—实践活动—文化品牌"三模块互动融合的劳动教育体系,即建设南大特色的劳动教育课程模块、实践活动模块,打造劳动教育文化品牌,形成劳动教育课程、实践、文化互动融合育人的格局,让学生在劳动教育的知行合一、文化浸润中系统提升劳动素养。

1. 确立新时代大学生劳动教育的培养目标

南京大学劳动教育体系的核心培养目标是系统提升学生的劳动素养,培育形成学生"懂劳动、会劳动、善劳动、爱劳动"的群体特征:"懂劳动"旨在让学生理解和形成马克思主义劳动观,懂得"劳动最光荣、劳动最崇高、劳动最伟大、劳动最美丽"的劳动价值观。"会劳动"旨在让学生具备满足生存发展需要的基本劳动能力,形成良好劳动习惯。"善劳动"旨在让学生能够结合学科和专业基础,适应科技发展和产业变革,运用新知识、新技术、新工艺、新方法创造性地解决实际问题,善于从事高阶性、创新性劳动。"爱劳动"旨在让学生体会劳动创造美好生活,培养勤俭、奋斗、创新、奉献的劳动精神。

2. 以知行合一理念引领新时代大学生劳动教育

第一,通过实施"课程劳育"提升学生的劳动认知。在人才培养方案中设置"大学生劳动教育"必修课程,在大学一年级开设。课程以辩证唯物主义和历史唯物主义方法论为指导,以唯物史观中关于劳动的基本思想和观点为逻辑主线,以习近平总书记关于教育的重要论述为根本遵循,深刻揭示劳动的本质、劳动的作用、劳动的价值、劳动与人自身的关系、劳动与科技发展的关系、劳动发展的未来趋向等劳动哲学方面内容,详细阐述人类社会不同发展阶段劳动的基本特征、新时代劳动形式的变化对劳动的深刻影响,以及构建和谐劳动关系的重大意义与实现途径。第二,通过实施"实践劳育"培养学生的劳动能力。在人才培养方案中设置"大学生劳动教育实践学分",在大学1~3年级开展劳动教育实践。探索采用"基础实践+学科实践+综合实践"劳动教育多元融合实践教学模式,系统提升学生的劳动能力。大学生劳动教育实践学分采用"累积学时认定制",结合南京大学"一二课堂融通"机制建设,学生参与劳动教育实践累计达到一定要求,予以认定学分。

3. 以文化浸润培养大学生的劳动精神

通过实施"文化劳育",创设南大特色的劳动教育文化特色品牌,形成浓厚的劳动教育文化氛围,浸润滋养学生的劳动精神。一是打造"小蓝鲸劳动月"劳动教育文化品牌。在每年五月份,组织"劳模大讲堂",邀请劳动模范进校园作先进事迹报告,让学生聆听劳模故事,与劳模对话交流,深刻感悟劳模精神、劳动精神、工匠精神。二是打造"小蓝鲸义工团"劳动教

育文化品牌。组织学生赴基层、农村、艰苦地区开展送温暖服务和支教等活动,让学生扎根中国大地,了解国情民情,在社会实践与志愿服务中锻炼劳动技能,培养新时代大学生的家国情怀。三是打造"小蓝鲸专业服务队"劳动教育文化品牌(图5.14)。组建院系专业服务队,发挥自身学科专业优势,赴地方、行业、企业、社区等开展专业服务志愿劳动,让学生在专业服务中培养专业精神和服务意识。

图5.14 南京大学"小蓝鲸专业服务队"校内绿化活动

4. 建立新时代大学生劳动教育的评价体系

在人才培养方案中,大学生劳动教育设置2个必修学分,包含1个劳动教育课程学分、1个劳动教育实践学分,学生分别通过修读劳动教育课程和参加劳动教育实践认定获得。在劳动教育课程评价方面,横向上通过劳动基本理论的掌握程度、马克思主义劳动观的理解程度两个维度,纵向上通过随堂测试、主题讨论、心得体会、学习时间四个维度,综合评价学生"懂劳动"的达成度。在劳动教育实践评价方面,横向上通过劳动技能的掌握程度、创造性与高阶性劳动的掌握程度、劳动意识与劳动精神的体悟程度三个维度,纵向上通过学时累积、劳动表现、劳动感悟三个维度,综合考察"会劳动""善劳动""爱劳动"的达成度。

三、西南大学:五维全程实践育人,思政教育立德树人

在推动我国由农业大国迈向农业强国的征程中,习近平总书记向全国涉农高校发出号召"以立德树人为根本,以强农兴农为己任,拿出更多科技成果,培养更多知农爱农新型人才"。要完成好这一使命,必须推进新农科建设,充分认识到实践育人的重要性,深刻把握实践育人亟待解决的问题,探索实践育人新体系。西南大学肩负高等农业教育的使命,面向"新农业、新乡村、新农民、新生态",扎实发展新农科,紧密围绕立德树人根本任务,以学生的成长成才为出发点,系统构建了"五维三核"实践育人体系,即设置"三农认知实践""课程实习实践""专业实习实践""三下乡社会实践""特色活动实践"五个实践育人维度,并有效导入

"思政教育""劳动教育""国际化育人"三大核心育人理念,实现三核育人理念与五维实践环节的有机融合,培养担当民族复兴重任的农科时代新人。

1. 聚焦人才培养:打造五维全程实践育人方案

整体规划、系统设计、科学布局,将学生教学实践与社会实践、特色活动实践等融合,第一课堂与第二课堂相互补充,提高学生对专业的认可度,提升专业实践技能,增强创新创业能力。将"三农认知实践""课程实习实践""专业实习实践""三下乡社会实践""特色活动实践"分别以一定学分计入人才培养方案,打造五维全程的实践育人方案。一是设立"三农"认知实践环节,如现代农业导论(1.5学分)、专业认知实习(1学分);二是设立课程实习实践环节,如作物生产实践/作物生产实训/植物繁育实训(3学分);三是设立专业实习实践环节,如专业实习/科研训练(8学分);四是设立"三下乡"社会实践环节,如社会实践(1学分);五是设立特色活动实践环节,如创新实践(2学分)。以人才培养方案为根本,形成合力,打造"五维"全程实践育人方案,对于增强学生"三农"情怀,提高学生创新创业能力,培养学生综合素质发展具有重要意义。图5.15为西南大学劳动教育实践课程开课合影。

图5.15　西南大学劳动教育实践课程开课合影

2. 紧扣立德树人:把思政教育融入实践育人

当前大学生思想政治教育工作,要因时而进、因事而新,要依据新时代发展的特征,不断变化教学形式,融入新鲜的血液和元素,提高思政教育开展的实效性。通过讲案例、注元素、建阵地、创载体和传文化等形式,将农科学生思想政治教育融入实践育人,更容易使学生接受和吸收,真正地将思政教育落到实处。在大思政视域下,围绕"五融合"理念,从五个板块进行设计,实现立德树人目的。一是思政教育融入"三农"认知实践,通过挖掘袁隆平等名师大家案例、参访企业负责人从事农业实例等,培养学生热爱农业科学。二是思政教育融入课程实习实践,通过让学生将实验田种植布局成具有中国特色的样式、了解中国古代及现代农作物品种等,增强学生民族自豪感。三是思政教育融入专业实习实践,将校内外实践基地打造成思政教育主阵地,在实习实践中通过与学生探讨粮食安全问题、生态文明建设问题等,激发学生的使命与担当。四是思政教育融入"三下乡"社会实践,通过多元的志愿服务活动,培养学生助推乡村振兴、助力脱贫攻坚的意识和情怀,践行社会主义核心价值观。五是思政教育融入特色实践活动,通过举办"我来讲袁隆平故事""我和我的祖国·演讲比赛""种艺画创作大赛"等活动,表达学生的爱国情怀,增强学生民族自豪感、文化认同感。

3. 贴合学科特点:将劳动教育融入实践育人

劳动教育是中国特色社会主义教育制度的重要内容,直接决定社会主义建设者和接班人的劳动精神面貌、劳动价值取向和劳动技能水平。针对目前一些大学生不会劳动、不想劳动、不珍惜劳动成果的现象,将劳动教育紧密融入实践育人,解决劳动教育正被弱化、淡化的关键问题。根据农科专业特点,在各类实践活动中,对于学生能亲自参与实际劳动的实践活动,让学生亲自参与,在劳动中出力流汗、磨炼意志、锻炼技能、体验价值;对于学生不能亲自参与实际劳动的实践活动,通过劳动场景展示、人物事迹介绍、校内外实践导师讲解等方式,引导学生树立劳动情怀。

一是在"三农"认知实践环节,通过聆听院士讲座树立劳动教育情怀、通过参观现代农业企业体验认知劳动价值。二是在课程实习实践环节,通过让学生动手劳动、出力流汗,不仅能将理论与实践结合,更能使学生接受锻炼、磨炼意志。三是在专业实习实践环节,通过在校内外企事业单位等连续长时间劳动,真正地将论文写在祖国的大地上,一方面提升学生专业综合技能,另一方面使学生更好地适应社会、树立正确的择业观。四是在"三下乡"社会实践环节,通过走访调研、支农支教等农科学子联合实践劳动,培养学生团结协作和艰苦奋斗精神,增强学生解决实际问题的能力和社会责任感。五是在特色活动实践环节,通过开展庆祝"中国农民丰收节"等劳动教育相关特色活动,使学生能够理解和形成马克思主义劳动观,牢固树立劳动最光荣、劳动最崇高、劳动最伟大和劳动最美丽的观念,体会劳动创造美好生活,劳动不分贵贱,热爱劳动,尊重普通劳动者。

4. 面向"双一流":推动国际化育人融入实践育人

国际化是高等教育发展的必然趋势,已成为世界范围内一流高校发展的重要组成部分。在这样的背景下,将国际化育人融入"五维"实践环节,充分利用"111基地"的外国专家、中外合作办学项目的外教及来华留学生资源,聘请外国专家或外教参与指导实验实习实训等实践活动,同时邀请留学生与中国学生一同参加各类实践,利用多种途径,提升学生英语水平,锻炼国际化思维,开阔国际化视野。在专业认知实践、课程实习实践、"三下乡"社会实践环节,一方面挖掘开发双语授课、双语展示,在实践中融入国际化元素;另一方面充分利用学校培养本科留学生优势,加强国内学生与留学生交流。在专业实习实践环节,紧密结合毕业论文,要求学生学会阅读和引用SCI文献,撰写高水平毕业论文英文摘要,鼓励学生发表SCI学术论文。在特色活动实践环节,设立专项经费,支持学生赴国外高校进行交流实践,联合海外力量,培养具备全球视野的国际化新农科人才。

第五节　劳动建校与优秀地域文化涵育劳动教育

劳动建校的历史可以追溯到中国现代教育的初期。在新中国成立前后,许多高校面临着基础设施薄弱、校园环境落后等问题。为了改善学校条件,一些学校师生积极响应号召,自力更生,通过劳动来建设校园。通过让学生参与校园建设,将理论知识与实践操作相结合,培养学生的实践能力和创新精神,同时也让学生深刻体会到劳动的价值和意义。在劳动建校的过程中,学校师生团结一心,共同协作,完成建设任务。

安徽建筑大学、同济大学的劳动建校运动是典型的代表。学校为了解决高校基本建设问题,开展了声势浩大的劳动建校运动。全校师生用自己的双手,积极投身校园建设,包括搬运石头、挖掘土方、修建房屋等。这场运动不仅改善了学校的硬件设施,也培养了师生的劳动精神和实践能力,成为高校历史中一段宝贵的记忆。

一、安徽建筑大学:劳动建校历程

安徽建筑大学的前身是安徽建筑工业学院,2013 年更名安徽建筑大学。从 1958 年算起,安徽建筑大学的建校时间虽然不太长,但建校过程却充满了艰难曲折,特别是在 1986 年安徽建筑工业学院复办之前,经历了"三上三下"的过程。

(一)"三上三下"的曲折创建

1. "一上"和"二上"

追溯安徽建筑大学的历史,要从 1958 年的安徽建筑工程学校说起。据档案记载,1958 年 9 月,为支援安徽建设,根据当时国家建筑工程部的指示,苏州建筑工程学校 324 名师生、沈阳计划经济学校 4 名教师来到合肥,与安徽省建设厅干训班 179 名师生共同组建了安徽建筑工程学校。当时的学校选址于合肥市青年路(现徽州大道)的东陈岗。安徽建筑工程学校的诞生,就是安徽建筑大学曲折建校史的开端,是学校"三上三下"中的"一上"。

安徽建筑大学档案馆馆藏的相关档案显示了安徽建筑工程学校初建时的状况:"回顾建校初期,仅有教职工 15 人,招收了 164 名新生。校舍是瓦平房两幢、草房九幢……由于没有宿舍,数百名师生暂时住宿在安徽省委党校。""在第一任校长秦亚光的带领下,全校师生开始劳动建校。为了建造学校,所有建筑材料都由全校师生搬运。徒步去十里之外的老火车站搬运木材、在夜间运输施工器材和水泥成为日常。"图 5.16 为 1959 年学校首届毕业生 404 班合影。

到了 1960 年 3 月,安徽建筑工程学校教职工发展到 99 人、学生 587 人,开设了工业与民用建筑、硅酸盐两个专业。就在这时,安徽省委指示安徽建筑工程学校从当年下学期开始,在中专的基础上,扩建成为安徽省第一批培养高等建筑人才的建筑工业学院。

1960 年 9 月,经国务院批准,合肥工业大学土木系的学生 89 人、教师 7 人并入学校,正式成立安徽建筑工业学院,原本的中专学校"二上"变成本科校,时任中国科学院院长的郭沫若也欣然题写了校名(图 5.17)。当时的安徽建筑工业学院设工业与民用建筑和建筑学两个专业，分四年制本科和三年制专科；同时设立了中专部，有工业与民用建筑、硅酸盐水泥、建筑机械与设备 3 个专业。

图 5.16　1959 年安徽省建筑工程学校首届毕业生 404 班合影

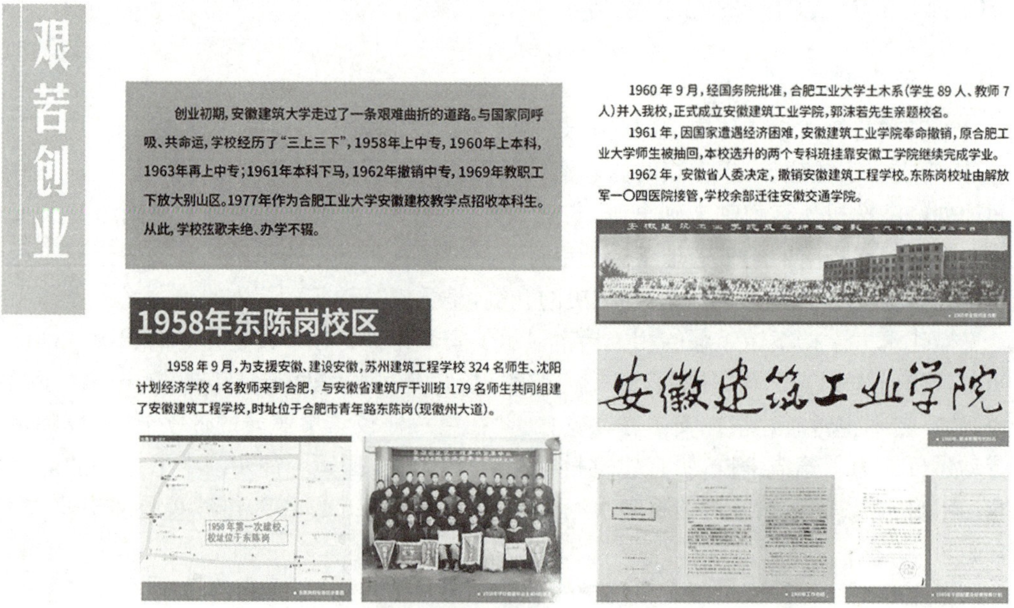

图 5.17　安徽建筑大学艰苦创业

2. "一下"和"二下"

学院建立不久，因国民经济遭受暂时困难，1961 年暑期，安徽建筑工业学院奉命撤销，原先的合肥工业大学师生回归原校,而本校选升的两个专科班挂靠安徽工学院继续完成学业,安徽建筑工业学院本科下马,"一下"变回了中专的安徽建筑工程学校。1962年,安徽省人民委员会决定撤销安徽建筑工程学校,原本的东陈岗校址由解放军104医院接管。此为学校的"二下"。

3. "三上"和"三下"

安徽建筑大学的"三上""三下"发生在20世纪60年代。1963年4月,根据当时经济发展需要,安徽省人民委员会决定重建安徽建筑工程学校,校址选在今天合肥市东流路上的凌大塘(图5.18)。凌大塘校址是一家已经停产的建筑预制构件厂,这里地处农村,远离市区,交通不便,用水艰难,条件极其艰苦。安徽建筑大学档案馆相关档案记载了当时建校遇到的难题:"此处对外交通,目前主要依靠一条通到合肥仪表厂与青年路连接的临时道路……但路面损坏,一遇天雨,泥潭很深,一般车辆都无法通行。"

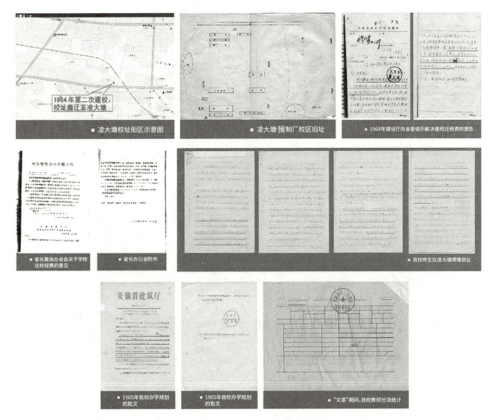

图 5.18　安徽建筑大学凌大塘校区资料

在如此艰苦的条件下,学校师生发扬了艰苦奋斗的精神。据相关档案记载,建筑工程学校教学大楼采取边设计、边备料、边施工的办法,既不妨碍教学又不妨碍装修,在1964年7底前装修完毕,8月下旬全部交接结束。1964年8月,安徽建筑工程学校迁往凌大塘。在新校址,安徽建筑工程学校设置了工业与民用建筑、建筑材料检验两个专业,同年恢复招生。

1969年底,安徽建筑工程学校停止招生,学校19名教职工下放到大别山区,集中在岳西县石关、白帽、菖蒲、黄羊四个人民公社参加生产劳动。

1971年,安徽省基本建设局决定将安徽建筑工程学校与安徽省基建局技工学校合并,成立安徽省基建局建筑工程学校,校址选在基建局技工学校所在的金寨路,也就是今天安徽建筑大学(北区)的位置。据档案记载,当时学校的面积仅有45亩。学校设置工业与民用建筑、水泥工艺两个专业,从1973年开始招收学生。

1977年恢复高考后,安徽建筑工程学校开始以合肥工业大学教学点的名义招生,招收工民建专业四年制本科生。1983年3月,建校教学点改为合肥工业大学建筑分校,增设建筑学和城市规划两个四年制本科专业。图5.19为1983年的学校办公楼。

图5.19　1983年的学校办公楼

1986年12月,经国家教育委员会批准,以合肥工业大学建筑分校为基础,正式复建安徽建筑工业学院(图5.20)。校名沿用郭沫若所题写的"安徽建筑工业学院"。

图5.20　1986年学生庆祝安徽建筑工业学院复建

据档案记载,复建后的安徽建筑工业学院设有2个系、6个专业,包括一系的工业与民用建筑专业、给水排水专业,二系的建筑学专业、城市规划专业、建筑管理工程专业、村镇建筑专业;并建有7个教研室、7个实验室和语音室、电教室等。最难能可贵的是,学院的建筑设计室在当时就开始对外承接设计任务。图 5.21 为安徽建筑大学南校区徽弘门。

图 5.21　南天徽韵:安徽建筑大学南校区徽弘门

"三上三下",玉汝于成。从 1958 年至 1986 年,安徽建筑工业学院经历了从始建、停办到恢复等多个时期,其间共为国家培养大专及以上各类人才 1600 多人,有力地支援了安徽的城乡建筑事业。学院复建后,由此进入了一个新的发展时期。直至 2013 年改名为安徽建筑大学。

(二)劳动建校图:特色鲜明谋发展

作为安徽省唯一的建筑类高等学校,安徽建筑大学从 20 世纪 50 年代成立开始,就带有鲜明的"建筑"特色,并利用自身的专业优势有力地支援了全省乃至全国的城乡建筑事业。

1. 筚路蓝缕,劳动建校

在安徽建筑大学校史馆里,有两份档案引人关注:一份是《劳动建校图》(图 5.22),描绘的是 1958 年安徽建筑大学第一次在东陈岗建校时,当时这里一片荒凉,500 多名师生就发挥学校建筑专业的特长,一边教学、一边劳动,用辛勤的汗水盖起了教学大楼等建筑。

图 5.22　反映东陈岗建校的《劳动建校图》

另一份是《凌大塘校区旧址平面图》(图 5.23)，真实地反映了 1964 年学校师生在这片荒芜的厂地上开始第二次建校时的艰辛历程。而当时的校区建设也是由学校师生自己完成的。

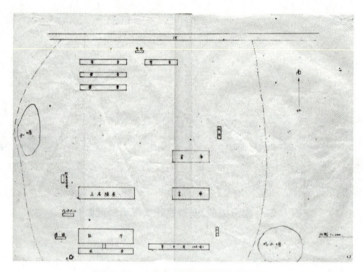

图 5.23 《凌大塘校区旧址平面图》

2. 扎实培养建筑类劳动人才

安徽建筑大学的专业优势不仅运用在自身校区的建设上，而且以多种形式积极为地方建设培养专业人才。合肥市档案馆藏着一份 1989 年《合肥市教育局委托安徽建筑工业学院举办工民建专业、大专〈专业证书〉教学班的协议》。在这份协议中，我们看到教学班的培养目标是，培养"能适应教育事业发展和加强建筑业管理能力，提高业务水平；在岗位专业知识上使之达到与高等专科学校同类专业相当规格质量要求，具有扎实的专业理论知识，懂业务、会规划、会设计、会核算、会施工管理，符合岗位要求的大专专业知识水平的工民建筑的技术人才"。参加学习的学员必须符合"从事建筑规划、设计、施工和有关管理工作，确属本系统、本单位工作需要，而尚未达到岗位所要求的大专程度的在职人员""有五年以上本岗位专业工龄，所学专业对口"等条件。

符合条件的人员，由所在单位推荐，上级业务主管部门批准，经承办单位文化考核合格后入学。课程设置上，则要求"体现工民建专业的特点，针对性要强，教学要有所侧重；设置 8~10 门课，教学总学时为 830 学时，分为基础课、专业基础课、专业课、讲座课及实习、设计课；教学计划根据岗位规范和实际工作需要制定"。学习方式则是半脱产在职学习，采取分散与集中相结合的方法组织教学并全部面授，学制为一年半。学员学完教学计划规定的全部课程，考试成绩全部合格后，发给成人高等教育专业证书。

20 世纪八九十年代正是我国社会主义建设高速发展的一个时期，安徽建筑大学采用多种方式灵活培养建筑人才，共培养了几千名专业人才，无疑对城乡建设起到了巨大的推动作用。

二、同济大学："劳动建校"恰当年

"与祖国同行，以科教济世"。新中国成立初期，同济大学根据国家高等教育发展需要调整院系并投入到社会主义建设的时代洪流之中。院系调整后,重构学科布局,努力培养国家建设亟须的人才。为了推进学校发展,解决教学、办公、生活用房紧缺等问题,从1952年暑期开始,学校开展了"劳动建校"运动(图5.24)。

图5.24 同济大学劳动建校场面

"劳动建校"是新中国成立初期在中央政府领导下推进高校事业发展的一项重要举措,有效解决了当时各高校校舍不敷应用的困难。在"劳动建校"过程中,同济师生发扬自力更生、艰苦奋斗的精神,充分发挥学科优势和专业特长,自己动手规划、设计校舍和校园道路;响应国家号召,支持新中国社会主义建设;结合实际,教学相长,努力培养合格建设人才。通过"劳动建校"运动,师生们在亲身体验中树立了劳动观念,形成了崇尚劳动、尊重劳动的校园新风尚。在师生的共同努力下,学校兴建了一大批极具特色的优秀校园建筑,形成了今天四平路校区的雏形。

(一)服从国家大局,推动学校发展

1. 实施院系调整,确立学科特色

1949年5月,上海解放。同年秋季,学校文学院、法学院被划转至复旦大学。1950年2月,中央人民政府政务院决定将同济大学医学院及附属中美医院迁往武汉。至1952年国家实施全国性院系调整,同济的医、理、文、法四大学院及工学院部分系和专业相继迁出;同时,华东地区高校的土木建筑专业齐聚同济。自此,同济确立了以土木建筑为主的学科体系,形成了新的办学特色。

2. 搭建临时建筑,保障办学需求

实施院系调整后,四大学院及相应校舍相继迁出,学校仅存的工学院校园则汇聚了来自各高校的千余名师生员工。同时,学校还须根据国家需要扩大招生规模,培养新中国建设亟须的人才。如此一来,学校的教学办公生活用房变得异常紧缺,给学校的日常教学带来了严

重困难。为了缓解校舍紧缺压力，学校临时搭建了十多个草棚式建筑，以保障日常教学和师生生活的基本需求。

(二) 开展劳动建校，厚植荣校情怀

1. 健全组织机构，推动校舍建设

1952年下半年，学校着手兴建新校舍。根据华东军政委员会教育部的指示要求，学校先后成立了校舍修建事务处、劳动建校指挥部、校舍修建委员会、校舍建设委员会等组织机构，统筹新校舍建设工作。在此后多年的建设过程中，相关机构制定工作计划，推进规划设计，指导施工作业，监督工程质量，协调教学安排，组织师生劳动，有效保障了校舍建设工作的顺利开展。

2. 推动劳动建设，厚植劳动观念

为了增强师生的劳动观念，节省建设开支，学校决定开展劳动建校运动，发动全校师生到校舍建设工地参加劳动。在首期义务劳动中，共有30名教授、80名讲师及助教、85名普通职工、1184名学生和108名其他工友参与劳动建校。通过平整土地、修整道路等义务劳动，提高了师生的思想觉悟，增强了师生的劳动观念和群众立场，提升了师生的主人翁意识和爱国荣校情怀。

在劳动建校过程中，学校结合学科特色整合校内资源，发动师生以饱满的热情投入到校园建设的各项工作之中。校舍建设中的规划与设计环节是同济人的看家本领。师生们凝心聚力，充分发挥聪明才智，从实地勘察到现场测绘，从讨论规划到落实设计，从构思设想到绘制图纸，每一个环节都饱含着师生们的设计灵感和慧心巧思，承载着师生们的日夜劳作和辛勤汗水。

(三) 不负时代使命，筑显同济风采

1. 开展劳动竞赛，增强团队意识

为了推进劳动建校运动，学校决定每学期停课4天集中开展义务劳动。在劳动过程中，师生们自发组建劳动竞赛队伍，相互竞争、相互鼓励，形成了热火朝天的劳动氛围，增进了团队合作和师生友谊，取得了劳动光荣的思想升华。通过你追我赶、比学赶帮的劳动竞赛，激发了师生的干劲和热情，首期劳动原计划4天的工作量，师生们仅用3天时间就提前完成了工作任务。

2. 师生共建共享，谱写美丽华章

在如火如荼的工地现场，处处都有教师的身影。他们有的组成单独的竞赛队伍，有的与学生联合组队。此时的工地上，上至领导、教授，下至学生、工友，"同济人"是他们共同的身份。领导的带头参与激励着学生，教授的身先士卒带动着学生，"巾帼不让须眉"感染着学生，青年教师和广大学生发挥聪明才智，勇挑建校重担。他们或在制图桌前精打细磨，一笔一画绘制建筑图纸；或顶着烈日进行现场测绘，为建筑施工和道路建设提供可靠的测量数据；或深入一线工地参加劳动，用勤奋劳作使一座座土坡化为平整土地。

在学校领导和教授们的感召下，学生们积极投身劳动建校运动。在学校停课开展的首期集中义务劳动期间，全校96%的学生参加了义务劳动。在热火朝天的工地现场，学生们争

先恐后,分工合作,形成了高效协同的工作团队;学生们还运用课堂上学到的各种知识,开动脑筋,集思广益,改进搬运方式,提高劳动效率,为顺利完成劳动任务贡献了智慧和力量。

3. 建设综合楼宇,打造文化地标

学校大力推进教学办公楼宇建设,解决校舍严重不足的矛盾。师生们自己动手设计图纸,亲自到工地指导施工,推动建设工程保质保量按时完成。这一时期,学校先后建设了教学大楼、文远楼、电工馆、理化实验馆、工程实验馆、实习工厂、民主楼、和平楼等一批教学办公楼宇,为日后顺利开展教学工作奠定了基础。

在四平路校区的绿树浓荫中,掩映着许多经典建筑,一代又一代的同济人在这里留下了难忘回忆。从具有典型包豪斯建筑风格的文远楼(图5.25),到作为学院派代表作的教学中心大楼(现南北楼),从校园经典景观三好坞,到位于同济新村的工会俱乐部,这些建筑见证了同济半个多世纪的发展历史,承载着莘莘学子的琅琅书声和壮志踌躇,成为同济百年历史上的永恒经典。

图 5.25　1954 年同济大学文远楼

实践与思考

1. 根据大学生劳动教育的几种典型做法,结合自己参与的劳动教育,写一篇劳动教育心得。
2. 面向学院全体同学,写一份劳动教育实践活动的策划方案。
3. 思考劳动教育实践与课程综合实践的区别和联系。
4. 根据你所在学校的校史校情,谈谈劳动精神在校园文化建设中的体现和发展。

第六章 劳动育人的国际经验

学习目标

- 了解书中列举的几个国家的劳动育人模式和特征。
- 了解他国经验对我国新时代劳动教育的启示和借鉴意义。
- 能够说明几个国家劳动育人的差异性和统一性。

国外近现代劳动教育发展主要有两个源头：一是在马克思关于"教育与生产劳动相结合"基础上发展的劳动教育，俄罗斯继承了这一模式。二是在"劳作学校"模式和"做中学"模式基础上发展的劳动教育。沿着这一脉络发展起来的国家有美国、德国、芬兰、日本等，这些国家的劳动教育都源于"手工艺教育""工艺教育"，最终蕴含于技术教育之中，既具有很强的相似性，但又略有不同。其中，美国生计模式倾向于通过劳动教育培养学生的技术素养；德国倾向于通过劳动教育帮助学生认识劳动世界，培养学生为职业选择做准备，具有职业教育的特性；日本主要是借鉴欧洲国家，进行了本土化的革新，即强调培养学生的技术素养，也重视劳育的职业教育导向；芬兰是实施素质教育典型国家，以"做中学"为首要前提开设的"手工课""家政课"均涉及劳育元素，强调通过"劳"与"动"最终达到身心协调，回归人的本质。本章旨在介绍和分析不同国家在劳动教育理论和劳动教育实践方面的成功经验和做法，以期为中国的劳动教育和人才培养提供有益的借鉴和参考。

第一节 美国生计教育模式

一、美国劳动教育理念与制度的演进

（一）"实用主义"理念引领美国推动劳动教育理论与实践的创新

在 20 世纪初期，在美国进步主义代表人物杜威、克伯屈以及帕克等人的积极倡导下，劳动教育的全新理论与实践方式逐步得以确立。他们主张以"从做中学"作为学校教学理念改革的关键要素，同时强调让学生在现实生活环境中不断汲取知识，锻炼能力，以实现个体综合发展。杜威则基于哲学、心理学及社会学的深厚积淀，提出教育应当是"生活经验的再造"的核心理念，倡导"从社会实践中进行学习"，侧重于学生个体在学习中的主体地位。他认为，学生应该在保持接受书本知识传授的基础上，更深入地参与生活情境，通过实践经验的

积累来促进个人的全面成长，同时为社会变革提供助力。杜威还强调，教师可以通过模拟生活场景，引导学生在实践中获得深刻感受，以此达到全面发展的目的。而克伯屈则主张校园是一个微型社会，学生在学校中的学习过程，实质上就是他们在社会中的成长过程。学生在微型社会中所积累的实际经验将会助益他们未来的成长和发展。同样，帕克主张通过活动课程这样的形式帮助学生们增长知识与技能，更加关注对实践操作及生活能力的锻造。正是这些理论家们对于劳动教育的深度见解与积极推动，为美国的实用主义教育思潮奠定了坚实基础，进而成为美国劳动教育理论与实践方向的基石。

实 用 主 义

实用主义是一种哲学思想，它强调实践、经验、效用和实际效果的重要性，主张以实际效果和功利为标准来判断和决定行动或理论的正确性。实用主义认为，真理不是一种静态的、绝对的存在，而是在实践中不断发展和变化的。它认为，人们的观念和理论是为了解决实际问题而创造的。因此，它们应该被看作是一种工具，而不是一种绝对的真理。

实用主义的核心思想是"实用即真理"，即一个观念或理论是否为真，取决于它在实践中是否有效用。如果一个观念或理论在实践中能够解决问题、带来实际效果，那么它就是真的。因此，实用主义强调实践和经验的重要性，认为只有通过实践才能检验一个观念或理论的正确性。

实用主义的思想对现代哲学、社会科学、文学、艺术等领域都产生了深远的影响。它强调实践、经验和实际效果的重要性，为人们提供了一种新的思考方式和方法，促进了现代社会的发展和进步。

（二）"生计教育"倡议加速美国对劳动教育理论与实践的深化推进

20世纪70年代，美国深陷"石油危机"漩涡之中，国内外经济状况都遭受了严峻挑战，失业率居高不下，传统的学校教育已无法满足社会对于具备自主谋生能力人才的需求。在此背景下，时任联邦教育部总署长官的西德尼·马兰（图6.1）提出了"生计教育"（career education）这一创新性倡议，倡导将劳动思想融入学校的常规课程，以期在教育的各个阶段推行全方位、多元化的教学方式。在"生计教育"的框架之下，学生将分别在幼儿园至小学的初级认知阶段、7~10年级的深入探索阶段以及11~12年级的就业准备阶段，系统地理解和熟悉美国劳动部门设定的15种类别的职业，并结合自身兴趣，选择适合自己的职业进行实践，通过亲身操作去获得切身体会。与此同时，"生计

图6.1 美国"生计教育"之父西德尼·马兰

教育"还重视学生在毕业后的就业技能培养,以此为他们踏入"劳动世界"做好充分的准备。随着这一新兴倡议的推广与落实,瞬间在美国社会各界引发强烈反响,联邦政府以及各州政府纷纷响应,推出针对性的计划和行动指南,全力推动和鼓励"生计教育"运动在美国各地的开展,使得这项崭新的劳动教育理念得到了广泛的关注和认可。

生计教育很快在社会上取得了广泛认同,获得了社会各界尤其是工商企业界的广泛支持;国会随后通过了第一部《生计教育法案》,各州也纷纷行动起来,在本州通过生计教育立法。1977年,国会又通过了《生计教育刺激法》,通过拨款等方式促进中小学生计教育的开展,教育与劳动相结合自此有了法律保障。

带有实用主义特征的教育与劳动的结合,在美国集中体现在生计教育的理论与应用上。生计教育注重与劳动世界的联系,主张一面读书,一面劳动。在进行知识教育的同时,注重自幼培养学生的劳动态度、劳动习惯、基本技能,强调培养他们的判断能力和决策能力,分析问题和解决问题的能力。其根本目的在于消除普通教育和职业教育之间的鸿沟,使整个教育面向劳动世界以适应社会和实际生活的需要。随着生计教育理念的深入人心,美国中小学教育与劳动结合程度也日益紧密,美国中小学课程体系中与劳动相结合的课程也逐渐丰富起来。

二、美国劳动教育的模式:生计教育的校内外结合

以生计教育为主旨的美国社会劳动教育,其主要实施方式体现在校内与校外资源的有机融合上。

中小学校内应设立生产劳动正规课程,这成为生计教育的核心。其目标旨在引导学生通过生计课程的学习过程,深度理解并全方位接触当今社会多元化的职业角色,从而确保每位学生均能依据自身的兴趣倾向、特定素质及才能特长,专门掌握一项乃至多项职业技能,并且在毕业或在中途停止学业后,得以自主选择适合自己的职业道路或继续向上深造攻读学位。在校内生计教育领域,可以将其划分为三个关键阶段。

首先,是职业认知阶段(1~6年级)。本阶段的主要任务聚焦在"职业观念的建立"上。通过分层次的单元教学安排,期望引导孩子们形成正确的职业观和自我认知,提升他们对于不同职业的理解程度,具体来说,又可以细分为初级小组、中级小组以及高级小组等多个阶段。其次,是职业探索阶段(7~10年级)。在此期间,学生需要通过对职业岗位的深入研究,明确职业类别及其内在联系,开始在广义职业群中做出初次尝试性的职业取舍。美国教育界的专家学者将生活中的各类社会职业归纳为15大类,鼓励学生在7~8年级阶段重点研习自己最有兴趣的职业群体,随后在9~10年级阶段,要求他们对选择的特定职业展开更加深入的探讨研究,不仅要关注理论知识,更需亲身参与到业态实践中,积累宝贵的工作经验。最后,是职业决策阶段(10~12年级)。在这个阶段,学生会对自己已经做出选择的个别职业领域进行更为深入地探索研究,以确定未来的职业发展路径和目标。

高中毕业生在完成学业之后,面临着两大重要选择:一部分人会选择进入社区学院继续求学,毕业之后投入到各种技术性工作中;而另一部分学生则会选择迈入大学校园,开启他们的学术之旅,甚至可能涉足更高端的职业技术培训领域。无论是选择前一条路还是后一条路,中小学阶段的生计教育都已备好坚实的基础,为他们在未来的人生道路上做好了周全准备。

除此之外,美国校外劳动力培训机制主要包含以下三种形式:一是以个人兴趣和经验为

导向的模式。这种模式重点针对青少年学生,采取个性化的全面教育方式,联合公私营企业雇主共同策划实施,让年轻学员能够亲身体验职场经历,进而获取所需的专业知识及技能,以此替代传统的课堂授课制。学员们可以在各大工商业雇主提供的培训计划下顺利结业,并能获得由学校认可的相应学分认证,或者选择在中断学业后回归校园继续深造,而学校也将承认他们在此期间积累的工作经验所对应的学分。二是以家庭及社区为基础的模式。该模式起源于家庭为中心的成人学习机制,主要致力于为那些在离开学校后尚未找到工作的成年人群开辟新的就业渠道,提升他们的就业竞争力,让他们有更多的职业选择机会。三是立足于社区本身的模式。该模式的主要目的是协助那些教育资源短缺、职业选择机会受限的农村贫困地区居民以及社会地位相对较低的家庭,将这些居民或家庭的成员送往特定的培训中心,使每一位潜在员工都能掌握固定的职业技能,学会更好地承担家庭责任或接受进一步的教育培训。

三、美国劳动教育的特征

(一) 对家庭早期教育的高度重视

1. 强调孩子早期劳动意识的培养

美国家庭教育的范畴较为宽泛,家长们期望孩子能够得到全方面、独立自主且均衡和谐的发展。在婴幼儿期,家长便积极引导孩子树立早期的劳动观念和自我管理技巧。比如:在满9至24个月之时,家长会鼓励孩子将脏尿布自行放入垃圾桶;到两三岁大时,孩子需要帮忙父母去拿取物品、把衣服晾晒起来或者为花浇水,甚至要在睡前整理好自己的玩具,等等;当他们达到3至4周岁时,还需要承担起喂养宠物、收取报纸、协助父母铺床等任务。这类早期养成的习惯,不仅塑造着孩子未来的个性特质以及促进其社交能力的发展,同时也锻炼了孩子身体机能,为劳动教育的深入开展奠定了基础。

2. 重视劳动行为习惯的形成

孩子的全面健康成长离不开劳动这个重要支柱。从婴幼儿早期至青少年时期,美国家长都会非常重视对孩子的劳动行为习惯培养。例如:在5至6岁的年龄段,孩子需要学会整理餐桌、铺床,并且提前做好自己次日所需物品的准备工作;到了6至7岁的时候,则应着手独立完成房间的清扫和餐具清洗等工作;7至12岁的少年儿童们要学会正确使用洗衣机、清理厕所卫生并开始学习烹饪技术;对于13岁以上的孩子,他们需要掌握擦拭玻璃、擦洗炉灶、更换灯泡以及剪裁花卉等家务技能;等到步入青少年时期,他们更应当参与各种校外兼职,通过自身的劳动来获取心仪之物。由上述不难看出,每个年龄段的孩子都应该根据自己的实际能力参与适当的劳动活动,这不仅可以促进儿童独立意识的加强、提升他们的实践操作能力,同时也有助于培养他们的责任感和家庭意识,扩大他们与社会劳动的互动领域,确立尊重劳动和平等劳动的核心价值观念。

(二) 深度挖掘并凸显高校专业化教育的显著优势

1. 广泛重视劳动教育课程体系的深入实施

在美国的各类院校中所展开的劳动教育项目,往往针对学生未来职业规划与其发展需求,通过参与、实践各类劳动教育课程,使学生全面且深入地理解现代社会各行各业的职业特点及其要求,同时通过亲身接触以及实际操作此类课程,既能够掌握相关职业所需的基本技能,还能够在个人兴趣爱好以及自身能力水平的基础上,为将来的择业提供重要依据。美国劳动教育课程体系主要针对学生的年龄层次以及学业阶段,共可细分为四大部分:在基础教育阶段,这一阶段的学生需要在校园内获取职业认知,通过参与一系列简单而可行的劳动实践,提升自身的动手操作能力,更深入地理解职业的本质,从而慢慢体会到劳动的真正价值;初等教育阶段则属于学生的职业探索期,在这一阶段,学校将会助力学生对职业产生更深一层的认识,协助他们做出初步的岗位选择;到了中等教育阶段,学生进入到职业选择阶段,在此期间,学校会为学生在已经选定的职业中提供更详细的探究和实践机会,从而逐步确定未来的就业方向;高等教育阶段则被视为学生职业体系构建的关键阶段,此阶段教育机构会高度关注学生的职业发展趋势,并为学生提供科学、合理的职业生涯发展规划建议。

2. 致力于营造良好的劳动教育氛围

美国诸多院校的管理者和教师们为了培养学生保持热爱劳动的习惯、积极向上的职业操守以及优良的品质修养,十分注重劳动教育环境以及气氛的整体打造。以中小学阶段为例,教师们会精心策划一些对培养学生良好劳动行为习惯大有裨益的教育活动。比如,提倡学生收集废弃的饮料瓶等垃圾,然后带回学校,当积累到足够的数量后便可以交换到心仪的小礼品;再比如,专设某个特殊日子如"癌症之日"或"残疾人之日",鼓励学生举行募捐活动,帮助那些需要援助的人们;另外也会积极组织学生参加学校或者社区的植树造林活动、志愿服务工作以及手工艺制作等一系列活动。相较于小学阶段,中学阶段的劳动教育课程内容会更加丰富多样,包括植物培植或者手工制作等领域。至于高中阶段,劳动教育课程将呈现出更广阔的范畴,例如,家居维护、手工艺制作、木艺创作、园艺种植以及烹饪这些实用性很强的领域。在整个教学过程中,不仅注重理论知识的传授,而且强调实践环节的重要性,使得学校的劳动教育不仅仅是短暂的学习任务,而是覆盖学生每天的成长轨迹,推动营造出良好的劳动教育环境和气氛,从而奠定学生形成终身热爱劳动的品质基础。

(三)娴熟运用社区灵活教育策略

1. 以培育公民素养为核心的社区志愿劳动

在崇尚志愿者服务的美国社会氛围之下,社会劳动教育通常同志愿者服务或社区服务紧密联系。美国联邦政府认为,志愿服务是公民教育犹如骨架般的支柱元素,因此,对学生实施志愿劳动教育成为不可或缺的环节。在美国,小学至初中阶段的学生经常参与的志愿劳动服务包括:参与社区清洁行动、与特殊教育学校的同学共同举办联欢活动、组织针对贫困人群的捐助活动,以及为疗养院的老人们制作精美礼品,等等。这些形式多样的志愿劳动服务拉近了学生与社区及社会的距离,让学生将已掌握的知识在实际应用场景中加以检验和验证的同时,也让学生更加深刻理解志愿服务与公民服务精神的内涵。

2. 立足于社区服务的劳动教育范式

自19世纪中叶以来,美国举办了诸多探讨服务性学习议题的论坛及讨论会,这些论坛及会议均明确指出:各级各类学校应当高度关注学生的服务性学习,各级政府及其相关机构应给予其充足的支持并帮助其开展此项任务,而学生与老师们也应该对此予以积极的响应。现如今,有些州的政府已经把社区服务性学习纳入毕业生取得毕业证书的必要条件之列。

这种社区服务性的教育模式可以有效帮助那些教育水平相对较低或者处于贫困环境中的乡镇居民学习工作技能，从而为他们打开获得就业、维持生计以及继续接受教育的大门。对于学生本人来说，在这个过程中，他们也可以借此机会进一步提升自身能力水平，提高自身在未来就业市场上的竞争优势，获得更加丰富多样的就业机会。

第二节　日本家校地协同模式

一、日本劳动教育理念与制度的演进

日本劳动教育理念起源于明治维新时代的新式教育运动。20世纪初期，受到欧美各国的新教育运动以及裴斯泰洛齐、凯兴斯泰纳等教育巨匠的劳动教育思想熏陶，日本杰出的教育改革者野口援太郎先生在著名的姬路师范学院制定了著名的"劳作教育时间"制度。在此之后，日本著名教育家小原国芳博士创建了玉川学园，他更加深入地阐述了"劳作"作为首要的教育方法的重要性，明确了他致力于塑造全面人才的教育观念。由此以来，无论是日本的学校教育层面，还是社会实践层面，都积极推广和实践劳动教育。

玉川学园

玉川学园是日本东京的一所私立学园，位于东京郊区的多摩丘陵，由小原国芳于1929年创办。玉川学园是一所包括幼儿园、小学、中学、大学的综合性学园，以全人教育为理念，注重学生的实践能力和个性发展。在1947年设立了玉川大学，涵盖了文、农、工三个学院以及基础、函授两个学部。

玉川学园按照小原国芳的全人教育理论和十二教育信条，形成了独具特色的办学风格。它反对日本普通教育的"偏重智育""注入填鸭"和"考试地狱"，提倡全人教育的真、善、美、圣、健、富六育并进，和谐发展。玉川学园尤其重视艺术教育和劳动教育，提出了"一日不作，一日不食"的箴言。

在教学方面，玉川学园充分重视学生的自学，尊重学生个性，确立学生学习的自主地位，强调学生的动手实践和劳动体验。在师生关系方面，学园提倡"师弟同行"（师生亲密与平等）、人格感化和身教重于言教等。

玉川学园还包括玉川语言学校，这是一所成立于1985年的学校，前身是1981年由日本国际教育交流协会设立的语言学校。玉川语言学校以其丰富的课程设置、高质量的教学和广泛的联系而受到赞誉。此外，学园还设有玉川国际学院，这是一所以培养世界文化交流人才为目标的学校。

1934年，日本著名教育家小林澄宋教授撰写并公开出版了《劳作教育思想史》一书，这本书可以被视为日本劳动教育的理论基石之一。而在第二次世界大战以后，日本政府更是

将"劳动""受教育"和"纳税"确定为国民的三项基本义务,尤其在1951年推出了《产业教育振兴法》,明确要求通过对学生实施完善的产业教育,使他们树立起对劳动的正确信仰,在传授先进技术的同时,全力培养学生的劳动能力;再到1978年的《教育基本法》,提出了"劳动体验学习"的教育理念,从而奠定了劳动教育在中小学校教育体系中的核心地位。为了满足21世纪以知识和信息为主导的经济社会对劳动者素质不断提升的需求,1999年日本中央教育审议会针对性地提出了顺利完成从学校生活向职业生活转变的总体方针,并在《关于初等、中等教育与高等教育的衔接的改善》的重要文件中首次引入了"生涯教育"(career education)概念,明确提出这将"增强青少年的理想职业意识与勤勉工作观,提高他们对于职业相关知识与技能的理解和把握,由此来推动青少年在自我认识的前提下形成他们自主决定未来发展道路的能力与良好态度"。

2004年,日本文化教育部发表了重要的《生涯教育报告书》,进一步透明化了"生涯教育"的核心宗旨,即"着重培养青少年的勤恳工作观和职业观念"。到了2006年,日本全国性的《教育基本法》也提出了"重视教育与职业生活的紧密联系,倡导尊重劳动的精神",严格地规定了学校教育的使命就是"要深入培养学生对于职业的基础知识、基本技能、尊重劳动的精神以及能够根据个人特点选择适合自己的未来前途的综合能力",因此在学校教育中形成了以强调劳动和职业价值观培养、以生涯教育为中心的劳动教育课程体系模型。

二、日本劳动教育模式:家校地三方协同开展

与我国相同,日本的教育体系也是"6+3+3+4"制结构。据学习指导要领,日本从小学便开启劳动教育,一直持续到大学,其内容非常丰富,包括生活科、社会科、家庭科、职场体验活动等各个方面。日本的劳动教育在幼儿园、小学、初中、高中、职业教育、高等教育阶段的课程方案中都有不同的规定,以不同的形式与途径开展劳动与技术教育,培养学生的劳动创造精神和实践动手能力,使他们形成正确的劳动观念和良好的劳动习惯。

知 识 卡 片

"6+3+3+4"教育体系

日本的教育体系采用"6+3+3+4"的模式,这是指学生从小学到大学的学习过程被分为四个阶段。

第一个阶段是小学,为期6年。这个阶段主要是基础教育,培养学生的基本素质和价值观。所有小学学费由政府出资。

第二个阶段是初中,为期3年。在这个阶段,学生的学习条件相对于小学有所提高,需要完成更多的学业。初中主要培养学生的思考和独立学习能力,为高中和大学做准备。学生需要支付一定的学费。

第三个阶段是高中,为期3年。高中教育在日本学制中占据重要地位,主要是为高考做准备。学生在这个阶段需要完成更多更高难度的学业。高中可以分为普通高中、职业高中和特别支援学校。学生需要支付较高昂的学费。

> 第四个阶段是大学,为期 4 年。日本的大学制度主要分为国立、公立和私立三类。申请大学需要参加考试。大学教育主要把重点放在培养学生的专业技能和创新思维上。

首先,在小学 1~2 年级的阶段,生活科作为必修课程,旨在借助具体的实践活动和体验,培养学生对于自身、他人、社会和自然的独特之处的感知,深刻理解四者之间的互动关系,掌握日常生活所必需的习惯及技能。课程内容主要涵盖以下几个方面:一是参与家庭事务,让学生深刻洞察家庭生活中各成员间相互支持的重要性,并积极履行自己力所能及的职责,逐步塑造规律而健康的生活模式。二是参与当地的活动,引导他们关注地方民众的生活和工作方式。三是开展动物饲养和植物培植活动,引导他们关注生命的成长和变化。

其次,小学三年级阶段,社会科与综合学习成为学生的必修课。在社会科的学习过程中,学生通过调查活动、对地图册以及相关资料的学习,了解自身所在市区町村的地理环境特点,逐渐熟悉当地产业、消费情况以及地区的演变过程,培养搜集和整理必要信息的技能,同时深化对国家和家乡的感情。在综合学习中,学生以个人感兴趣的领域为切入点,通过探究式教学方式进行全面学习,提升课题研究能力。到了高中阶段,课程改为综合性探究课程,要求学生从社会、生活和自我三者的关系中寻找研究课题,对信息进行分类和分析,学会团队协作,从而鼓励学生积极创造新的价值,以提升对于卓越社会建设的积极性。

再次,小学五年级开课的家庭科也是日本职业生涯教育的重点课程。小学阶段的学习重点主要包括营养饮食、基本煮食技巧、衣物缝制与布料制作、家居整理与环境美化、购物技能及环保生活等方面。初中阶段,家庭科被改名为技术与家庭科,其中技术部分包括材料加工技术、生物培育技术、能量转换技术以及信息科技的理解与应用;家庭方面的学习重点则包括深入理解家族与家庭生活、掌握日常生活所需的知识和技能,建立正确的消费观念等。由此可见,在这个阶段,培养学生的生存能力成为职业生涯教育的核心目标。高中阶段,家庭科进一步分为家庭基础课程与家庭综合课程。在初中学习的基础上,开始重点关注精神层面的理解,追求更美好的生活品质,如思考家庭和社区在儿童的身心健康发展中所扮演的角色、食品文化的传承等。

最后,职场体验活动主要针对高中生及大学生开设。文部科学省规定,必须针对初中生开展为期 5 天以上的实习活动,被广泛称为"职业生涯开端周"。在高中阶段,除了在专门学科中提供农业、工业、商业、水产等科目的职业生涯教育,以提升课程的多元性和专业性外,还增设了由"产业社会与人"和专门学科组成的综合学科,以学分制为原则,"产业社会与人"与专门学科相加,所修学分不应低于 25 学分。相关联的各个学科汇聚成了一个系统化的课程体系,学生可根据自身兴趣和职业规划进行自主选择和学习。"产业社会与人"这一课程旨在通过对日本,特别是当地的产业发展及其所导致的社会变革进行深入研究,结合丰富的体验式学习活动,帮助学生思考自己在产业生活中应当扮演的角色以及生活方式,掌握社会生活和职场生活的必备能力,树立终身学习的理念,形成积极的劳动观念和职业观念。

日本的职业生涯教育贯穿自幼儿至成人,以及从学校、企业到家庭与社会的整个教育过程。首先,日本政府精心构建了从小学至大学的全面职业生涯教育体系,在各个阶段均设置了全面系统的职业生涯教育课程。其次,建立了家、校、企、社一体化的职业生涯教育体制。2004 年,文部科学省公布的《为了在中小学各阶段培养每个学生的劳动观与职业观》报告书，从教师素质、家校协作、地区合作及社会支持四个方面明确了职业生涯教育体制的构建。

同年，文部科学省发布的《新职业生涯教育推进计划》提出了三项重要措施：首先，由经济组织、政府相关部门、家长与教师联合会等机构组成国家级别的实习联络委员会，为实习的具体执行及职业顾问的作用发挥提供交流平台；其次，设立职业生涯教育推广区域，在指定推广区内建立实践委员会，以开发职业生涯教育学习项目并推动合作学校建设；最后，举办职业生涯教育推进论坛，让青年与来自各地的与会者进行交流，以形成全社会共同推进职业生涯教育的良好氛围。在大学阶段，高校则通过"产—学—官"结合的模式，积极开展职业生涯规划教育与就业体验活动，加强与企业的紧密联系与深度合作，争取企业的参与和协助，同时鼓励在校生参加志愿服务类体验性活动，以便他们更好地融入社会。

"产—学—官"模式

"产—学—官"是日本一种独特的发展模式，其中"产"指的是企业，"学"指的是大学及其他高等教育机构，"官"则代表政府。这种模式强调三者之间的紧密合作和互动。

在大学阶段，高校通过"产—学—官"模式，与企业和政府建立紧密的联系和合作。这种合作模式有助于大学获取更多的研究资金和资源，促进科研成果的转化和应用。同时，企业也可以从大学获取最新的科研成果和人才支持，推动企业的技术创新和发展。政府则通过制定相关政策和提供资金支持，引导和促进产—学—官的合作，推动整个国家的经济发展和社会进步。

三、日本劳动教育的特征

（一）重视家庭教育中的劳动教育

家庭教育乃是一切教育的基石，优质的家庭教育是孩子健康成长的关键。劳动教育离不开国家及政府的扶持，也需要每一个家庭的共同努力。日本家庭教育支援队作为家庭教育中独具特色的一种形式，随着日本经济的发展以及人口结构的转变，女性在职场中的地位逐步提高，夫妻双方同时工作的现象日益普遍，抚养孩子的时间随之减少。此外，年轻父母和孩子的两代人结构的家庭数量不断攀升，使得年轻父母独立承担育儿责任成为日本家庭教育的主流方式。鉴于育儿经验的短缺，年轻父母在子女教育问题上常出现焦虑和不安的情绪，这表明家庭教育对社会帮扶的需求日益增长。因此，日本开始推行家庭教育支援队，主要目的是协助本地家长提升其家庭教育的水平。家庭教育支援队为当地的家长提供相应的学习机会，通过设立体验馆、讲座等形式，帮助家长树立系统化、科学化的育儿观念和教育方式。自 2006 年 4 月以来，日本大力推行"早睡早起早餐"计划，提倡家长引导孩子养成规律的生活作息习惯。家庭作为实现劳动实践的必要场所，有 80% 的日本儿童参与家庭劳动，家庭中的劳动教育主要通过开展家务活动来进行。

（二）地区与学校的合作机制

在日本，劳动教育以多样化的课程为载体，如何保证其与教学体系的完美融合，而不被其他课程淹没呢？这离不开学校、家庭和地区这三大实施主体的共同努力。学校主要通过设立相关课程来进行劳动教育，家庭以家务劳动为主要手段，地区负责提供实践活动场地和相关设施。社会教育体验活动也是劳动教育不可或缺的一环，主要由各个地区的教育委员会组织，参与对象包括家长、企业以及教育机构等，旨在与学校形成协同作用。具体而言，日本尤其重视建立地区与学校的合作机制。通过各地学校的联合活动以及学校管理委员会制度的实施，日本文部科学省积极推动建立地区与学校间的协同运作体系。《社会教育法》第五条规定：地区和学校应成为紧密合作的伙伴，共同组织各类活动，主要包括协作活动、体验活动和放学后的活动三大类。协作活动包括区域人才培养、社区乡土学习、应急防灾训练、社团活动支持以及放学后的巡查等；体验活动则包括社区服务体验活动、自然体验活动、职业体验活动等；放学后的活动涵盖学校工作日以及周末、节假日的学习和体育活动等。

（三）在真实情境中追求技术创新

日本的劳动教育随着时代的变迁，为适应社会发展的需求而持续调整，技术含量逐渐提升。在日本的学科分类中，"技术—家庭"课程起源于"职业—家庭"课程，实行男女分班教学，职业课程面向男生，家庭课程则面向女生。自1958年起，日本《中学校学习指导要领》的颁布，使"技术—家庭"课程正式成为日本基础教育的必修课程。然而，技术课程仍面向男生，家庭课程则面向女生，这种设置受到了质疑。由于女性被赋予了家庭主妇的教育和社会地位，这限制了女性职业生涯的发展。自20世纪70年代以后，日本开始试行统一的高等学校入学考试，因此，1977年，"职业—家庭"课程进行了适当调整，要求男女生开始至少学习对方一个模块的课程内容，并于1989年正式取消了男女性别限制。随着时代的发展、互联网技术的兴起，日本在"技术—家庭"课程中引入了信息技术的相关内容。劳动教育以技术课程的形式开展，进入21世纪后，技术课程不断变革，从注重生产型人格教育转向注重技术型人格教育，强调让学生将所学劳动技术运用于社会实践。日本的劳动教育同样重视真实情境，根据学校、学生和地区的实际需求，因地制宜，突出实用性和真实性。学校重视与企业之间的合作，结合当地特色产业开发课程。

第三节　芬兰素质教育模式

一、芬兰劳动教育理念与制度的演进

芬兰教育家乌诺·齐格纽斯在1860年曾提出这样的观点："孩子和青年应该充分熟悉并了解劳作不是一种枷锁和负担，而是一种美和光荣、一种幸福、一种对世俗生活的美好祝愿。"

芬兰是实施素质教育的典范之国。作为举世公认教育质量较好的国家，芬兰在教育改革中高度重视对学生综合素质的培养。例如,1998年芬兰颁布的《基础教育法》强调,"传授给儿童生活中所必需的基础知识和技能,培养儿童自我学习的能力,使他们成为热爱生活、勇于探索、具备基础知识和技能、拥有道德观念及责任心的社会一员"。这一教育目标在后续的教育改革中虽不时小有改变,但其教育核心宗旨始终得到了保留和发展。自2021年秋季开始,芬兰的义务教育实行期延长至12年,涵盖年龄段延伸至18岁,这意味着所有完成九年义务教育的学生,均有机会继续免费接受普通高中、职业学校或者其他义务教育课程。这一变革使芬兰劳动教育领域掀开了崭新的篇章。

尽管芬兰没有与我国语境完全相同的劳动课程的提法,但是手工艺课程(sloyd或crafts,也称为劳动技术课程)、家政课程(home economics,亦称家庭经济学,即持家的艺术和科学)以及部分综合型课程和跨学科课程中均包含了劳动教育的元素。芬兰的手工艺课程与其他国家开设的设计和技术教育、技术和工程教育等课程有相近之处。手工艺课程有时会被译为"工艺、设计和技术"(craft, design, and technology, CDT),这种表达方式更能准确地描绘该学科的内涵和内容,即同时包含了设计和技术两个主导维度。课程以人的实践经验为基础,通过开展以解决问题和应对挑战为主线的体验式工作,创造或者创造具有实用性的解决方案。在手工艺课程中,设计要素涉及基于审美价值观和可持续性发展的创造力和问题解决技巧,这是整个工艺和教学创新过程的一部分;而技术要素则主要关注如何将技术作为一种方法和工具,去理解和运用它,从而支持学生的技术素养的发展。家政学既是一门实践性学科,同时也属于人文科学范畴。它将家庭以及家庭活动作为特定的研究对象,着重探讨个人、家庭与社会之间的互动关系。家庭活动涵盖了与住房、家务、关爱和理财等各类与物质生活和非物质生活相关的行动模式。图尔基(Turkki)诠释了这一学科的核心理念,即探讨关于食物、居住以及护理等人类生活基本需求的学问。设有家政课程的国家认为,家政教育的宗旨在于推动个人及家庭福祉的提升,家政教育与社会发展以及家庭幸福有着紧密的关联。

2014年,面对未来教育改革和发展趋势,芬兰制定了一个富有远见的"国家基础教育核心课程"体系,该课程涵盖了手工课、家政课和综合课程等,这些课程设置真实反映了"生活即教育"的教育观念。其中,手工课作为劳动教育的重要平台,自19世纪60年代至今,经过150余年的发展与演变,既继承了传统手工艺课程的优秀理念和内容,又汲取了新的养分,展现出了传统与现代相融合的鲜明特色。

 人 物 卡 片

乌诺·齐格纽斯

乌诺·齐格纽斯是芬兰教育史上的一位杰出人物,一生都在为教育事业而奋斗,他的教育理念和实践为芬兰乃至全球的教育界树立了榜样。他通过劳动教育和其他教育活动,帮助无数孩子找到了自己的兴趣和价值,为社会的发展作出了积极的贡献。

乌诺·齐格纽斯出生于19世纪末期的一个芬兰家庭。他从小就展现出了对教育事业的浓厚兴趣,经常主动参与学校和社区的教育活动。在大学期间,他专攻教育学,并深入研究了劳动教育的理论和实践。

大学毕业后,乌诺·齐格纽斯开始在芬兰的学校系统中工作,他很快就意识到劳动教育对于孩子们成长的重要性。他认为,通过参与劳动,孩子们可以学习到实际技能,培养责任感,增强团队合作精神,并体验到劳动所带来的成就感和自豪感。因此,他决心将劳动教育纳入学校课程,并亲自设计和实施了一系列劳动教育项目。

为了推动劳动教育的普及和发展,乌诺·齐格纽斯不仅在学校中积极推广劳动课程,还深入社区和农村地区,与家长们合作,共同推动劳动教育的实践。他通过举办讲座、研讨会和培训活动,向家长们传授劳动教育的理念和方法,并鼓励他们在家中为孩子们创造参与劳动的机会。他的努力逐渐得到了社会的认可和支持,劳动教育在芬兰逐渐普及并取得了显著成效。

乌诺·齐格纽斯的贡献不仅仅局限于劳动教育领域。他还积极参与其他教育活动,如成人教育、职业教育等。他关注教育的全面性和包容性,致力于让每个人都能够享受到教育的机会和益处。他通过改革教育制度、改进教学方法和推广教育平等理念,为芬兰的教育事业作出了卓越的贡献。

乌诺·齐格纽斯还积极参与国际教育交流和合作,与其他国家的教育家们分享经验和理念。他的影响力和贡献不仅限于芬兰,而是跨越国界,对全球的教育领域产生了积极的影响。

二、芬兰劳动教育模式:体系完备覆盖基础教育全程

芬兰教育领域内的发展策略由国家议会直接交由市府执行,几乎所有的义务教育学校都由市政府进行全面管理。目前,芬兰构建了由国家核心课程、市级课程、学校课程构成的三级课程体制,国家核心课程为市议会和学校层级的地方、学校课程提供总体框架和基本指导原则,其明确规定了基础教育课程的总体目标、核心内容以及教学实施原则等,是地方制定课程的依据。同时,国家与地方机构之间的合作方式,清晰地展示出芬兰基础教育体系的高度发展程度。

在芬兰,劳动技术课程被视为与芬兰语、外语、数学、历史等课程同等重要的存在,其包含手工艺及家政两大必修课程、两个领域的选修课程以及跨学科学习模块四个方面,覆盖了基础教育的全程。自2018年9月起,基础教育阶段的各学校均按照《基础教育法2018》中新修订的最低课时要求以及与最新的国家核心课程相结合的方式来安排课程课时。因此,芬兰每个城市基础教育阶段的劳动技术教育课程课时安排保持一致。

(一)必修课程

1. 手工课

手工课是芬兰义务教育阶段的必修课程,该课程由19世纪末的手工课发展而来。国家规定不同学段该类课程需安排的最少课时标准如下:1~2年级为平均每周2小时,3~6年级平均每周1.25小时,7~9年级每周40分钟。九年内累计每周需完成11/9小时的学习(包括语文、数学、外语等学科在内的每周最少教学时间为222/9小时)。

芬兰的手工课程教学共有两种方法:一种是在传统手工理念指导下的常规教学模式;另

一种是在整体手工理念引导下的情境化教学模式。所谓普通手工，是指制造者未参与或未深度影响设计的手工或复制前人所学模型或技术的过程。而整体手工则注重手工艺品的设计和制作过程，强调制造者在此过程中的作用。传统教学模式依照教学计划或书面指令实施，教师在旁边进行指导，使学生根据指令完成产品。整体手工流程包含创意、设计、准备及最后对产品和生产过程的评估四个阶段。整体手工教学模式有效地推动了芬兰学生全方面能力的培养。

在手工课堂上，整体手工教学模式一般可以分为四个步骤：首先，进行集体讨论，即师生共同分析原材料；其次，独立设计，即学生自主地或者以小组形式采用各类方法收集信息，并提出设计方案；再次，集体分享与评估，即师生参与对设计方案的讨论；最后，进行实际操作。芬兰的手工教室包括轻手工教室和重手工教室，如图6.2和图6.3所示。

图6.2　轻手工教室

图6.3　重手工教室

目前，芬兰手工课主要包括两大门类：一类为包括针织、缝纫、布艺等在内的"轻手工"课程，另一类为包括木工、金属技工、电子等在内的使用机械设备的"重手工"课程。两大类手工课在初中之前并不明确划分或强制学生选取某一类别，据国家课程论述，学生需同时学习这两个门类的课程。据调查，7年级后，多数学校的学生可以自由选择两大门类中的任意一门,也可以两门均学习。尽管芬兰很注重学生性别平等化的发展,但通常情况下,女生倾向于选择轻手工类课程,男生更倾向于选择重手工类课程。但不论何种类别的"手工",新课程改革指导下的手工课不再仅仅停留在培养学生动手能力的层面。它更注重培养学生的综合素质,以培养横贯能力为核心,既要发展学生的动手能力,也要发展学生全局统筹和设计的能力;既要让学生了解不同材料、工具、设备等的性质和特点,更要让学生学会合理利用材料、安全利用工具,形成可持续发展的意识和理念;既关注学生"理性"维度的发展,例如如何解决问题、如何完成一项作品,更关注学生审美情趣的发展,即不仅要制作出某一作品,更要兼顾审美和伦理;既重视促进学生对传统手工艺的了解和尊重,也注重对现代科技的掌握和利用;既关注学生对本国传统的了解,也注重学生对他国文化传统的尊重和理解;既重视"作品"的产出结果,更关注学生在作品制作过程中的成长、情感体验,以及态度和价值观的发展。

相较于3~6年级,1~2年级更侧重培养学生的动手能力和对材料工具等的基本感知,7~9年级在价值观以及思维层面的要求则更为深入。就评价体系而言,手工课更注重过程性评价,让学生掌握自评和他评的基本方法。1~2年级阶段,教师不对学生作品做出分数等级性评价,只有描述性评价。目前芬兰在大力发展电子档案袋,让学生随时记录自己的作品制作过程和个人成长过程。

当前,芬兰手工艺课程出现注重创新的同时强调培养学生传统日常技能的现象,这被称为"回归"(homing),即享受家庭生活,自己动手操持家内事务。"回归"在处理浪费和应对"一次性文化"方面起到了关键作用,同时也体现了新课程改革中的"自我照顾、日常生活管理的能力""职业生活能力和创业精神""参与构建可持续未来"三大领域的综合能力。这显现出当前芬兰劳动技术课程在传承其传统的基础上,不断融入创新领域内容,以促进学生全方位发展的特色。

2. 家政课

家政学是一门极具实用性的人文学科,它以家庭及其活动作为研究对象。家庭的概念涵盖了个人、家庭与社会之间的相互影响,而家庭活动则包含围绕家庭的所有物质与非物质行为,包括住房、家务、家庭护理及经济等方面。

在芬兰,家政课程的展开方式创新且多元化,成为基础教育阶段7~9年级的必修课程,而在1~6年级则巧妙地融入环境研究主题作为综合活动课程,所有基础教育学段的学生都可依据学校的具体课程方针,将家政作为选修课程进行挑选。家政课程的主要任务是引导学生掌握维持家庭基本的生活条件所需的知识、技能、态度和能力,致力于培养学生成为负责任的消费者。

虽然家政课是7~9年级阶段的必修课程,很多学校在此学段前便已经开设类似的课程。甚至,早在学前阶段,儿童便已经要学习如何自己穿衣服、洗碗、整理玩具、制作小点心等基本生活技能。例如,学校会开展缝纫课程让学生学习如何缝纫,如图6.4所示。

教学内容领域由S1食品专业知识与

图6.4 学生正在上缝纫课

食物文化、S2 公共资源与生活、S3 家庭消费经济知识三大部分构成,具体内容包含:

(1) S1 食品专业知识与食物文化:学生学习食材的准备和烘焙技能,学会食物制作前的计划以及制作流程。学生要学会从营养学、食品安全、食物链、经济角度、伦理角度等多个视角解析食品和饮食习惯。学习相关的饮食文化,理解饮食文化是自我身份认同和家庭身份认同的一部分。

(2) S2 公共资源与生活:学生要学习生活起居相关的基本知识,掌握基本能力,并兼具对环境和经济等方面的关怀。例如,了解清洗中使用的不同材料及其性质,形成良好的行为习惯,懂得平等地使用资源,学会承担在家庭中的责任等。

(3) S3 家庭消费经济知识:学生要了解消费者的权利和义务。学生要学会在利用媒体和科技便捷生活的同时,反思媒体对个体和群体消费行为的影响。通过实践学习负责地选择与决定,掌握获取最新信息的方法。学生需了解金钱与家庭生活的关系等。

家政课程注重理论实践的紧密结合,例如赫尔辛基市的斯特伦伯格学校,教师会将每周三课时的家政课程分为两个课时的小组协作实践与一个课时的"家政理论"学习。理论部分包含家庭预算、能源节约等知识,旨在为学生提供消费过程中所必需的技能,助力学生将知识与技能彼此交融,深化学习,为芬兰传统文化的传承、可持续未来的构建、幸福生活方式的营造、消费主义观念的塑造筑牢基石。与手工课类似,家政课以培养学生基本生活技能为最基本要求,但绝非停留在培养生活技能的层面。该课程以促进学生在日常生活的知识、能力、态度等方面发展为基础,旨在让学生学会生活,保证身心健康。该课程教学以促进学生动手能力为最基本目标,更关注培养学生创造能力和可持续发展的决策与行动能力的提升。该课程在促进学生掌握家庭常用技能的基础上,旨在让学生最终成长为有经济意识的消费者,会照顾他人、积极参与家庭生活和社会生活的个体。该课程旨在培养学生工作的责任感和不怕困难、勇于克服困难的精神,培养学生的合作能力、批判性地甄别与管理信息的能力,培养学生的经济头脑、企业家精神、理性消费的理念和行为。

(二) 选修课程

在芬兰的基础教育体系中,选择性课程的首要使命是在必修课程的基础上进行深化和拓展,从而拓宽学生的学术领域并提升他们的学术素质。选择性课程主要被划分为艺术和实用性选修课程、公共选择性课程两大类别。《基础教育法规案2018》规定,艺术和实用选择性课程在1~6年级期间每周应保持最少6节课的教学时间,而在7~9年级则为每周5节课。至于公共选择性课程,则是在1~9年级期间持续包括了所有的艺术和实用性选修课程、作业式课程、多元化课程以及学校自定义课程。特别值得一提的是,《基础教育法规案2018》规划了教育部门应当会同社会各界共同决策具体的学业时间、课程内容和受理年级等具体事项,以便于学生能够根据自己的兴趣爱好选取一门艺术或实用性选修课程及一门公共选择性课程进行深度研究和学习。因此,芬兰基础教育体系中的劳动技术课程的总学业时数可在最少必修的14小时之上再加至最多25或34小时,足够的学业时数为学生学习和掌握学科知识以及锻炼技能奠定了坚实的基础,同时也为学生在劳动技术课程的深度研习上提供了更大的自由度和更多的可能性。

（三）跨学科课程

国家课程委员会规定，所有基础教育阶段的学校和年级每年至少应该设立一个以项目为基础的跨学科学习模块，该模块将结合各种不同的学科内容，从多个维度全面地研究某一特定的现象，通常也被称为"现象教学"。"现象教学"的数量、目标、内容、教学方法、学习环境和材料使用都必须由国家的教育局与学校共同商议和制定。这种革新的方法，芬兰称之为将综合活动课程和学校自定义课程结合起来的创新模式，以芬兰为代表的国家的劳动教育模式正逐渐从传统的"单一学科授课"过渡到"跨学科学习模块"。

"现象教学"能横向地将不同的学科加强融合，突破不同学科间的界限，进一步激发每位同学的学习热情，培育学生在不同学科和领域所需的横向技能。在针对欧盟、气候变化、人类、媒体和技术、水资源、食品可持续性等"现象教学"中，劳动技术课程已经与各个学科课程紧密地结合在一起。例如，我们以"大气变化"这个主题为例，劳动技术课程结合了物理、历史、地理、视觉艺术等课程，根据这个主题融会在一起，学生利用物理知识去深入探讨大气和温室效应的相关概念，以地理知识去探索人类与环境之间的相互关系，在视觉艺术课程和手工艺课程中创造环保手工艺术作品，而在家政课程中则处理回收材料。"现象教学"为同学们展现了一幅关于全球生态系统的多视角画面，学生通过运用不同学科的知识和技巧来沟通交流、解决问题，从而推动了系统学习和全面思考能力的发展。

三、芬兰劳动教育的特征

（一）劳动教育阶段重视衔接性

芬兰的劳动教育循序渐进，符合各学龄段学生的成长规律，致力于实现学段之间的无缝衔接。芬兰自学前阶段起便强调启发学生的劳动能力及生存能力，从而为其后的劳动教育打下坚实基础。手工艺及设计作为芬兰学前教育的重要组成部分，以儿童为主导，通过游戏激发学生的学习兴趣，鼓励他们通过创意实现自己的设计和制作，同时在各类课程中锻炼学生的劳动能力。升入小学后，1~2年级要求学生掌握基础的劳动技能；3~6年级则引导他们在劳动实践中发掘自我兴趣，形成良好的劳动道德观念；7~9年级则要求他们形成初步的职业认知；高中阶段则将劳动能力的培养深入到各类公共活动和综合课程中。整体上看，从学前教育阶段的劳动教育启蒙到高中阶段的劳动精神培养，芬兰学生能够接受持续且系统的劳动教育。

（二）劳动教育内容看重综合性

芬兰的劳动教育具有综合性特点，其课程内容不可避免地涉猎其他学科领域的知识。例如，在上述提及的家政课程中，学生在食品制作过程中将运用到化学等领域的知识。芬兰也在跨学科课程中积极探索学生的劳动实践能力。比如，引导学生运用物理知识研究大气变化和温室效应的相关概念，借助地理知识探索人类与环境的互动关系，在视觉艺术和手工课程中创作与环境有关的手工艺术作品，这些无疑有助于培养学生的综合能力。此外，芬兰的劳动课程与其他科目一样，需对应着七大"横贯能力"，这意味劳动教育不仅仅局限于提高学生的劳动素质和劳动能力,还需在课程内容中融入阅读理解能力以及ICT信息通信技术能力的培养。因此,芬兰的劳动教育积极结合各类学科知识,并融入其他综合课程之中。

(三)劳动教育资源秉持统筹性

一方面,芬兰重视为学生打造全方位和多元开放的劳动教育环境。芬兰大部分综合学校均为学生提供至少两间教室:一间为轻手工教室,用于学生学习服装设计、缝纫、编织等技艺;另一间为重手工教室,供学生接受木工、机械、电焊等方面的训练。手工课程的开展地点根据具体的学习任务而定,不仅限于手工教室,还可与社会实践基地相结合。另一方面,芬兰的劳动教育师资条件堪称优越,芬兰大学开设的家政学和手工艺学均被包括在教师教育的范畴内,如赫尔辛基大学和东芬兰大学设有全职的家政学教授和家政学硕士学位,此外还有三所大学设有手工艺学硕士学位。基于劳动类课程的综合性特点,在培养教师的过程中更注重全面的多学科学习和综合素质的培育,例如在家政教学课程中,学生还需掌握生物学和相关科学知识。

(四)劳动教育目标凸显时代特征

芬兰的劳动教育改革,紧跟时代发展的步伐,积极地对其教育工具和目标设计进行了革新。在工具层面上,芬兰致力于运用创新科技,将3D打印、智能服装等新兴元素充分纳入劳动课程中,从而提升学生对于新的科技工具的理解和应用能力。在目标设定上,七大"横贯能力"顺应了经济全球化以及文化多元化的国际大趋势,对于培育适应未来社会需求的人才具有重大意义,与21世纪的人才核心素养高度契合。芬兰的劳动教育目标并不狭隘于劳动技能和劳动素质的提升,同时涵盖了价值观、情感态度及对未来影响力的塑造等方面,足以彰显其浓厚的时代气息。

第四节 德国技能教育模式

一、德国劳动教育理念与制度的演进

在数百年的发展历程中,德国的劳动教育体系历经了三次具有深远影响力的教育理念革新,以及三部具有划时代意义的学校劳动教育法规的制定和推行。至今,德国已然以"工业4.0"战略为指引,以应用性技术导向的高等职业院校为核心力量,以多元化的职业教育服务为依托,实现了劳动教育与专业学科课程的深度融合,从而构建起一套旨在造就未来合格社会工作者和优质专业人才的劳动技术教育体系,有力地支持了"德国制造"品牌的持续发展壮大。

人 物 卡 片

凯兴斯泰纳

凯兴斯泰纳是20世纪初德国著名的教育家,被誉为"德国杜威"。他出生于1865年,是巴伐利亚州一名教师的儿子。他在年轻时接受了广泛的教育,包括在慕尼黑大学学习哲学和教育学。凯兴斯泰纳深信教育能够改变社会,特别是通过公民教育和劳作学校的实践。

凯兴斯泰纳的教育理念主要围绕公民教育和劳作学校展开。他坚信,教育不仅仅是传授知识,更重要的是培养有道德、有责任感、能够适应社会变化的公民。为此,他提倡劳作学校,认为通过实践劳作,学生可以培养自己的技能和性格,从而更好地适应社会。

凯兴斯泰纳的劳作学校的思想体现在三个方面:劳作课作为必修课程、以实践兴趣为教学原则、以性格教育为教育目标。他认为,劳作课不仅可以帮助学生掌握实际技能,还可以培养他们的责任感、团队合作精神和解决问题的能力。实践兴趣的教学原则则强调,教育应该基于学生的兴趣和需求,让他们在实践中学习和成长。性格教育作为教育目标,则意味着教育应该注重培养学生的道德品质、性格特点和人格魅力。

凯兴斯泰纳的教育理念对当今的教育改革仍具有启示意义。他强调尊重劳动、遵循实践兴趣的原则以及关注学生的内在价值和性格教育,这些都是当今教育改革所追求的方向。同时,他的劳作学校精神也为当今的职业教育提供了宝贵的借鉴。

为了应对战后国家重建以及经济复苏的迫切需求,20世纪初的德国审时度势地颁布了《魏玛宪法》来引领这场教育改革。被誉为"德国杜威"的杰出教育家凯兴斯泰纳在此背景下提出了具有重要启蒙意义的观点,他认为传统的教育模式过于强调知识的传授而忽视了实践能力的培养,应该将关注点由仅仅教授理论知识的"书本学堂"转向致力于将理论知识转化为实际操作技能的"劳作学校"。他倡导的这种全新教育观念,有效地打通了普通教育和职业教育之间的壁垒,缩短了学校教育与社会生活之间的距离,使得学生都能将所学到的知识和技能应用于日常实践之中,逐步确立了德国学校教育的主体取向。通过劳动教育,可以有效地塑造出具备劳动技艺与职业责任心的学生群体。

1964年,德国教育委员会经过深思熟虑,终于决定采用正式文件形式发布了《关于在主体中学设置劳动课程的建议》,这意味着劳动教育课程从此摆脱了附加课程的身份,开始以独立课程的面貌出现在各类学校之中,这是德国教育史上值得纪念的一幕,它象征着劳动教育正式诞生。伴随着全球信息化科技革命如火如荼地推进,新兴经济形态、先进技术工艺以及多元产业结构等因素对全球社会格局产生了深远的影响。为适应新的世界格局、维持和提升自身优势地位、增强行业竞争力,2013年德国政府适时地推出了"工业4.0"战略;这个策略设定的目标是让智能信息物理系统替代传统流水生产线,成为驱动工业生产与物流领域发展的关键技术引擎。

在这个全新的思维模式下,"工业4.0"引发了整个劳动力市场的巨大变革。相应地,教育界也对"教育4.0"的改革提出了明确的思考和规划。2016年10月,德国政府进一步公布了旨在打造"数字型知识社会"的教育战略,同时公开发布了名为《数字世界中的教育》的行动计划书。劳动教育作为信息技术教育的直接承接者,迎来了前所未有的历史机遇与挑战,肩负起推动建设更完整的教育体系的重任。

二、德国劳动教育模式:多线发展契合国家需要

在德国劳动教育发展历程中,多线发展的劳动课程模式备受瞩目,例如:职业准备课程模式、工艺课程模式、情境课程模式以及结构课程模式。

(一)职业准备课程模式:以职业导向为主导

随着科技、经济及社会的持续变革,劳动环境衍生出诸多复杂特性。因而,如何引导学生应对日新月异的职业挑战,便成为普通劳动教育的核心议题。针对此,维曼将技术、经济、社会及工作领域细化为"基本原理",这些知识和技能是社会发展的基石,无论社会怎样变迁,它们都不会随之消失。分别而言,技术"基本原理"包含形态改变、模型塑造、位置变动、能量储存与传输、控制与调整、检测等课题;经济"基本原理"包含生产、分配与消费、货币职能、效益与效率、资本与劳动、经济体系等议题;社会"基本原理"涵盖统治与附属、合作与竞争、正式与非正式组织、私人与共有的财产、就业与休闲等议题;工作"基本原理"则包括个人劳动技巧、团队协作技巧、生产劳动技巧、工艺劳动技巧、初级与高级技能、生产力等话题。为了让理论应用于实际工作中,该模式还为学生提供了多样的实践体验。

此种职业准备课程模式旨在助力学生具备职业选择能力和就业能力,以便更好地开启职业生涯。然而,由于行业和职业涌现较快,以此模式设计的劳动课可能无法完全掌控所有与职业劳动相关的话题和领域。

(二)工艺课程模式:以技术习得为主导

工艺教育最先属于艺术教育范畴,后来成为学生深入了解社会的通道。塞林在劳动教育中引入工艺教育模式,以技术习得为主导,强调技术对于劳动实践的重要意义。根据劳动实践活动特征,课程可被划分成手工艺、艺术创作和基础技术劳动三大部分。其中,手工艺课程主要教授手工技艺,使学生适应工作流程;艺术劳动课程注重审美教育与劳动教育的融合,激发学生的审美和创作潜力;基础技术劳动课程则着眼于启迪学生的技术思维,提升其问题解决能力。

尽管工艺课程模式符合学生学习技术认知的需求,但过于倚重技术工具容易导致课程偏失全面性。因为在学习过程中,学员不仅需要记忆和理解技术参数及其使用要求,还需对技术进行深度反思,探索技术原理,进而促使科技进步。这就需要教师在教学中尽可能平衡技术实践和全面性的考虑,避免劳动课程沦为纯技术培训课程。

(三)情境课程模式:以劳动行动力为导向

情境课程模式借鉴杜威关于"教育准备说"的理念,并基于罗宾逊提出的情境分析课程模式,发展出以劳动行动力为导向的新型课程。此模式旨在助力学生适应多元化的生活及职业情境。其中,选取课程内容需遵循细化的三大原则:深化世界认知、有助未来教育选择

以及应对个人及公众领域中的劳动问题。该模式主要分为三大步骤：首先，解析劳动情境，予以归纳，例如职业选择；其次，明确劳动行动力需求，如职业选择情境下所需的职业选择能力；最后，将劳动行动力植入课程，如掌握各行业特点等。尽管此模式能赋予学生劳动行动力，助力其适应各种劳动场景，然而却因过分强调特定情境下具体的能力选择而难以覆盖所有劳动情境，并识别出实际的劳动行动力，因此亦存在局限性。同时，因其注重探究人类行为与环境间的交互影响，故劳动技术与生产过程的关系解读及劳动情境与经济、政治、文化之间的联系廓清便成为了实现这一模式的难题。

（四）结构课程模式：以劳动知识为导向

结构课程模式以布兰卡茨为代表，他们对构建劳动学课程的必要性做了深度剖析，认为该课程不仅应让学生熟识技能、经济、政治相互依存性的关系，培养学生基于合理标准进行职业选择的能力，还需确保学生具备基本的职业劳动能力，且整个教学过程具有理论深度。基于此，格罗特引入了"结构格子模型"，借助技术、经济与政治的关联，确定了劳动课程的三大基本维度。在此基础上，通过对各种工业化生产过程的深入研究，提出包括实验任务、手工作业和工业生产在内的三个劳动类型，再将它们相互交叉构筑起含 12 个主题的课程内容矩阵。其后，柯尔以劳动组织（企业、家庭、国家）取代原有的劳动类型，提出了包含四个阶段的组织标准，并与原有的"技术、经济与政治"三维交叉，从而完成了包含 60 个主题的更加全面的课程内容矩阵。整合以上成果，布兰卡茨将结构课程模式详细化为五个执行步骤：一是利用理论化指标和教学法验证课程内容的适用度；二是通过学术试验确定课程内容能否达成预定教学目标；三是通过研究推动课程改革；四是创建临时课程；五是对比与其他科目学习目标的相似性，据此来确定劳动学课程。

尽管结构课程模式能帮助学生建立系统的劳动知识基础，但因其注重职业基础知识，容易转化为职业基础训练。加之这个模式下知识学习占据主导地位，学生鲜有参与劳动实操的可能。

三、德国劳动教育的特征

德国学校劳动教育大多以情景为导向，具有"普通教化"和"经济-生态-科技-社会基础教化"的功能，以促成每个学生全面且和谐发展为目的，从社会、生态、科技和经济生活等领域出发旨在使他们形成实践性或综合性的劳动能力，以应对不同情景下的实际问题。因此，劳动课程在各类学校中被定位为跨学科课程，成为连通各学科和教育科学间的一座桥梁。一方面，它联结、打通并加强了工艺学、自然科学、政治学、社会学等与劳动教育密切相关学科的联系；另一方面，它吸纳了来自教育学和心理学等学科的教学原则和方法——通过调节、互动、融合和重建将学科知识与教育科学理论相互结合，调和学科专业发展和教育育人的双重要求。这不仅能使学生运用专业知识参与特定领域的劳动活动，还能使每一个学生都得到全面的发展，以帮助学生应对未来社会劳动的要求。

（一）劳动教育紧扣时代发展脉搏，卓越服务于行业需求

以精湛工艺、卓越品质著称的德国装备制造业一直保持着全球领先的水平，赢得世人赞

誉——"质量强国"。而这一切的背后,恰恰得益于德国学校劳动教育目标与产业发展的无缝契合。从教育供给与产业发展需求之间相互依赖的角度来看,德国的学校劳动教育目标无疑具有极为显著的时代特征。当生产力不断提升、社会环境发生变迁以及产业变革带来新的职业要求时,这些教育目标总是能够适时地做出相应调整,以适应培养什么样的劳动技能人才这一核心问题,进而推动劳动教育目标实现和社会科技进步的步伐达到和谐统一。事实上,它在某些情况下甚至可以对产业的发展产生引领性的影响。

回顾德国工业发展的全过程,我们可以清晰地看到,从最初的"工业 1.0"阶段,历经数次的转型升级,最终到达"工业 4.0"的新高度。伴随着这一沧桑巨变的历程,学校劳动教育的使命也在不停地演变,从培育熟练劳动工匠,逐步转向培养综合技术性产业工人、信息技术领域的劳动者,最后进入培养拥有数字化技术能力劳动者的新时代。对于德国学校劳动教育政策文件的调整,我们同样可以看出其遵循的规律。紧跟着以信息技术等为鲜明标志的第三次工业革命的脚步,德国教育体制委员会在 1964 年适时地发布了《关于建立主体中学的指导方针》,明确指出"劳动实践课程应当契合现代经济及科技对人力资源的基本需要";到了 1969 年,负责协调教育事务的德国文教部长联合会议又出台了《关于主体中学的提案》,进一步强调了"劳动教育的实施必须考虑劳动力的流动以及社会结构的变化,因为这些因素都对年轻人提出了更高层次的要求"。而这两份至关重要的劳动教育政策文件,无疑都是为了适应时代的发展特征而对学校劳动教育目标适时进行的调整。

如今,"工业 4.0"已经崭露头角,成为我们这个时代最鲜明的特征。而在这样的背景下,将带有明显时代特色的数字化技术纳入各级学校的劳动教育课程体系之中,让年轻一代充分感受和理解一定程度上飞跃的数字技术运用方法,并引导他们正确处理运用这种新型劳动形式后所面临的纷繁复杂的社会关系——这恰恰是当前德国学校劳动教育所追求的核心目标之一,也是未来社会对劳动能力需求的理想方向。

(二)劳动教育课程模块多元学科交叉、结构完善

德国的劳动教育课程模式,其多元而互动的学科融合架构颇为完备。劳动活动所具备的多样化特质及其内部所包含的深度复杂性决定了劳动教育的实施应当立足于特定的社会环境。对此,我们需要针对人们本身在成长过程中所必需的生活技能、生产技巧以及科技领域内的革新性实践进行全面细致的职业培训和准备。实际上,德国目前学校中的劳动教育主要是通过劳动学课程来推动完成的,它高度强调对于"知识—方法—沟通—决策—行动"这五大关键能力的提升,从而有效地培育出学生的全方位劳动能力。以德国学校的劳动教育为例,我们可以发现其学习重点主要分为"技术、经济、家政、职业"这四个基础性的结构模块。特别值得注意的是,技术模块主要关注的是制图、电工、木工等工艺技术的学习;经济模块,即让学生深入了解财经知识、金融贷款等基本经济原理;家政模块,将重点放在烹饪、缝纫等日常家庭生活必备技能的掌握;职业模块,则致力于培养学生职业认知、职业选择以及面试技巧等。

从多个学科知识点在劳动教育课程中的应用来看,德国的劳动教育课程主要采用的是以主题为核心的多元化方法进行授课。例如,在九、十年级的"农业"主题劳动教育课程中,除了纯粹的劳动教育之外,还综合使用了林学、气象学、天文学、生态学等相关知识体系,并在此基础之上进行深度解读和引导。同时,德国的劳动教育课程还会根据各个年级学生的成长阶段和他们所表现出来的认知能力进行分层级教学。小学阶段的劳动教育课程,通常

被称为"常识课",涵盖了纸工、手工、木工、陶器制作等各类活动,其核心理念在于教导学生如何正确地处理各种生活琐事,以此作为劳动教育的基础和目标。到了中学阶段,劳动教育作为重要的一环得到了更为广泛的推广,课程设置包括必修课、选修课、公类基础课三类,其具体的技术、经济、家政、职业等四大内容有助于学生更好地理解自己的职业兴趣,培养正确的劳动观念以及在生活、职业等各领域中所需要的关键技能,进而形成一整套全面且实用的职前综合劳动能力。

(三)劳动教育实践基地类型丰富、突出劳动体验

德国的劳动教育实践根基深厚,紧抓劳动体验这个核心。他们深知,劳动就是实践,因此在重视课堂教学的基础之上,非常看重学生课外校外实践教学环节中的真实劳动情境体验,努力将劳动教育课程与实际生产实践紧密相连,从而迅速提升劳动教育的实际成效。从学校在课外实践方面的投入来看,德国许多学校都设有各类设备完善、模拟仿真程度极高的劳动技术专用教室,而这些教室则为学生提供了诸如金工、木工、烹饪及缝纫等劳动情境,使之在实践中充分体验到劳动的乐趣所在,同时又能熟练掌握各种劳动技巧。此外,部分德国学校甚至还设立了所谓的"校园公司",进一步拉近了劳动教育课堂教学和劳动体验之间的距离。值得一提的是,德国的劳动教育还特别强调,学生在学习的过程中应当巧妙运用所有感官,尽可能地获取全面的经验感知,以便取得最佳的学习成果。以"校内花园"项目为例,学生可以通过亲自动手参与植物的种植与日常养护工作,以此来学习和了解农艺劳动力技能,进而培养长久的对植物世界的观察与思考习惯。从校外实践的角度出发,德国政府早在多年前就已开始关注学校、家庭、社会三位一体的劳动教育合作机制建设,为此,大量社会资源都得以有效地融入校外劳动教育实践体系之中。学校会组织学生到校外的企业、农场、作坊、商店等实践场所参观考察或进行专业人士的指导下的实操训练,使学生有机会把所学的劳动知识与实际生产劳动环节进行深入的对照,亲身感受不同职业的劳动实境、劳动性质及内容、劳动环节及流程,最终实现对必要劳动技能的深度理解和内化,并逐步形成相应的职业意识和认知。

(四)师资队伍的极高专业水准和充分的资源供应

这种独树一帜的优势地位与其历史沉淀下来的对学校劳动教育专业化师资队伍的长期投入和有效确保紧密相连。具体反映为,慕尼黑工业大学等超过30所知名高等院校均设立了与劳动教育密切相关的师范类专业,采用跨越多个学术领域的方式培养既具备丰富的劳动教育知识,又具备先进的解决问题的方法和高效执行能力,足以胜任劳动教育课堂教学工作的高级专门的人力资源。再者,在大学劳动教育专业的学生培养规格方面,德国高校所设定的标准极为严谨,将理论知识的学习以及专业实地考察两个阶段视为同等重要。学生需要经过两次国家级考试的洗礼,才有可能顺利地踏入劳动教育教师的行列。在高校攻读期间,学生的课程结构以"专业课程 + 基础课程"为主,其中以劳动学及涵盖相关专业课程的两个科目为主体,同时还需选择一门兼顾教育及社会科学领域的基础课程作为补充。德国首次国家考试包含学术论文撰写、笔试以及口头陈述三大环节,只有全部合格之后才能荣膺见习教师的头衔,完成从师范生到见习教师的身份转型。紧接着的见习过程有着严格的程序规范和标准,学生需要向州文教管理部门递交申请,并且经由主管机关进行全面评估审核,

达到要求后方能被分配至相应的见习单位。而这个阶段,恰恰是德国师范教育培养体系中的关键阶段,往往历时 12 至 24 个月不等。其主要内容包括各种形式的理论学习、互动式的研讨交流以及综合全方位的教学实践等。获得见习经验之后的第二次国家考试则包括两门专业科目示范授课以及口头答辩,只有顺利通过这一关,劳动教育师范类专业的莘莘学子才算真正具备了成为一名正式教师的资格和潜力。

第五节 俄罗斯职业教育模式

一、俄罗斯劳动教育理念与制度的演进

教育家苏霍姆林斯基认为"劳动的乐趣是一种巨大的教育力量,每一个孩子都应当在童年时代深深体验这种高尚的情感"。历经数百年的实践,劳动教育已成为俄罗斯实现为国家和社会培养德、智、体、美、劳全面发展的公民及各类专业人才的重要途径与载体。依托劳动教育,俄罗斯积极培养学生的劳动意识、劳动技能和劳动精神,通过激发学生劳动热情和组织学生从事劳动,帮助学生获得技能、发展多种能力、形成认真的工作态度,激发学生创造力与主动性,使劳动教育成为俄罗斯学生学习和发展的重要手段。

从 1992 年《俄罗斯联邦教育法》颁布实施以后,俄罗斯形成了由初等、中等、高等、高等后职业教育和补充职业教育共同组成的大职教体系,各级职业教育的共同使命是赋予人职业。受俄罗斯社会经济变化以及欧洲教育一体化进程的影响,近些年来,俄罗斯职业教育职业体系一直处于调整和改革状态。

(一)俄罗斯初等职业教育

俄罗斯初等职业教育体系有 60 多年的发展历史,目前有 3100 所初等职业学校,主要培养技术工人和职员。与其他教育层次不同,俄罗斯的初等职业教育一直承担着一定的社会职能,即为学生提供一系列社会支持,包括免费的食宿、奖学金和免费服装。75%的初等职业学校学生来自于生活保障不利家庭或者不完整家庭,80%以上的学生家庭收入都低于平均生活水平,6%的学生入学动机是学校提供免费的饮食。

初等职业教育主要由两类学校提供:第一类为职业学校(职业技术学校),这是传统初等职业学校形式;第二类是近年来形成的新型的初等职业学校,即职业性实科学校。两者的区别在于:实科学校提供更高层次的培养内容,甚至可以实施中等职业教育,主要培养高水平的技术工人。目前初等职业学校中,第一类学校大约占总数的 2/3,还有部分初等职业学校向技校方向发展,主要表现形式是学生学习年限延长,一般为 3~4 年。

初等职业教育阶段的学习时间取决于学生入学时的受教育程度,九年级毕业入学一般学习 2~3 年,十一年级毕业入学要学习 1~2 年,其中九年级毕业生占大多数,基本占 75%,还有近 10%的学生的教育层次低于九年级。初等职业教育在俄罗斯属于义务教育,入学基本不存在竞争。

初等职业教育的教学内容以实践课为重,不同专业的实践课占总课时的 50% 至 70%,

远远超过理论课的比例。1999年俄罗斯联邦制定了《初等职业教育标准》，苏联时期的最后几年，由初等职业技术学校培养的职业有1400多种，根据这一标准对职业名录进行整合之后，目前有280个职业方向。从专业结构来看，苏联时期，初等职业教育体系为工业部门和服务行业培养工人的比例为4∶1，目前，这一比例与苏联时期正好相反，而且出现了一些社会所需的新职业种类，如培养小商业经营者、生态工作者、工艺品艺术设计师等。

（二）俄罗斯中等职业教育

《俄罗斯联邦教育法》规定，中等职业教育的目的是培养具备中等职业教育程度的、有熟练技能的专门人才，中等职业教育在基础普通教育、完全中等教育和初等职业教育的基础上满足个人深化和扩展知识的需要，使个人获得所选职业活动需要的技能、智力、身体、道德方面的发展。俄罗斯的中等职业教育相当于联合国教科文组织统计局制定的《国际教育标准分类法》中高等教育的第5级中的5B，也就相当于中国的高职教育。在经历了社会转型初期的低迷后，近年来俄罗斯中等职业教育呈稳定发展状态。

至2007年底，俄罗斯共有2800所中等职业学校，中等职业学校主要有三类学校：第一类是中等专业学校，包括中等技术学校和中等专业学校，也有部分中等专业学校的名称使用"中学"一词；第二类是学院；第三类是企业（机关）技校。其中，第一类学校是实施中等职业教育的基本专业学校；学院是独立的提高型的学校（或者是综合性大学、专科性大学、高等专科学校的分校），两类学校的主要区别体现为教学计划不同，前者实行中等职业基本教育计划之基础阶段的计划；学院实行中等职业教育基础阶段和提高阶段的计划，中等职业教育的提高阶段与基础阶段相比，人才培养的深度和广度均有所提高，学习期限增加一年；企业技校也是一种独立的学校，按照中等职业教育计划开展职业教育。技校毕业生获得"技师"资格，学院毕业生获"高级技师"资格。

俄罗斯每年基本有11%的基础学校（普通学校九年级）和23%完全中学（普通学校十一年级）的毕业生进入中等职业学校。中等职业学校在竞争基础上录取学生，2002年技校入学竞争（公费生）比例为1.75∶1，其中面授形式的入学竞争比例为1.85∶1。根据入学层次的不同，学制为2～5年。

在中等职业教育的人才培养过程中，理论培养占据主导地位，占总学时数的60%以上。理论知识具有概括性，基本上具有一般职业知识的特点。学生从一组专业转到另一组专业中，实践性培养以实验室实践课程形式进行。

1995年，俄罗斯教育部门批准实施《俄罗斯中等职业教育标准》，根据该标准中等职业教育设有近300个专业。目前，中等职业教育的专业人才的培养结构发生变化，以前占比很高的技术和农业专业的录取比例有所减少，分别从53%和12%降到了37%和5%，经济和人文专业的录取比例从1980年的11%增长到2002年的36%。但是，近年来由于劳动力市场对技术专业人才需求增长，使技术人才的培养也出现了回升趋势。目前中等职业教育阶段设有约300个培养专业，服务和新型信息技术领域的职业属于最近几年的新增专业。

（三）俄罗斯高等职业教育

俄罗斯的高等教育都属于高等职业教育，按照《俄罗斯联邦教育法》，根据大学生专业设置数量，大学可以划分为以下几类：综合性大学、专科性大学、学院，其中，前两类发展迅速，目前占大学总数的50%和30%。人数最多的是综合性大学。任何一类高等职业学校及其分校在有相应的许可证条件下都可以开展普通初等、普通基础、普通完全中等、初等和中等职业教育,甚至是补充职业教育。现有的三类高等学校在实行以上教学计划的同时,通常还要实行高等后职业教育计划,对高水平人才、科学和教育科学工作者实行培养、再培养和技能提高,兼顾开展基础性和应用性科学研究。对教育计划、教学量以及毕业生培养水平的要求都由高等职业教育国家教育标准规定。

高等职业教育阶段的教学形式包括面授、面授-函授(夜校)、函授、走读,所有的教学形式都实行统一的教育标准,教育计划可以连续或者分阶段实施。学校为通过国家评定的毕业生发放国家证书。与其他的职业教育阶段相比,高等职业教育在近些年经历了最显著的数量和质量的变化,处于快速发展状态,16.3%的高等职业学校涵盖了65.3%的各层次职业学校的学生。

(四)俄罗斯高等后职业教育和补充职业教育

高等后和补充职业教育也是职业教育体系的一个重要的组成环节。《俄罗斯联邦教育法》规定,高等后职业教育向公民提供在高等教育基础上提高自身教育水平和科学教育素养的可能。高等学校提供的研究生教育属于高等后教育。补充教育的目的是全面满足公民的教育需求,在职业教育的所有层次都存在补充教育,其主要任务是连续提高工人、职员、专业人员的专业技能素养。

随着俄罗斯连续职业教育理论研究与实践的展开,这一层次的职业教育愈加受到关注。目前,在俄罗斯职业技能再培训领域,尤其是领导和银行家再培训领域,教育进口服务占了很大比例。目前主要依靠在学校中创办专门的分支机构,来为企业提供补充职业教育。此外,也在倡导建立行业性的补充培养体系,并努力使这种行业培养体系与大学教育资源进行整合。

二、俄罗斯劳动教育模式:作用多样内容明确

(一)立法有保障:完善严谨的劳动教育法律法规体系

俄罗斯拥有成套的法律框架,从而建立起完整的劳动教育体制。例如《俄罗斯联邦教育法》明确指出:初级职业培训的方式可以是非职业院校和其他各类教育机构,这并不局限于学位授予机构、培训和实习单位,亦包括教育部门所设立的教学中心(车间)、取得相应许可证的素质教育实践机构,甚至还可以由合法授权并且有资质的职业人士提供个人指导式或面对面的培训机会。而初级职业教育的根本目标就是在基本学术教育的前提之下,培养出一批能在社会各个领域发挥重要作用的合格人才。由于职业教育涵盖了从低到高的各个阶段,因此附加教育的主要任务就在于在持续丰富教育层次的同时,切实提升体力工作者、服务性员工和专业人士的能力和资格。

值得注意的是,在2009年10月6日,俄罗斯联邦教育与科技部公布了新的《联邦初等普通教育标准》,其中对劳动教育提出了严格要求,坚定地要求教育工作者要设法让学生深入理解劳动在个体和整体社会生活中的创新性和道德价值;明白职业世界及如何选择合适的职业的重要性;将已学知识技能用于设计、艺术与工艺创造、解决实际问题和团队协作;逐

渐掌握相关的经营活动、协作策略、道德共享、目标制定和组织执行等基本技能。

到了2012年5月，俄罗斯教育科学部又发布了更为详细的《联邦中等普通教育教育标准》，其中有关劳动教育的部分包括：关注保护和传承祖国的文化传统，讴歌科学研究、艺术创作、运动竞赛和技能锻炼的优秀成果；通过劳动教育培养自身努力工作的愿望，深刻认识到劳动者的技能价值，积极准备参与各类社会劳动活动，具有实际策划和独立运作这类活动的基本能力；对相关的专业化行业产生浓厚兴趣，并具备将来能够选出适合自己的职业并有效实施自我人生规划的潜力和才华，如此种种皆为劳动教育的核心精神。

（二）悉明其要义：各阶段劳动教育的目标明确透明

俄罗斯现代中小学的劳动教育，在相对成熟的理论基础之上，不仅保持了普通教育与职业教育的紧密连接，更是巧妙地将劳动教育与科学知识、社会生产紧密相连，充分借助有组织的体力劳动，促进广大青少年健康成长与全面发展，真正体现了劳动教育的教育价值以及提升健康水平、促进全面发展的作用（如运动技能的掌握）。

具体而言，俄罗斯的校园劳动教育主要是通过劳动课来实施的，每周的课时设置根据课程的具体形式而有所差别。举例来说，针对劳动技能训练，1～7年级的学生每星期安排2小时的课程，8～9年级的学生为3小时，而10～11年级的学生则需接受4小时的课程教育。至于对社会有益的工作实践，2～4年级的学生每周花费1小时进行体验，5～7年级则是2小时，8～9年级则为3小时；10～11年级的孩子每周参加4小时的社会公益劳动。除此之外，针对学生的年度实地工作实习，5～7年级的学生将总共度过10天的劳动生涯，每日参与3小时的实践训练；8～9年级的学生将总共参加16天，每日投入4小时参与实践训练；到了10～11年级，他们必须参加整整20天，每日参与6小时的实践训练。

寒暑假期间，学生们的劳动时间亦有相应规定，5～7年级的学生原则上每日劳动时间不得超过3小时，8～9年级的学生则不得超过4小时，而10～11年级的学生每日劳动时长不得超过6小时。为了适应学龄儿童的身体与生理特性，车间劳动课的设定既严苛又小巧，1～2年级学生实际作业总时长被限定于每次不超过25分钟；3～4年级的学生每次最长不得超过35分钟。值得关注的是，学校尽可能在劳动培训环节中顾及学生性别差异，对学校里的劳动课程进行合理规划，男同学主要负责技术性工作，女同学则多从事服务性业务，但一部分集体劳动活动是不分性别地全体参与。

（三）劳动以务实：以职场需求引导劳动教育正向发展

俄罗斯高度重视劳动教育与职业教育的完美衔接，特别强调技术培训在其中的特殊地位，整个培养全面发展人才的院校劳动教育框架具有极强的实践特色。首先，劳动教育的根本目的在于培育出全面发展的合格公民，教育事业的终极目标则是培养出掌控先进科技且全方位发展的新时代青年，两者有着相同的奋斗方向。其次，院校劳动教育是培养具备较高综合素质的劳动者和高端技术技能型人才的关键所在，加之在劳动教育的探索过程中会对学生个人兴趣爱好、心理状态、生理状态以及智力水平作出深入理解和深入分析，以便最大程度地挖掘学生的潜力，让学生在劳动教育中掌握现代化技术以及劳动者生产所需的基本知识和技巧，逐渐养成创新性思维方式和良好的学习习惯。

这样一来，有助于引导学生正确挑选符合自身兴趣爱好、真正适合自己的专业，从而推动自身职业生涯的稳健起步和持续攀升。正因如此,政府相关部门极力推崇面向学生未来职业发展的劳动教育理念,旨在帮助大家掌握某个特定职业所需的专业知识和技能,使之得以在职业教育环境下熟练掌握各项劳动技能,这无疑直接决定了学校教育中劳动教育的推进情况。以斯塔夫罗波尔边疆地区的学生生产队为例,自 1965 年成立之日起便始终致力于发展壮大,全区范围内开展的学生团队活动便是对为学生独立进入劳动力市场做准备。

2016 年 6 月,俄罗斯联邦政府正式颁布了一套名为"2016—2020 年教育培训过程中为学生发展和自我实现创造条件"的系列政策措施,其主要涵盖了三个重点领域:首先是要精心构建监管制度;其次是努力构建有效的实施机制;最后是大力加强各部门间的密切协作。该项计划的核心目标在于帮助学生在校期间获得良好的职业导向和有效利用社会资源,并且使他们能够在日后的工作生涯中自立地取得良好的成就。

"完善管理机制"这一措施的具体规划如下:通过改进学生职业指导和社会公益活动体系的组织管理结构,从而达到科学化的发展目标,也包括传递和普及校际劳动教育和工业综合体的宝贵经验,引导学生在职业发展中实现自我价值,学以致用。"建立有效机制"则主要致力于在学生职业指导和社会活动当中运用科学而高效的方法和机制以促进行业的健康发展,其中的主要策略包括提出实用性的方法和建议,并设计和尝试将学生所选职业与职业培训、理论学习以及企业实习相结合的三种不同培训模式,以便更好地激发学生的职业热情和兴趣。"加强部门联系"则意味着加强实体经济部门与教育机构之间的紧密合作关系,共同推动产教学研协同发展。此外,还将针对目标劳动力市场的实际需求和特点,有针对性地落实理论和实践相结合的复合型人才培养方案。

(四)劳动以教化:精神文明重拾劳动教育德育功能

劳动教育历来被视为德育的重要倚重。对于俄罗斯而言,其境内所延续的苏联时期留下的劳动教育宝贵经验为该国劳动教育奠定了坚实的基础。马克思、恩格斯及列宁有关将教育与生产劳动相结合、与综合技术教育相结合的理论学说,至今仍具有经久不衰的活力,而俄罗斯亦在这坚实的基础上不断探索创新。

例如,早在 2015 年 5 月份,俄罗斯联邦政府就曾颁布过《2025 年前俄联邦教育发展战略》,明确指出要在儿童中塑造具备高度精神和道德素养的人格。培育他们对俄罗斯这一历史和文化大家庭及其未来命运的深厚认同感,同时鼓励儿童积极参与各类劳动和社会公益活动,借由劳动教育全方位多维地培养儿童尊崇劳动、劳动工作者以及劳动成果的意识,引导他们学会自我照顾,接受劳动的价值观念,树立认真负责的工作态度,提高与他人协同工作的能力。最终培养出能够独立进行劳动并能准确评估劳动成果与价值的人才,推动儿童在这一过程中树立优良的精神文明理念。

(五)劳动以传承:劳动教育被视为民族文化传承之重任

俄罗斯的世居少数民族一直在北极地带、西伯利亚以及远东地区的发源地艰难求生,他们一直秉持着传统的生活方式、经济模式以及手工艺技艺,从而塑造出独具特色的多元文化,并且还具备各自的语言特色。2020 年修订的联邦法律中,特意提到了"关于保证俄罗斯联邦世居少数民族权益"的相关议题。这些世居少数民族的传统生活方式、对土地的敬畏之情、农耕方法与手艺制作以及各种习俗信仰,都已经成为具有"濒临灭绝脆弱性"的文化遗产,得到了国家的全力保护,同时也成为现代劳动教育重要的教学内容——将这些文化遗产作为科研项目、实习旅游以及教育体验活动的考察对象。作为一种科研、游学、游览项目,对照今天日益数字化与智能化的劳动,既可以让俄罗斯人民感受先人在劳动中的创造与智慧增长,同时也是一种传承与启迪。

三、俄罗斯劳动教育的特征

（一）俄罗斯劳动教育展现出其深入且宽广的跨学科性质

俄罗斯对于劳动教育的理解并非限于某一单学科的知识范畴,而是强调与基础学科之间建立起广泛而深远的跨学科联系。跨学科性的劳动教育不仅有助于深入理解劳动活动的组织原则和经济原则,更能洞察到个体与群体以及社会间的联系;同时,在不断丰富和加深劳动教育主题的过程中,劳动与其他学科知识密不可分的多维联系不断得以揭示。举例来说,无论是在学术研究的实验室,还是在实际生产的实习现场,俄罗斯一直以来都致力于让学生在真实现场的劳动场景中亲身实践,通过制作蕴含实际意义、可为生产生活服务的实用性产品,促使他们自觉运用所学习的跨学科知识,如科学、物理、数学、技术、艺术等。其间,还需运用诸如人体工程学、生物学、健康科学、心理学等学科的知识,以保证劳动的高效执行及人身安全。此外,通过在实践中接触并掌握现代化的劳动工具及先进科技,进一步培养学生的辩证思考、灵活应变能力,激发创新精神和创业能力。

（二）俄罗斯劳动教育培训的内容具有高度的开放性

俄罗斯的劳动教育培训一直保持着开放的态度,为了改善在校学生的活动体验,尤其关注从根本上支撑年轻人的职业生涯规划,通过合理设定劳动教育、培训及职业定位,使得学生得以直接参与那些对社会整体有利的生产性劳动,以此辅助今后职业方向的选择。无论将来发展方向如何改变,在各个行业的实践行动中,都需要持续锤炼个人的劳动素质。目前,俄罗斯的劳动教育培训涵盖了教育工作、劳动技术、初始职业、社会公益事业、科学技术应用和艺术创作等多个方面。其中,劳动教育培训是由社会环境、生产条件、学校实力和传统等多个因素共同影响决定的。劳动教育既包括智力型劳动作业,也涵盖身体力行的劳动任务。所谓的脑力劳动工作,也是极度复杂和艰巨的任务。然而,对于学生来讲,掌握相关脑力劳动技巧不仅是深入研读科学基础知识的途径,更是将这些知识应用于实践生产劳动的重要手段。

（三）劳动教育培训结构展现出多元化的特点

劳动教育培训结构囊括了各种社会实用性活动,如生产类劳动、社会服务类劳动、家庭事务处理、自助服务等。生产类劳动往往由学校、地方行政机关或公共部门加以组织安排。比如,在俄罗斯,存在一种十分重要的课外生产性劳动制度,即由学生在校园内或农场中开展一系列繁忙工作。该劳动项目要求学生积极筹备学校餐厅所需的食品,增加原材料储备量,然后再负责将这些食材销售出去。社会服务类劳动包括收集废弃金属材料、纸制品、药用植物等有益于社会的物品,这类行为使学生能通过不同类型的劳动活动意识到自己的劳动责任,从而使他们感受到任务本身的重要性,并非仅仅为了荣誉而劳动,更多源自自身的责任感和道德义务。家庭服务则在于通过他们个人的辛勤付出以满足家庭、集体乃至每一位家庭成员的日常生活所需,包括整理床铺、清洁个人用品、做卫生工作、照顾宠物、种植花卉树木、采买食品、维修简单的家用电器,等等。自助服务则包括清洁教室、办公室、餐饮区、更衣室等各处,并且还要负责清理各周边区域分散的垃圾,等等。

(四)俄罗斯劳动教育在多元层面有效整合各项资源

俄罗斯政府广泛利用全国各地各个领域的丰富资源来深化劳动教育,实现了"学校—家庭—社会"三个层面的多元化、有效协同运作。该国积极呼吁各界充分挖掘并利用各种非学校型的教育单位,如教育技术支援中心、儿童科技乐园、青年创业中心、各类博物馆、各类型的职业教育培训机构、国有大型企业与私人组织,以及各类公益基金等公共资源,目的在于全力推动劳动教育的普及与发展。例如,彼得罗扎沃茨克市的普通教育中学的实例表明,学校不仅能向学生提供系统化的基础知识,还能让他们有机会在专门的中等专科学校或中等技术学院进修以提升烹饪、道路维护、建筑施工、机械制造、电焊等职业技能,随后组织学生实地参观对应行业的企业,以便让他们在国内外真实的工作场景中加深对所学知识与技能的理解与运用。俄罗斯正是以此方式,逐步引导学生们尊重并传承本国的民族文化,同时积极参与到全球化的国际劳务市场竞争之中,并且借助校际教育生产综合体、校企合作研究室等机构,使教育工作者与家长更加清晰地认识到学生的心理特征、身体素质、社会适应能力以及未来职业方向等方面的问题。

实践与思考

1. 比较本章中几个国家劳动育人的特色。
2. 本章案例国家的劳动教育对我国开展大学劳动教育的有哪些启示?

第七章 未来劳动畅想与劳动教育

学习目标

- 了解新的劳动工具和劳动形式。
- 了解新的职业与新型劳资关系。
- 熟悉科技赋能劳动教育和文化涵育劳动教育的路径和形式。
- 了解未来劳动对劳动者的要求和挑战。

以数字技术为主要特征的第四次工业革命推动的全球化4.0时代到来了。在这个时代,资本和劳动力流动的方向被改变,服务业的全球化将成为重点,人工智能的出现让部分传统职业面临转型和被取代。全球化4.0以人为本,更具包容性和可持续性,推动建立持久和平、普遍安全、共同繁荣、开放包容、清洁美丽的世界。

全球化4.0时代对劳动和劳动者提出了一系列新的要求和挑战。要求劳动者具备更加多元化和高端化的技能。除了掌握本专业的知识和技能外,还需要具备跨学科、跨领域的综合能力,以及运用新技术、新工具进行创新的能力。需要不断学习和更新知识,以适应技术发展的需求。对劳动者的素质要求也越来越全面化和综合化。劳动者的职业道德、社会责任感、国际视野等也成为越来越重要的素质要求。技术增效的同时,人际互动能力比以往任何时候都更重要。劳动者还需要具备终身学习的意识和能力,不断更新知识和技能,以应对不断变化的市场需求。

第一节 新的劳动工具和劳动形式

在漫长的农业社会中,人类劳动以农业生产为主,男耕女织,春种秋收,劳动工具粗糙简单。18世纪工业革命后,人类逐渐进入工业社会,机器不断涌现,工业生产和工厂组织不断发展,一部分人从农民变为工人,生产劳动的地点从田间地头转移到了工厂车间,劳动方式也发生了革命性变化。20世纪中叶以来,随着计算机技术的发展,电脑和互联网逐渐普及,人类进入信息化社会,劳动工具更加先进,生产效率大幅提高。近年来,随着机器人、云计算和物联网等劳动工具和技术的快速发展,人类正进入智能社会,新的劳动工具更加强大,人们的劳动方式正面临新的变革。

一、新的劳动工具

科技发展日新月异,人们很难预测几十年或一百年后的劳动工具是什么样的。不过,站在今天的时点上,基于现有的技术发展和新型发明,人们可以展望未来十到二十年的科技水平和劳动工具。今天,各类智能化机器不断迭代更新,大数据计算能力不断提升,人们正从移动互联网社会步入万物互联社会,与之相伴的5G通信、区块链分布式计算、虚拟现实、元宇宙等成为科技领域的热点前沿,将引领人类社会迈向新的发展阶段。新的技术层出不穷,新的劳动工具不断涌现,下面将介绍四类已初步成熟、未来将大规模普及的劳动工具。

(一)机器人

机器人是按照一定的预设程序自主或半自主工作的智能机器。从代替人类完成重复性劳动的角度看,机器人的前身是纯粹的机器,比如家里的洗衣机、电风扇,工厂流水线上的加工类机器、运输类机器,只要打开开关,这些机器就会一直从事重复性劳动。今天提起机器人,人们一般不会想到这些机器,因为已经习以为常,其实这些机器在一定程度上也可以称为机器人。当然,今天的机器人已经升级换代,在样式、运动方式、适用领域和智能化水平上都有新的突破。

在样式上,有的模仿人给客户提供服务,比如餐厅的送餐机器人、酒店大堂的问询机器人;有的炫酷非凡,比如中国探月工程的"玉兔"号。

在运动方式上,有非移动式机器人和移动式机器人,前者固定在某个位置,在固定位置上进行任务操作运动,比如机械手、机械臂;后者可移动,移动方式有多种,包括轮式机器人、步式机器人(单腿式、双腿式、多腿式)、履带式机器人、爬行式机器人、蠕动式机器人和游动式机器人等。

在适用领域上,不仅在生活领域有不同机器人,比如扫地机、洗碗机,在生产领域也有大量机器人,比如工业机器人、水下机器人、沙漠机器人、无人飞机和太空机器人等,在服务领域,也有自动按摩椅、娱乐机器人等。

在智能化水平上,今天的机器人不仅可以完成一些重复性的劳动,也可以进行复杂的逻辑推理、判断和决策,在变化的环境中自主决定自身行为。一些机器人除了具备视觉、听觉外,还具有触觉、味觉等感知能力,有深度学习、总结经验、自我提升的能力。机器人往这个方向发展,有可能变成虚拟的人类,给人类带来一定的挑战。

未来,机器人将成为人们生产生活的工具和朋友,机器人将越来越像人,甚至在很多能力方面超越人。美国未来学家雷·库兹韦尔甚至预言,2027年电脑将在智力上超过人脑,2045年"严格生物学意义上"的人类将不复存在。雷·库兹韦尔的预言虽是大胆而疯狂的,但不可否认的是,未来,高智能的机器人将广泛存在。人类如何处理与机器人的关系,如何继续主导生产生活秩序,实现更美好的生活,值得所有人共同探索。

(二)云计算

云计算的前身是本地计算,即在本地电脑的硬盘和存储空间中计算,计算速度取决于电脑内存和硬盘的大小。如果运算量大,本地电脑将无法支撑,需要运算能力更强的电脑,购建成本、运营支出（如电费）和维护费用巨大，普通家庭和中小企业难以承担，于是产生了云计算的需求。

云计算是借助互联网上的空间或资源，运行一定的程序，进行一定的计算，帮助用户得到想要的结果。云计算是一种网络服务，"云"是空间和资源，"计算"即运行一定的程序。用户可以像使用水、电、燃气一样，付费就可以使用，按量计费。云计算的硬件基础是巨大的云端存储空间和强大的云端服务器，软件基础是强大的数据处理能力和运算能力。如今，简单的云计算应用在互联网服务中已随处可见。比如，网络搜索、点击网络链接、打开网络视频等均属于云计算，用户只要输入简单指令，就能得到所需信息，看到经过后台云计算处理的信息界面。

云计算最重要的终端设备是电脑或手机。试想，未来的家用电脑只需要一个显示器，硬盘和内存全放在云端服务器上，用户只需要一个账号，登录之后，就可以获得像现在一样的电脑桌面和存储空间，所有的软件也都安装在云端，上传、下载速率与本地操作没有差异。如此一来，用户的电脑变成超级计算机，可以使用比本地硬盘更大的存储空间，综合成本也大幅减少。以上场景实现的基础是云计算，用户下达一个指令后，云端即时反应，将结果呈现在用户界面上。与电脑类似，未来的手机将只是一个屏幕，不再保有存储和运算功能，所有的存储和运算放在云端，手机变成一个小型超级计算机，随时、随地、随身进行高性能计算，满足生活和生产需求。

未来，只要有互联网应用的地方，就有云计算。云计算的能力将不断增强，应用范围将不断扩大，成本将不断降低。当然，云计算也有软肋，其面临的最大威胁在于安全性问题，一个云计算服务器一旦被黑客攻破，大量用户信息、海量资源将被窃取或破坏，影响极大。

（三）物联网

物联网即物物相连，万物互联。物联网的相关技术包括激光扫描技术、射频识别技术、全球定位技术、信息传感技术等，在这些技术的基础上，采集物品的各种信息，接入互联网，实现物与物、物与人的连接。物联网的基本特征是整体感知、可靠传输和智能处理，依赖于对物品的感知、识别、定位和跟踪，对过程的监控和管理。

物联网最早应用在航空航天领域的物品编码上，将航空飞机的众多零部件分别编码，有序存储，后来扩展到农业、工业、物流、安保等生产领域，家居、医疗、教育、金融、交通与服务业、旅游业等生活领域，以及卫星、导弹、潜艇、军用飞机等军事领域。

在农业领域，为农场的每一头牛、每一只鸡、每一头猪配备专门的可穿戴设备或皮下芯片，捕捉其健康指标，上传到云端数据库，进行自动分析，得出养殖建议，发送给农场员工，员工便可据此调整饲料种类，排查病患，安排疫苗接种等。为农场的植物配备专门的监测器，农场员工也可获得经过云端数据库分析的种植建议，从而调整肥料成分，实现科学种植。

在智能交通领域，高速公路的收费站普及自动收费系统（ETC），使通行效率大幅提高；公交车上安装定位系统，公交站台显示车辆距离信息，方便乘客知悉公交车到站时间，及时规划搭乘路线，减少等待时间；实时监控道路交通状况，并及时传递给路上的司机，让司机调整行车路线，以解决道路拥堵问题。

在智能家居领域，家居物联带来极大方便，一部手机就可以操控家中的电视、空调、暖气、灯光、窗帘等，或者一个智能枢纽就可以完成这些任务，再或者，人们不需要动手，只要向总控发出口头指令即可（图7.1）。智能摄像头、烟雾探测器、智能门锁、智能报警器等设备也可与智能中枢联网,纳入综合管理。

图 7.1　智能家居物联网

未来,物联网将成为继互联网之后的新型网络生态,大幅增强物与物、物与人之间的多向联系。物联网作为一种强大的工具,将为人们在真实和虚拟世界中铺就新的道路,搭起新的桥梁,人们将像今天依赖路桥、电力、电脑、手机一样依赖物联网。

(四)通用人工智能

通用人工智能(GAI)技术在提高效率的同时,也在推进工作方式的转变。职场中,ChatGPT 可以用于完成快速生成文本、自动回答常见问题、协助文档写作等任务,这有助于减轻员工在日常工作中的繁琐任务,使其更专注于创造性和战略性的工作;ChatGPT 可以用于启发思维、提供新的视角,有助于提升创新和解决问题的能力。当然,新技术总伴随着挑战。在使用 GAI 技术时,企业需要考虑数据隐私、文化差异、伦理道德等实际存在的一些问题,确保安全合规地使用。

作为一项快速发展的技术,GAI 有潜力执行过去只有人类才能完成的任务,如写作、创建内容和分析数据。新 GAI 工具可以减轻职场人士的工作量,并帮助专业人员专注于工作中最重要的部分。领英最新调研结果显示:通过分辨哪些技能可由 GAI 来增强,哪些技能只能由人来完成,有助于预测 GAI 如何转变相关职位的工作方式和效率。例如教师,可由 GAI 增强的技能占 45%,讲课计划、课程开发、教师培训、识字、辅导的部分可由 GAI 增强。

 知识卡片

Sora 大模型

Sora 是 OpenAI 发布的一款人工智能文生视频大模型,于 2024 年 2 月 15 日正式对外发布。该模型继承了 DALL-E 3 的画质和遵循指令能力,可以根据用户的文本提示创建逼真的视频。Sora 不仅是一个视频模型,OpenAI 还将其视为一个"世界模拟器",因为它能深度模拟真实物理世界,生成具有多个角色、包含特定运动的复杂场景。这意味着它能理解用户在提示中提出的要求,并了解这些物体在物理世界中的存在方式。

对于需要制作视频的艺术家、电影制片人或学生来说,Sora 带来了无限的可能性。它是 OpenAI"教 AI 理解和模拟运动中的物理世界"计划的一部分,标志着人工智能在理解真实世界场景并与之互动的能力方面实现了飞跃。

此外,Sora 还支持多模态模型的训练,如文本、图像、语音等多种数据类型的融合训练。通过分布式训练的方式,Sora 可以实现对多模态数据的高效处理,提高模型的泛化能力。

总的来说，Sora 是 OpenAI 在人工智能领域的一个重大突破，它有望改变视频制作和处理的方式，使得创作过程更加高效和便捷。同时，Sora 也展示了人工智能在处理复杂物理世界场景方面的巨大潜力。

二、新的劳动形式

借助于新的技术和劳动工具，人们的工作方式和生产方式将出现一些新的变化，原来无法想象的劳动形式将得以实现，工作满意度和生产效率有望进一步提高。新的劳动形式有很多种，这里主要介绍三种已被实践并将继续普及的劳动形式。

（一）居家办公

居家办公是指劳动者在家工作，不用到专门的办公场所，也不用经历从家到单位的通勤过程。居家办公可以缩小企业或单位的办公场地，减少劳动者出行时间，降低公共交通压力，缓解道路拥堵问题。

居家办公给劳动者带来了一些方便，美国超过八成企业已引入居家办公制度，跨国公司更是居家办公和远程办公的拥趸，中国的一些企业也在推进居家办公实践。各种数据表明，这些企业实行居家办公后，企业经营业绩和员工流动没有受到明显影响。

除了恶劣天气、公共卫生安全危机等特殊时期人们不得不居家办公外，在企业的日常运营中，并不是所有岗位的工作都适合居家办公，居家办公需要具备一定的条件。在技术层面，居家办公最基础的条件是拥有互联网、电脑设备、办公软件和必要的音视频交流技术等；在居家环境方面，至少需要一个安静的房间，以便劳动者专心工作和参加在线会议。即使以上条件都满足，受工作内容的限制，也并非所有企业和岗位都适合居家办公。互联网科技企业以在线技术处理为主，居家办公没有太多障碍；而在远程操控技术推行之前，制造业企业的工人只能在车间工作，一些线下服务类工作比如理发、快递、理疗等也不适宜居家办公。

未来，随着在线交流软硬件条件的完善，一些企业实行居家办公和集中办公相结合，另一些企业实行完全的居家办公，并非没有可能。当然，大规模居家办公后，通勤人数减少，城市中心商务区的办公楼租赁、餐饮消费、商场零售等领域都会受到影响，跨城商旅活动减少，航空和酒店行业也会受到影响。

（二）远程操控

远程操控是利用无线或电信号操作远端的设备或机器（图 7.2）。远程操控时，人机距离可能是几十米、几百米、几千米、几十千米，甚至更远。未来，随着通信技术的发展，远程操控将在多个领域普及。

在生活领域，人们可以在家里远程操控车库中的汽车，在外面远程操控家中的

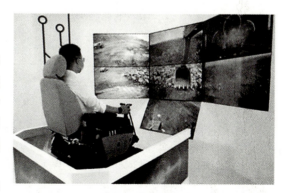

图 7.2　远程操控

智能家居家电。

在生产领域,人们可以远程操控无人机在农场作业,在控制室远程操控生产车间的设备,在中控室远程操控港口码头的集装箱,在地上操控矿井下的挖煤设备,在地面操控水下的潜行设备。

在城市管理领域,人们可以在指挥中心实现路灯的精准遥控、遥测、遥感调节,远程操控城市道路上的摄像头和栏杆,远程操控分布于城市各个角落的消防设备,远程控制城市重要建筑和公共园区的夜间灯光等。

在远程维护领域,技术人员可以远程控制目标设备或机器,进行配置、安装、维护、监控和管理,处理以往必须由工程师亲临现场才能解决的问题。

在医疗领域,各大医院均可通过远程操控对病人进行 X 光扫描和 CT 检查,未来随着网络传送速率和设备技术水平的提高,有望实现跨城跨省远程检查。医生还可以借助网络和终端设备,进行远程手术,减少出诊成本,满足远距离应急医疗的需求。

总体而言,远程操控为人们生产生活提供了新的可能性,可以大幅提升生产生活的便利程度和工作效率,让现有的劳动方式进一步升级,迈上新台阶,进入新阶段。

(三) 人机协作

人机协作是指人与自动化机器共享工作空间并同时进行工作(图 7.3)。人机协作的前身是人机合作。人机合作是指人和机器共享一个工作区域,各自在不同时间开展工作,比如工人往传送带上装卸货物。人机协作是指人和机器在同样的工作空间同时开展工作,为实现共同目标而进行协作,人与机器不隔开、无护栏,此时的机器更加灵巧、智能化水平更高,与操作员一起完成工作任务,比如在飞机驾驶舱,飞行员与飞机的自动控制系统交互协作,操控飞机平稳飞行。

图 7.3　人机协作

人机协作将改变人们的工作方式,其优点是安全、高效、低成本。人机协作至少有以下几种应用场景。

第一,操控机器完成工作。操作员手动操作安装在机器末端的引导装置,控制机器完成任务,或者操作靠近机器末端执行器的引导装置,控制机器完成任务。此类应用的例子包括:焊接、装配、打磨、检测等。

第二,速度与距离监控。在制造业流水线上,当人走向机器,距离太近时,机器发出警报或语音提示,自动减速、停止、关闭或改变运动路径,以避免对人造成伤害。当人离开机器,达到一定距离时,机器恢复正常工作速度或运动路径。这种感应是人机互动协作的重要方面,其人机协作的有效性依赖于机器的感应设备。

第三,根据可穿戴设备的指导完成工作。可穿戴设备是人机协作的工具,包括眼镜、手表、手环、耳机、配饰、服装、帽子、背包等。人们运用可穿戴设备,可以提升工作能力和工作效率。例如工人戴上智能眼镜,能接收机器发来的信息,并根据眼镜所给出的分布式操作提示,进行相关操作。矿工戴上专用头盔,穿上机械臂,可以提高探测精度和负重能力。

第二节 新的职业与新型劳资关系

一、新的职业

(一)新的职业类型

社会在发展,行业在升级变化,有些行业正在消失,有些行业正在兴起。行业兴衰变化的同时,职业也在不断演变,一些职业已经消失,一些职业正在消失,还有一些职业刚刚出现。2020年以来,我国人力资源和社会保障部先后发布了五批新职业,共计74个(表7.1)。未来,还可能会有新的职业陆续发布,劳动者将有更多的职业选择。

表 7.1　2020 年以来新增职业的数量和名称

批次	时间	数量	职业名称
第一批	2020年2月	16个	智能制造工程技术人员、工业互联网工程技术人员、虚拟现实工程技术人员、连锁经营管理师、供应链管理师、网约配送员、人工智能训练师、电气电子产品环保检测员、全媒体运营师、健康照护师、呼吸治疗师、出生缺陷防控咨询师、康复辅助技术咨询师、无人机装调检修工、铁路综合维修工、装配式建筑施工员
第二批	2020年7月	9个	区块链工程技术人员、城市管理网格员、互联网营销师、信息安全测试员、区块链应用操作员、在线学习服务师、社群健康助理员、老年人能力评估师、增材制造设备操作员
第三批	2021年3月	18个	集成电路工程技术人员、企业合规师、公司金融顾问、易货师、二手车经纪人、汽车救援员、调饮师、食品安全管理师、服务机器人应用技术员、电子数据取证分析师、职业培训师、密码技术应用员、建筑幕墙设计师、碳排放管理员、管廊运维员、酒体设计师、智能硬件装调员、工业视觉系统运维员

续表

批次	时间	数量	职业名称
第四批	2022年7月	18个	机器人工程技术人员、增材制造工程技术人员、数据安全工程技术人员、退役军人事务员、数字化解决方案设计师、数据库运行管理员、信息系统适配验证师、数字孪生应用技术员、商务数据分析师、碳汇计量评估师、建筑节能减排咨询师、综合能源服务员、家庭教育指导师、研学旅行指导师、民宿管家、农业数字化技术员、煤提质工、城市轨道交通检修工
第五批	2023年4月	13个	人工智能工程技术人员、工业机器人系统操作员、工业机器人系统运维员、物联网工程技术人员、大数据工程技术人员、云计算工程技术人员、建筑信息模型技术员、物联网安装调试员、电子竞技运营师、数字化管理师、无人机驾驶员、电子竞技员、农业经理人

以上五批陆续发布的新职业主要集中在高新技术领域、新产业和现代服务业，从工作内容看，大致可以分为以下四类：

1. 技术应用类

五批新职业中涉及最多的是技术应用类职业，如机器人工程技术人员、云计算工程技术人员、工业机器人系统操作员、工业机器人系统运维员、无人机装调检修工、区块链应用操作员、密码技术应用员等。这些新职业大多与工程技术、模型技术、人工智能、大数据、物联网、云计算、区块链等新兴科技密切相关，需要一定的专业知识和专业技能，有一定的职业门槛，职业"含金量"更高，前景更广阔。反映了数字化、工业化、智能化产业变革以及经济结构变化发展的趋势。

2. 生活服务类

生活服务类的新职业包括网约配送员、易货师、二手车经纪人、调饮师、汽车救援员、管廊运维员、社会健康助理员、健康照护师、老年人能力评估师、民宿管家等，以及与医疗相关的职业，比如呼吸治疗师、出生缺陷防控咨询师、康复辅助技术咨询师，还有一些与终身学习相关的职业，比如在线学习服务师、职业培训师、人工智能训练师。生活服务类的新职业与未来生活密切相关，使人们的未来生活更方便、更健康、更有品质。

3. 商业运营类

商业运营类新职业包括数字化管理师、电子竞技运营师、连锁经营管理师、供应链管理师、互联网营销师、企业合规师、公司金融顾问、农业经理人等。这些职业与企业和行业发展有关，致力于改进商业模式，提高运营水平，进而提高企业和行业效益，促进发展。

4. 监督管理类

监督管理类新职业包括城市管理网格员、碳排放管理员、碳汇计量评估师、食品安全管理师等。这些职业与社会治理或企业管理有关，服务于提高社会治理水平或企业管理水平。

（二）未来职业趋势

1. 劳动密集型岗位逐步减少

有一些职业需要付出大量体力，还有一些职业需要具备扎实的专业知识和技能，我们可以将体力劳动投入比例较高的职业称为"劳动密集型"职业,把知识和技术投入相对较多的职业分别称为"知识密集型"职业和"技术密集型"职业。未来,随着机器的普及和智能化水平的提高,一些重复性体力劳动将越来越多地由机器完成,相应的,劳动密集型岗位将受到影响,不断减少,最常见的例子是工厂流水线上的工人。与此同时,劳动者从这些以体力劳动为主的职业中解放出来后,将投入到主要依靠知识和技能的职业和岗位中,包括设计师、培训师、维修员、技工、运营管理员等。

2. 第三产业创造更多新的就业机会

根据三大产业结构的不同特点,当第一产业在国民经济中占主导地位时,整个社会是农业社会,很多职业与农业生产相关;当第二产业在国民经济中占主导地位时,整个社会进入工业社会,产生很多与工业生产相关的职业;当第三产业在国民经济中占主导地位时,整个社会进入后工业社会,将产生很多服务类的职业。在三大产业结构调整的过程中,职业出现更迭,相关从业人员数量也会随之变化。

新中国成立初期,第一产业占国内生产总值的一半,之后呈下降趋势,在20世纪60年代有所回升后,一直呈震荡下降趋势,2019年仅占国内生产总值的7.1%。第二产业从70年代开始超过农业,成为国民经济的主导产业,大部分时间占国内生产总值的比重在40%以上。第三产业在改革开放前的国民经济中占比较小,改革开放后不断增大,从1985年开始超过第一产业,从2012年开始超过第二产业,从2015年开始占比超过50%,2019年达到53.9%。从就业人员数量看,新中国成立初期三个产业的就业人数分别为1.73亿人、0.15亿人和0.18亿人,第一产业就业人数远多于另两个产业。随着新中国人口总数不断增加,三个产业就业人数同步增加。第二产业就业人数在2012年达到顶峰(2.32亿人),之后不断减少。第三产业就业人数在1994年超过第二产业,在2011年超过第一产业,并继续增加,2020年达到3.58亿人,占当时全部就业人数7.51亿人的近一半。

展望未来,第一产业在我国国民经济中的占比将进一步减小,第一产业从业人员将进一步减少,第三产业在国民经济中的占比将进一步增大,第三产业从业人员将进一步增加。第二产业在国民经济中的占比、第二产业从业人员数量将在很大程度上保持稳定。在此趋势下,第一产业的一些职业将逐渐消失,第二产业的职业将此消彼长,第三产业将出现大量新的职业,创造更多的就业机会。

3. 对劳动者综合素质要求更高

随着跨界融合的发展,未来职业对劳动者的综合素养要求将越来越高,劳动者既要有综合性知识、复合性技能,也要有健康的体魄和充沛的体力。例如,一个临床医生既要熟悉本领域的医学知识,也要密切跟进相关医学研究前沿发展,这样才能作出准确的医学诊断;既要有精湛的医术,也要熟悉各类先进的新型医疗设备,还要有充沛的体力应对高强度的工作节奏。医生如此,网络工程师、大数据工程技术人员、各类检修工等其他职业也是如此。

二、新型劳资关系

(一)员工同时是股东

传统的劳资关系是资本雇佣劳动,在劳动成果和利润的分配中,资方所得多、劳方所得少,因此双方会产生一定的冲突和矛盾,最激烈的形式是劳动者以罢工、破坏设备等方式对抗资产阶级。为解决劳资矛盾,无产阶级组建工会,资产阶级也在一定程度上接纳工会组织,开展集体协商和谈判,改善工人的生产条件,提高工人的工资水平,不过劳资矛盾仍然存在,没有从根本上得到解决。

新的劳资关系中,员工也成为股东,持有一定股份,劳资双方成为一个团体,利益绑定,目标相同,劳资矛盾得到明显缓解。这种劳资关系一般体现在劳动雇佣资本、员工持股计划等方式中。

1. 劳动雇佣资本

在一些知识密集型企业或技术密集型企业中,劳方占主导地位,将知识或技术作为原始股,并在其中拿出一小部分原始股用于招募资方,劳方雇佣资本,劳方有选择资方的权利,向资方支付利息或红利,资方对劳方的影响有限,劳动者当家作主的色彩更浓。

2. 员工持股计划

近年来,一些企业正在推行员工持股计划,未来这种方式有望在更多企业普及。员工持股计划乃员工持有企业的股份,参与分配企业利润,与资本所有者共享企业的经营成果。通过员工持股计划,员工有双重身份:一是劳动者,通过劳动获得工资报酬,体现工人的一面;二是资本者,按照持股比例获得分红,体现资本的一面。员工持股计划有多种形式,最理想的情况是全员持股,目前这样的企业较少,大部分企业先试行部分员工持股,在这些员工的选择上,核心技术人员、有突出贡献员工和核心管理层通常被优先考虑。在这些群体参与员工持股计划的基础上,部分企业还会考虑面向广大普通员工的持股计划,以普惠的形式推行,让更多员工有机会加入员工持股计划中,参与享受企业的经营成果。

华为员工持股计划

华为的员工持股计划始于1990年,是华为公司为了吸引和留住人才,以及激励员工参与公司的长期发展而设立的一项制度。该计划允许员工购买公司的股份,成为公司的股东,从而分享公司的发展成果。

华为员工持股计划的具体方案如下:

(1) 股份来源:华为的员工持股计划主要通过两种方式实现,一种是员工直接购买公司的新发股份,另一种是公司通过内部融资方式向员工出售已发行的股份。

(2) 购股方式:员工可以通过现金购买、工资抵扣、奖金转化等方式购买公司的股份。此外,华为还为员工提供了贷款购股的机会,员工可以向银行申请贷款购买股份,然后再通过分红等方式逐步还清贷款。

(3) 持股比例:华为的员工持股比例相对较高,根据不同的级别和职位,员工可以购买不同数量的股份。在华为初创期,任正非只有1.4%的股权,而其余98.6%的股权则由近10万名员工持有。

(4) 股份管理:华为设立了员工持股会,作为公司股份的管理机构。员工持股会负责股份的登记、转让、分红等事务,确保员工的权益得到保障。

(5) 股份分红：华为的员工持股计划采用了"虚拟股份"的方式，即员工持有的股份并不具有实际的所有权，而是享有公司分红的权益。每年，华为会根据公司的盈利情况，按照员工持股比例分配红利。

(6) 股份转让：华为的员工股份在一定期限内不得转让，一般需要在员工离职后才能进行转让。此外，华为还规定，员工在转让股份时，必须卖给华为公司或其他员工，不能卖给外部投资者。

员工持股计划的作用有三个方面。一是提高员工积极性和企业整体竞争力。员工持股计划可以激励员工努力工作，增强员工的主人翁意识，也可以吸引人才，留住人才，提升企业的人才竞争力和整体竞争力。二是扩大资金来源，降低企业资金成本。员工认购企业股份，需缴纳相应资金，这扩大了企业的资金来源，资金成本低于银行贷款和其他途径的股票发行成本。三是防范恶意并购。在资本市场上，经常出现恶意并购的行为，通过员工持股计划，员工有权行使投票权，可以有效防止恶意并购，起到防火墙作用，维护企业平稳发展。

（二）灵活用工

一个人从事多份工作，主业之外有副业。随着劳动者权益保护意识不断提高，8小时工作制得到落实，劳动者同时从事多份工作有了可能。一些劳动者同时从事几份工作，工作内容可能相同，也可能不同，比如在从事主业工作之外，晚上或周末等业余时间从事网约车、众包业务等副业工作。

劳动者的工作时间相对灵活，工作自主性更强，可以自由选择什么时候开始工作，什么时候结束工作，每个月工作多少天，也可以自由选择是否接受某一项具体工作任务的派单，对工作的掌控性增强。

（三）平台经济下的劳资关系

平台经济作为一种新型经济形态，正在全球范围内迅速崛起。它以互联网信息技术为依托，通过构建平台连接供给方和需求方，实现了资源的优化配置和高效利用。在平台经济模式下，平台成为工作枢纽，大数据运算支撑平台的规模效应。一些劳动者从原有的固定工作岗位中退出，转而依托某些平台从事相关业务工作。当智能手机方便易用、地图导航精准快捷、移动支付安全可靠、大数据计算能力快速提升时，平台经济和零工经济成为可能，如今多个行业已引入这种用工模式，未来这种模式将进一步普及。这种用工模式具有以下几个特点：

1. 劳动关系多元化

在平台经济下，企业与员工之间的关系不再是单一的传统劳动关系，而是呈现出多元化的特点。除了传统的全职雇佣关系外，还出现了兼职、临时工、自由职业者等多种形式的劳动关系。这些劳动关系形式更加灵活和多样化，需要更加完善的法律和规范来界定和保障。

2. 劳动关系动态化

平台经济下的劳动关系具有动态化的特点。由于平台企业业务的快速变化和市场的不断波动,企业与员工之间的劳动关系也可能随之发生变化。例如,企业可能会根据业务需要调整员工的工作量、工作时间、工作地点等,这也需要更加灵活和适应性强的劳动关系管理。

3. 劳动者自主性增强

在平台经济下,劳动者的自主性得到了增强。他们可以通过平台自主选择工作任务、工作时间和工作地点等,更加灵活地安排自己的工作和生活。这种自主性的增强也带来了一些新的挑战,例如如何保障劳动者的权益和利益,如何避免劳动者因缺乏稳定的工作和收入而陷入困境等。

4. 劳动关系复杂化

平台经济下的劳动关系也呈现出复杂化的特点。由于平台企业涉及多个利益方,包括平台企业、劳动者、消费者等,劳动关系也变得更加复杂。例如,平台企业需要平衡劳动者和消费者之间的利益,确保双方权益得到保障,同时也需要应对劳动者之间可能存在的竞争和冲突等问题。

第三节 科技赋能劳动教育

科技的进步发展使劳动教育的内在意蕴和实践路径发生了新的变化,推动劳动教育智能化转型。科技发展与劳动教育在目标追求、发展诉求、优势资源方面有着内在的契合性,科技赋能劳动教育创新发展,既是对劳动教育发展趋势的积极回应,也是促进劳动教育提质增效的必然选择,更是培养德智体美劳全面发展的社会主义建设者和接班人的必由之路,能够丰富劳动教育形态、拓展劳动教育场域、优化劳动教育话语、完善劳动教育评价,推动劳动教育呈现出智慧化、协同化、可视化、个性化的理想图景。

(一)提升教学效率和效果

科技可以提供丰富多样的教学资源和工具,如数字化教材、在线课程、多媒体教学资源等,使劳动教育更加生动、有趣和高效。教师可以利用科技手段进行个性化教学,根据学生的特点和需求,量身定制教学内容和方法,提升学生的学习效果和兴趣。

(二)拓展实践场景和方式

科技可以为学生创造更多元化、真实化的劳动实践场景,如虚拟现实(VR)、增强现实(AR)等技术可以模拟各种真实环境和情境,让学生在虚拟空间中进行劳动实践,体验各种职业和工作内容。这种方式不仅可以提高实践的真实性和趣味性,还可以降低实践成本和风险。

(三)强化技能培训和评估

科技可以提供精准的技能培训和评估工具,如智能传感器、机器学习等技术可以对学生的操作过程进行实时监测和评估,提供准确的反馈和建议,帮助学生更好地掌握劳动技能和提高操作水平。同时,科技还可以提供标准化的技能评估和认证服务,为学生的技能水平提供客观的评价和认证。

(四)促进跨界融合和创新

科技可以促进劳动教育与其他领域的跨界融合和创新,如将劳动教育与科技、艺术、设计等领域相结合,创造出更多具有创新性和实用性的劳动成果和产品。这种跨界融合不仅可以拓展劳动教育的应用领域和价值,还可以培养学生的创新思维和跨学科合作能力。

(五)智能化辅导与反馈系统

通过 AI 技术,可以开发智能化的辅导系统,为学生提供即时的学习反馈。这样的系统不仅能够根据学生的学习进度和能力调整教学内容,还能在学生遇到困难时提供及时的帮助和指导,从而确保每个学生都能在劳动教育中获得成长。通过云计算、视频会议等工具,不同地点的学生和教师可以共同参与到劳动项目中来,进行实时的交流和协作。这种模式不仅能拓宽劳动教育的参与范围,还能培养学生的团队协作和沟通能力。

(六)自适应学习平台

利用大数据和机器学习技术,可以构建自适应学习平台,根据学生的学习表现、兴趣和需求,为他们推荐个性化的学习资源和路径。这样的平台能够确保每个学生都能在适合自己的难度和节奏下进行学习,从而增强学习效果。

第四节 文化涵育劳动教育

文化作为一个社会的共享知识体系,通过传递社会共识、塑造个人价值观、提供评价标准和激发内在动力等方式,引导学生深入理解劳动教育背后的价值观念,传递着关于劳动的价值共识。通过物质和精神等文化载体,社会向学生传达对劳动的尊重、对勤劳的赞美以及对创新劳动的追求。这些共识帮助学生认识到劳动不仅是生存的手段,更是个人成长和社会进步的基础。学生在成长过程中,通过家庭、学校、社区等文化环境的熏陶,逐渐内化劳动教育的价值观念。文化还为学生提供了评价劳动行为的标准。在不同的文化背景下,人们对于劳动的态度、劳动的方式以及劳动成果的评价都有所不同。通过文化的引导,学生可以学会如何正确地评价自己和他人的劳动行为,从而形成积极向上的劳动态度。文化中的激励机制可以激发学生的内在动力,使他们更加积极地参与劳动教育。这种内在动力不仅有助于学生在劳动教育中取得更好的成绩,还有助于他们在未来的职业生涯中持续发挥积极性和创造性。

文化作为人类历史与社会的积淀,为劳动教育提供了丰富的内容和深刻的内涵,还为劳动教育提供了丰富的教育资源,使其更加生动有趣、富有内涵。要实现文化涵育劳动教育,可以从以下几个方面入手。

一、深入挖掘优秀传统文化的劳育内涵

中华优秀传统文化是中华民族的精神文化宝库,其重视劳动之于人的生存价值、关注劳动者的主体地位、强调劳动的育人功能以及对美好生活的价值追求等,是劳动教育的丰富资源,能为劳动教育提供重要的思想文化支撑和动力支持,在劳动教育中具有劳动精神认同、劳动道德教化和劳动行为引领价值。应将优秀传统文化融入劳动教育的实践中,让学生在亲身参与中感受传统文化的魅力,增强文化自信和民族自豪感。常见的实现路径可以分为两种:

(一)传统节庆活动中的劳动教育

传统节庆活动承载着丰富的历史文化内涵,这些活动不仅是文化传承的重要载体,也是塑造劳动价值观的重要平台。在二十四节气、端午节、中秋节等传统节日中,应整合传统劳动知识,创设多元劳育形式,扩展现有劳育场域,打造一系列项目式劳育活动,通过形式多样的劳动实践活动,让学生亲身体验劳动的乐趣,深入了解这些传统节日背后的文化内涵和历史渊源。

(二)心体俱用传统下的劳育体验

心体俱用强调的是身心之间的和谐统一、相互促进,共同作用于个体的成长和发展,是传统劳动思想蕴含的重要理念,也是当前具身认知理论的基础,与新时代劳动教育的目的具有一致性。传统视域下的心体俱用主要包括耕读结合、扫洒应对、习行并举,应在劳动教育中嵌入心体俱用理念,组织学生参与农耕活动、投入扫洒应对、践行习行并举。通过这种劳动教育,让学生深刻体会到身心的辛勤付出,进而促进认知发展,培养尊重劳动、热爱劳动的品质。

二、有效整合特色地方文化的劳育资源

地方文化是地方社会历史发展的重要见证和宝贵财富,不同地区有着不同的地域文化和特色产业,特色地方文化蕴含着丰富的历史、艺术、技艺和社会价值观,通过整合地方资源开展劳动教育,学生能够在劳动实践中深入了解和学习地方文化,增强对地方文化的认同感和自豪感,加深地域情怀,增强文化素养。

加强学校与地方政府、企业、社区等机构的合作,共同开发劳育资源。通过校地合作,可以为学生提供更多的实践机会和平台,同时也能促进地方文化的传承和发展。如可以依托地方独特的农业产业特色,投资建立现代农业产业示范基地。这样的基地不仅用于农业科研和农技推广,还为学生提供了实地学习和体验的机会。学生可以在这里参与农业生产活动,了解地方农业文化的精髓,同时培养劳动技能和团队协作精神。可结合地方的历史、文化、传统工艺、美食等资源,开发出一系列具有地方特色的劳育课程。比如,利用地方的非物质文化遗产设计劳动教育项目,让学生在实践中感受地方文化的魅力,增强文化自信;组织学生参观地方的文化遗址、博物馆、艺术馆等场所,让学生在亲身体验中了解地方文化的发

展脉络和历史底蕴。同时,结合研学活动,引导学生开展与地方文化相关的课题研究,培养他们的研究能力和创新意识。

三、积极培育优质校园文化的劳育价值

高校校园文化建设具有凝聚、导向、教育等作用,对学生德育培养和综合素质提升具有深远意义,同时也是培育德智体美劳高素质人才的坚实保障。校园文化对学校加强劳动教育具有支撑作用。校园文化融合了校园环境、学风、校园传统等要素,是高校开展劳动教育、培育大学生劳动价值观的重要途径。

一是确立劳动教育在校园文化中的重要地位。把劳动教育纳入校园文化建设的整体规划,使其成为校园物质和精神文化的重要组成部分。二是加强劳动教育和宣传的力度。通过校园广播、宣传栏、班级群等渠道,定期发布劳动教育的相关信息和动态,让学生随时了解劳动教育的进展和成果。同时,邀请劳动模范、工匠大师等进校园开展讲座或分享会,让学生近距离感受劳动的魅力。三是做好校园文化建设中的劳动实践。学校可以组织学生进行校园绿化、环境整治等劳动活动,让学生在参与劳动的过程中,增强对校园文化的认同感和归属感。四是建立健全劳动教育的评价和激励机制。通过设立劳动教育奖项、举办劳动成果展示等方式,对在劳动教育中表现突出的学生进行表彰和奖励,激发他们的劳动积极性和创造性,营造热爱劳动、尊重劳动的氛围,让学生认识到劳动不仅是生存的手段,更是实现自我价值、促进社会发展的途径。

参 考 文 献

[1] 党印.新时代劳动教育100问[M].北京:中国人民大学出版社,2021.

[2] 马克思,恩格斯.马克思恩格斯全集:第25卷[M].北京:人民出版社,1974.

[3] 马克思,恩格斯.马克思恩格斯选集:第2卷[M].北京:人民出版社,1995.

[4] 陈珊珊,张旸.中华传统哲学中的劳动思想智慧及其教育传承[J].教育学术月刊,2021(12):95-101.

[5] 成有信.教育学原理[M].郑州:河南教育出版社,1993.

[6] 中共中央文献研究室.十二大以来重要文献选编[M].北京:中央文献出版社,2011.

[7] 顾明远.教育大辞典[M].上海:上海教育出版社,1992.

[8] 李建华,祁文悦.高校后勤劳动教育课程建设与开发研究:以北京化工大学为例[J].高校后勤研究,2023(8):12-14.

[9] 李建楠.新中国成立以来中国共产党劳动教育思想演变与发展研究[D].长春:吉林大学,2022.

[10] 李珂.嬗变与审视:劳动教育的历史逻辑与现实重构[M].北京:社会科学文献出版社,2020.

[11] 李坤.中国共产党劳动教育政策的历史演变及基本经验研究[D].长春:吉林大学,2023.

[12] 李文庭.马克思"教育与生产劳动相结合"思想及其对青少年劳动教育的指导研究[D].武汉:华中师范大学,2022.

[13] 梁启超.饮冰室合集:第五册[M].北京:中华书局,1989.

[14] 领英.未来就业报告:人工智能对工作的影响[Z].2023.

[15] 沈冠娟,程合坤,王彩云.新时代劳动教育与实践[M].成都:电子科技大学出版社,2020.

[16] 檀传宝.何谓"教育与生产劳动相结合":经典论述的时代诠释[J].课程·教材·教法,2020,40(1):4-10.

[17] 唐启寿,彭启福.马克思劳动价值论对人工智能时代"劳动"的当代诠释[J].理论探讨,2023(3):163-168.

[18] 韩喜平,郝婧智.关于劳模精神、劳动精神、工匠精神内涵的规律性阐释[J].思想理论教育.2021(12):41-46.

[19] 吴潜涛,陈好敏.马克思恩格斯劳动教育思想探析[J].中国高校社会科学,2023(3):58-69.

[20] 徐海娇.危机与重构:劳动教育价值研究[D].长春:东北师范大学,2020.

[21] 徐辉.再论蔡元培、陶行知、吴玉章、晏阳初的劳动教育思想及启示[J].辽宁师范大学学报(社会科学版),2021,44(1):58-63.

[22] 许涛.同济大学"城校共生"的创新创业教育生态系统建设[J].教育国际交流,2023,(4):57-60.

[23] 杨玲.论优秀传统文化在劳动教育中的影响[J].中国文化与管理,2021(2):112-118,177-178.

[24] 中国百科大辞典[M].北京:华夏出版社,1990.

[25] 中国大百科全书总编委会.中国大百科全书[M].2版.北京:中国大百科全书出版社,2009.

[26] 周洪宇,齐彦磊.新时代劳动教育的内涵特点、核心要义与路径指向[J].新疆师范大学学报(哲学社会科学版),2023,44(2):124-133.

[27] 韩升,赵雪.新时代劳动教育的价值意蕴与实践路向:以马克思身体思想为基点的考察[J].吉首大学学报(社会科学版),2020(5):13-20.

[28] 马克思.资本论:第1卷[M].北京:人民出版社,2004.
[29] 马克思,恩格斯.马克思恩格斯文集:第8卷[M].北京:人民出版社,2009.
[30] 礼记[M].北京:科学出版社,2020.
[31] 习近平.习近平谈治国理政:第3卷[M].北京:外文出版社,2020.
[32] 马克思.1844年经济学哲学手稿[M].北京:人民出版社,2018.
[33] 《邓小平记讲话实录》编写组.邓小平讲话实录[M].北京:红旗出版社,2018.
[34] 习近平.习近平谈治国理政:第2卷[M].北京:外文出版社,2017.
[35] 财政部财政科学研究所.抗日战争时期陕甘宁边区财政经济史料摘编[M].武汉:长江文艺出版社,2015.
[36] 列宁.列宁全集[M].北京:人民出版社,2013.
[37] 李学勤.字源[M].天津:天津古籍出版社,2013.
[38] 中共中央文献研究室.邓小平思想年编[M].北京:中央文献出版社,2011.
[39] 习近平.在同全国劳动模范代表座谈时的讲话[N].人民日报,2013-04-29(002).
[40] 中共中央,国务院.关于全面加强新时代大中小学劳动教育的意见[N].人民日报,2020-03-27(001).
[41] 中共中央,国务院.关于深化教育教学改革全面提高义务教育质量的意见[N].人民日报,2019-07-09.
[42] 张烁.坚持中国特色社会主义教育发展道路 培养德智体美劳全面发展的社会主义建设者和接班人[N].人民日报,2018-09-11.
[43] 习近平.在庆祝"五一"国际劳动节暨表彰全国劳动模范和先进工作者大会上的讲话[N].人民日报,2015-04-29.
[44] 习近平在乌鲁木齐接见劳动模范和先进工作者、先进人物代表 向全国广大劳动者致以"五一"节问候[N].人民日报,2014-05-01.
[45] 胡锦涛.在2010年全国劳动模范和先进工作者表彰大会上的讲话[N].人民日报,2010-04-28.
[46] 方亮.劳动教育的历史变迁与时代内涵[J].清华大学教育研究,2022(5):114-120.
[47] 乐晓蓉,樊熙奇.智能时代劳动变革与劳动教育的实践理路[J].思想理论教育,2023(1):99-105.
[48] 刘志山,何晓晴.新时代劳动教育的美学之维[J].思想教育研究,2022(12):132-137.
[49] 王瑞德.方法论劳动教育和目的论劳动教育的内涵及辩证关系[J].北京教育学院学报,2022(6):23-29.
[50] 李高建,乔勇.大中小学劳动教育一体化改革的问题、价值与路径[J].教育教学论坛,2022(50):185-188.
[51] 李灿,王栋.建构大学生劳动教育体系的探索和实践[J].中国高等教育,2022(23):34-36.
[52] 李珂.生命历程理论视域下新时代劳动教育的省思与展望[J].社会科学战线,2022(12):233-242.
[53] 陈韫春.中小学劳动教育的现状与提升:基于大规模调查数据的分析[J].教育研究,2022(11):102-112.
[54] 李洪修,刘笑.数字时代劳动教育的现实考量与实践转向[J].内蒙古社会科学,2022(6):171-177,213.
[55] 田友谊,李婧玮.职业启蒙与劳动教育有机融合的价值创生及路径探寻[J].教育科学研究,2022(11):5-11.
[56] 时伟.大中小学劳动教育课程化的现状、问题与进路[J].中国教育科学(中英文),2022(6):140-148.

[57] 张万玉.新时代劳动教育的三重维度考量[J].上海师范大学学报(哲学社会科学版),2022(5):35-44.

[58] 吴郁芬.劳动教育纳入中小学国家课程方案的决策议程分析[J].中国人民大学教育学刊,2022(4):118-129.

[59] 邵志豪,解庆福.新时代劳动教育实施的现状、问题解析及应对策略:基于吉林省大中小学问卷调查的综合分析[J].东北师大学报(哲学社会科学版),2022(5):165-171.

[60] 田田.新时代高校劳动教育与思想政治理论课有机融合研究[J].思想政治教育研究,2022(4):97-102.

[61] 黄蓝紫.新时代中小学劳动教育政策的执行偏差与对策[J].天津师范大学学报(社会科学版),2022(5):85-90.

[62] 李绍军,沈丽超.新时代大学生党员劳动教育刍议[J].学校党建与思想教育,2022(15):54-56,73.

[63] 张泰源,韩喜平.习近平总书记关于劳动教育的重要论述的四维意蕴[J].教育研究,2022(6):19-27.

[64] 时伟.高校劳动教育课程的特征、架构与实施[J].中国高教研究,2022(6):85-90.

[65] 李建华,祁文悦.高校后勤劳动教育课程建设与开发研究:以北京化工大学为例[J].高校后勤研究,2023(8):12-14.

[66] 卢会翔,张建奎.新农科背景下实践育人的价值、困境与出路:以西南大学为例[J].高教学刊,2023(21):141-144.

[67] 许涛.同济大学"城校共生"的创新创业教育生态系统建设[J].教育国际交流,2023(4):57-60.